T0194825

Schlüsselkompetenzen

Andreas Osterroth

Lehren an der Hochschule

Mit 25 Abbildungen und Grafiken

J. B. Metzler Verlag

Der Autor
Dr. Andreas Osterroth ist Wissenschaftlicher Mitarbeiter im Fachbereich Germanistik der Universität Koblenz-Landau (abgeordneter Lehrer der Fächer Deutsch, Mathematik und Sport); 2017 Lehrpreis der Universität Koblenz-Landau für ein Flipped Classroom-Seminar.

Der Autor dankt Stephan Merten, Katharina Turgay und Nadine Hahn für die Korrekturen und konstruktiven Vorschläge.

Bibliografische Information der Deutschen Nationalbibliothek
Die Deutsche Nationalbibliothek verzeichnet diese Publikation in der Deutschen Nationalbibliografie; detaillierte bibliografische Daten sind im Internet über http://dnb.d-nb.de abrufbar.

ISBN 978-3-476-04548-5
ISBN 978-3-476-04549-2 (eBook)

J.B. Metzler ist ein Imprint der eingetragenen Gesellschaft Springer-Verlag GmbH, DE und ist Teil von Springer Nature
www.metzlerverlag.de
info@metzlerverlag.de

Einbandgestaltung: Finken & Bumiller, Stuttgart (Foto: shutterstock)
Satz: primustype Hurler GmbH, Notzingen

J.B. Metzler, Stuttgart
© Springer-Verlag GmbH Deutschland, ein Teil von Springer Nature, 2018

Inhaltsverzeichnis

1 Einleitung

Wenn Sie dieses Buch in Ihren Händen halten, werden Sie wahrscheinlich in den kommenden Wochen vor Dutzenden von Menschen stehen, die Ihnen erwartungsvoll lauschen und eifrig jedes Wort mitschreiben, das Sie sagen. Vor diesen Menschen werden Sie Grundlagen lehren, weitergehendes Wissen vermitteln und aus der Praxis berichten.

Da Sie zu einem Buch greifen, haben Sie bereits erkannt, dass es gar nicht so trivial ist, jemandem etwas beizubringen und dass Ihr Publikum vielleicht gar nicht erwartungsvoll lauschen oder eifrig mitschreiben will. Sie wissen vielleicht auch schon, dass die Lehre eine fordernde Aufgabe ist, auf die man sich entsprechend vorbereiten sollte. Vielleicht sind Sie auch schon länger in der Lehre tätig und möchten sich gerne weiterbilden.

In allen Fällen wird Anspruchsvolles von Ihnen verlangt, nämlich das Weitergeben von Wissen und das Vermitteln von Kompetenzen, ohne dass man Sie jedoch explizit für diese komplexe Aufgabe ausgebildet hat.

»Fachwissen ausgeprägt – didaktisches Vorwissen wenig vorhanden« sagt auch der (damalige) Einsteiger Christian Groth über seine ersten Lehrveranstaltungen (2016, S. 3). In den meisten Fällen sind Sie gut ausgebildet und haben auch bereits zu verschiedenen Gelegenheiten gezeigt, dass Sie Ihr Fach beherrschen, es fehlt jedoch oft »der Erwerb didaktischer Werkzeuge zu Unterrichtsmethoden« (ebd.) und damit das Handwerkszeug für gute Lehre.

Dieses Buch wird Ihnen alles an die Hand geben, was Sie benötigen, um Seminare und Vorlesungen zu planen, durchzuführen und zu evaluieren sowie Noten zu vergeben.

Sie sollten jedoch nicht erwarten, dass dies beim ersten Versuch auf Anhieb perfekt funktionieren wird, im Gegenteil. Ihr erstes Seminar wird voller Fehler, methodischer Schwächen und sicher einiger frustrierender Momente sein. Es ist aber das Ziel, dass sie begangene Fehler und Fehlplanungen erkennen und in Zukunft vermeiden können, um so zu einer besseren Lehrkraft zu werden.

Dieser Band wird Ihnen zunächst die Grundlagen vermitteln, die Sie benötigen, um in die Hochschullehre einsteigen zu können. Zunächst wird ganz konkret die Planung vor dem Semester thematisiert, eine Phase, in der relativ viel Arbeit auf die Dozentinnen und Dozenten wartet. Im Anschluss geht es um das Semester selbst und schließlich um die Zeit danach, die bestimmt wird von Klausuren und Evaluationen.

Lehren ohne Vorwissen

1.1 | Status Quo der Hochschullehre

»Ein Großteil der Hochschullehrer in Deutschland ist unfähig, gut zu lehren [...] Lehrflaschen demotivieren ungezählte junge Menschen und richten damit einen kaum wieder gutzumachenden Schaden an« (SPIEGEL 16/1993, S. 86; zitiert in Kromrey 1995, S. 105).

»Die Lehre nimmt zwar einen großen Anteil an der Arbeit eines Professors ein, eigentlich findet er aber die anderen Dinge interessanter: Forschen, Publizieren, Drittmittel einwerben, Projekte durchführen« (Messing 2007, S. 100). Dies muss selbstverständlich nicht für alle Lehrenden einer Hochschule gelten, aber dennoch hat die Hochschullehre keinen guten Ruf in Deutschland. Noch immer spielen Lehrkompetenzen keine allzu große Rolle bei der Einstellung neuer Professorinnen und Professoren. Auch sogenannte ›Lehrprofessuren‹, bei denen die Lehre über der Forschung steht, sind sehr unbeliebt bei allen Beteiligten und werden weiterhin als Professuren zweiter Klasse angesehen.

1.1.1 | Ein kranker Patient

Die Hochschullehre ist krank und wird nicht korrekt behandelt. Das behauptet zumindest Jürgen Handke, wenn er schreibt:

»Die Hochschulen versäumen es seit Jahren, ihre Lehre und ihr Lehrpersonal an die veränderten Bedingungen des 21. Jahrhunderts anzupassen« (Handke 2014, S. 10).

Tatsächlich ist es so, dass Hochschullehrer keinerlei didaktische Ausbildung erhalten oder nachweisen müssen. Somit wissen Sie jetzt bereits genauso viel von Didaktik wie einige der Professorinnen und Professoren um Sie herum. So tröstlich dieser Gedanke für den Moment sein mag, so schlimm sind die Folgen für die Lehre an der Hochschule. Da es kaum Gratifikationen für eine gute Lehre, wohl aber für Forschung gibt, bemühen sich nicht alle Hochschullehrkräfte um die Lehre. Sie wird mitgeschleppt und als notwendiges Übel angesehen, die Studierenden oft als Hindernis. Das schlimme an dem »kranken Patienten« (ebd.), den Handke beschreibt, ist aber, dass dieser seit jeher chronisch krank zu sein scheint, ohne dass sich jemand darum kümmern würde.

1.1.2 | Probleme der Hochschullehre

1.1.2.1 | Transparenz

»Ein besonders gravierender Nachteil der traditionellen Hochschullehre ist die fehlende Transparenz. Es gibt keine Instanzen und Institutionen, die für eine permanente didaktische und inhaltliche Qualitätssicherung zuständig sind, Evaluationen von dritter Seite, wie in der freien Bildungswirtschaft praktiziert, finden nicht oder nur stichprobenartig statt. Zwar gibt es seit der Bologna-Reform die sog. ›Modulhandbücher‹, in denen Inhalt und Qualifikationsziele gemäß der in den Bologna-Vereinbarungen geforderten ›curricularen Transparenz‹ schriftlich festgelegt sind, doch sind diese meist so unscharf formuliert, dass eine große Flexibilität bei der tatsächlichen Umsetzung in der Lehre möglich ist« (Handke/ Schäfer 2012, S. 79).

Das heißt, dass Sie unter Umständen nicht wissen, was die Fachkollegen unterrichten, was in Prüfungen dazu führt, dass man ausschließlich die im Seminar gelesene Literatur als Grundlage nutzen kann. Es gibt zwar Modulhandbücher, aber diese sind extrem offen formuliert. So ist oft die Rede von ›Theorien der modernen Fachwissenschaft‹ oder ›aktueller Forschungsstand‹ und es bleibt dem Einzelnen überlassen, wie er seine Lehre aufbaut und welche Texte er zugrunde legt. Je nach Fachwissenschaft können die Texte jedoch sehr unterschiedliche Annahmen beinhalten, die sich gegenseitig sogar widersprechen.

Es gibt keine Institution, die die Hochschullehre kontrolliert. Während die fachwissenschaftlichen Arbeiten von Lehrkräften an der Hochschule strengstens geprüft und teilweise im Peer-Review-Verfahren bewertet werden, kann man in der Lehre im Prinzip völlig unreguliert agieren. Niemand wird erfahren, was in den Seminaren tatsächlich vor sich geht, man kann sich höchstens auf Befragungen von Studierenden stützen, was aber nicht uneingeschränkt zu empfehlen ist, da diese oft nur sehr subjektiv bewerten.

Auf sich allein gestellt

1.1.2.2 | Der zu vermittelnde Inhalt

Als Lehrkraft einer Hochschule vermitteln Sie die Lehre »in ihrer gesamten Breite« (Handke/Schäfer 2012, S. 79). Das Problem ist, dass Sie sich nicht wirklich spezialisieren können und stets sehr breit aufgestellt unterrichten. Zudem folgt daraus, dass wenig gemeinsam unterrichtet wird, und jede Lehrkraft eigene Modelle, Erkenntnisse und Prämissen lehrt.

Diese Arbeitsweise führt dazu, dass jede Lehrkraft sich immer wieder neu einarbeiten muss. Teilweise werden Sie Hinweise von erfahrenen Kolleginnen und Kollegen erhalten, wie mit dieser oder jener Veranstaltung umzugehen ist, dies muss aber nicht sein.

1.1.2.3 | Die Autonomie des Lerners

Hochschulveranstaltungen sind passiv und rezeptiv aus Sicht der Studierenden. In einer Vorlesung sitzen beispielsweise ca. 200 Personen, die – je nach Persönlichkeit – zuhören, mitschreiben, mitdenken oder auch abschalten. Eine solche Veranstaltung kann nicht individuell jedem der 200 Studierenden gerecht werden, da die Lehrkraft eben nur ein bestimmtes Vorgehen anbietet. Die Autonomie des Lerners ist somit in traditionellen Lehrveranstaltungen untergraben, was jedoch durch verschiedene Methoden der Differenzierung und durch verschiedene Lehrkonzepte behoben werden kann.

1.1.2.4 | Die Situation an Hochschulen

Hochschullehre hat sich seit Jahrzehnten kaum verändert:

»Das Schema ist eigentlich immer das Gleiche: Die Lehrperson oder ein vorher ausgewählter Referent führt ein Thema per Vortrag ein, wenn genügend Zeit bleibt, wird in manchen Lehrveranstaltungen, z. B. in Seminaren, darüber diskutiert und somit der Inhalt vertieft. In zusätzlichen Präsenzübungen können darüber hinaus weiterführende Diskussionen erfolgen oder auf den Inhalten aufbauende Untersuchungen durchgeführt werden. Dass sich in manchen Fächern die Lehrpersonen in sogenannten ›Referatskursen‹ sogar durch Studierende ›vertreten‹ lassen, macht die Lage nicht besser« (Handke/Schäfer 2012, S. 81).

Dieses Schema ist prinzipiell sehr einfach zu durchbrechen, aber die meisten Lehrenden an einer Hochschule greifen auf das zurück, was sie selbst früher erlebt haben. Zwar bleibt vielleicht das vage Gefühl, dass man es besser machen könnte, man weiß aber nicht konkret wie. Dies liegt natürlich daran, dass sie nie darin geschult wurden, wie gute Lehre aussehen könnte.

1.1.3 | Ins kalte Wasser geworfen

Möglicherweise waren Sie bis vor Kurzem noch selbst Studierende/r und dürfen nun ehemalige Kommilitonen und Kommilitoninnen jüngerer Semester unterrichten. Wenn Sie an einer Grund-, Haupt-, oder Realschule unterrichten wollten, müssten Sie zwei Staatsexamina und ein Referendariat absolviert haben. An einer Hochschule genügt jedoch zunächst die rein fachliche Qualifikation des Masters, im Fall eines Tutoriums sogar ein Bachelorabschluss oder weniger. Schnell werden Sie merken, dass dies nicht ausreicht und das erste Seminar eine ebenso erschreckende wie erhellende Erfahrung sein kann.

Natürlich haben Sie viele Annahmen darüber, wie eine Veranstaltung auszusehen hat, und Sie leiten sehr viele davon aus der eigenen Erfahrung ab, was jedoch nicht zwangsläufig zu guten Ergebnissen führen muss. Folgende Fehlannahmen sollen in den kommenden Kapiteln thematisiert und berichtigt werden:

Fehlannahmen

- **Die Lehre ist nicht so schwierig, ich bin zum Forschen hier:** Tatsächlich ist die Lehrkunst eine sehr schwer zu erlernende, auch wenn Talent und eine gewisse Begeisterung für den Gegenstand helfen. Nicht umsonst haben schulische Lehrkräfte eine umfassende Ausbildung genossen, die neben allgemeinpädagogischen auch fachliche und didaktische Inhalte berücksichtigt. Ihre einzige Qualifikation ist momentan fachlich, das Wissen über die Lehre entspringt der eigenen Erfahrung, die stark von Ihrer Lebensgeschichte und Ihren Verhältnissen zu Ihren Lehrkräften abhängt. Selbst wenn diese positiv sind, muss das nicht helfen. Nur weil Sie z. B. einen guten Comedian auf der Bühne gesehen haben, macht Sie das nicht auch zu einem.

- **Das Präsentieren von Fachwissen ist ausreichend:** Diese Fehlannahme zieht sich wie ein roter Faden durch jede Kritik an der Hochschullehre. Sie basiert auf der Annahme, dass erwachsene Menschen von alleine lernen können, wenn sie denn nur den Zugang zu den Inhalten erhalten. Das kann stimmen, wenn man vom reinen Auswendiglernen ausgeht. Sobald Ihre Lehrziele aber komplexer und anspruchsvoller werden, genügt es nicht, einfach Inhalte zu präsentieren. Ihre Aufgabe als Lehrkraft ist nicht nur die eines Informationslieferanten, denn sonst bräuchten wir die Lehre überhaupt nicht mehr und könnten einfach alles durch Bücher und das Internet erfahren. Als Lehrkraft eines Faches sind Sie ein Spezialist, der den Stoff bereits durchschaut hat und ihn so präsentiert, dass fähige, aber unerfahrene, Studierende ihn nachvollziehen können.

- **Ich habe alles ohne didaktische Hilfen gelernt:** Dieser Satz ist beliebt, zeugt aber von wenig Weitsicht. Gute methodisch-didaktische Konzepte gibt es schon lange, sie werden aber aus verschiedenen Gründen nicht genutzt. Dies liegt auch an der falschen Annahme, dass eine Hochschule besonders anspruchsvoll lehren müsse, am besten völlig ohne Hilfen für die Studierenden:

  »Dabei ist der Gedankengang etwa folgender: Es sei die Aufgabe der Studierenden, für ihr Lernen zu sorgen, nicht die Aufgabe der Dozenten. Durch schlechte Lehre würden die Studierenden gezwungen, sich die Informationen selbstständig zu suchen, Texte zu studieren, nach Bedeutung zu suchen – also aktiv zu lernen. Und das sei allemal besser, als wenn ihnen die Informationen durch einen ›guten‹ Dozenten lediglich dargeboten würden. Ergo führt schlechte Lehre zu besserer Lernqualität« (Winteler 2004, S. 21).

  Diese recht offensichtliche Fehlannahme beruht auf einer Übergeneralisierung der eigenen Erfahrungen der Lehrkräfte. Diese waren an der Universität erfolgreich, obwohl die damaligen Lehrkräfte keine Hilfe waren. Übersehen wird jedoch, dass dieser Lernerfolg trotz der Widrigkeiten erreicht wurde und unklar ist, wie viele fähige Akademiker/innen durch ebendiese verloren gegangen sind (vgl. ebd.).

- **Ich habe mir im Seminar immer Mühe gegeben, das wird jetzt auch bei den Studierenden so sein:** Diese Fehleinschätzung gründet auf der Projektion des eigenen Verhaltens auf die Studierenden. Sie haben im Studium eine bestimmte Verhaltensweise an den Tag gelegt und erwarten nun, dass andere dies genauso handhaben. Wenn dies nun aber nicht eintrifft, führt dies auf Ihrer Seite vielleicht zu Überraschung, vielleicht aber auch zu Frustration, da Ihre Lehre wahrscheinlich perfekt für Sie selbst gewesen wäre. Die Studierenden sind aber nicht zwangsläufig aus sich selbst heraus motiviert, die bestmögliche Leistung zu geben.

- **Didaktik ist für Kinder, ich habe es mit erwachsenen Menschen zu tun:** Tatsächlich ist Pädagogik für Kinder. Didaktik ist die Lehrkunst und damit für jeden bestimmt, der sich etwas Neues aneignen möchte. Wenn

Sie z. B. Schwimmen lernen wollen, kann dies didaktisch angegangen werden oder man wirft Sie einfach ins offene Meer. Während letzteres Vorgehen durchaus zu Ergebnissen führen kann, würden Sie einen Schwimmkurs mit diesem Konzept wahrscheinlich nicht besuchen.

Eine didaktische Herangehensweise basiert auf dem Durchdringen des Gegenstandes auf fachlicher Ebene. Sie wissen, in welcher Reihenfolge was erlernt werden sollte, ob dies theoretisch oder praktisch geschieht etc. Auch lernpsychologische Aspekte werden eine Rolle spielen.

Nachahmen   **Das große Problem** der Situation ist nun das folgende: Sie werden unterrichten, haben aber keine Vorerfahrungen. Sie werden deshalb unweigerlich in dieselben Rollen verfallen wie ihre Lehrkräfte. Interessanterweise wird Ihr Unterricht nicht einmal kongruent sein mit dem der Dozentinnen und Dozenten, die sie vielleicht besonders angenehm fanden. Vielmehr werden Sie das Verhalten von besonders einprägsamen Personen adaptieren. Eine Möglichkeit ist, erfahrene Kolleginnen und Kollegen um Rat zu bitten:

»Anfangs war es mangels vorzeigbarer praktischer Resultate aus einem eigenen Fundus hilfreich, aus den Erfahrungen anderer Praxisanwender zu schöpfen« (Groth 2016, S. 6).

Vielleicht erhalten Sie gute Ratschläge, vielleicht aber auch nicht, es kommt ganz auf die befragten Lehrenden an. Um diese Unsicherheit zu vermeiden, befassen wir uns zunächst mit Ihrer neuen Rolle als Lehrkraft.

1.2 | Selbstverständnis und Lehrerpersönlichkeit

›Lehrerpersönlichkeit‹ ist ein diffuser Begriff »ohne empirische Substanz« (Schelten 2009, S. 39) aber doch sehr wichtig in der Lehrpraxis. Um sich dem Gegenstand zu nähern, ist ein kleiner Ausflug in die Psychologie notwendig: Die Persönlichkeit ist zunächst einmal die »Gesamtheit der (psychischen) Eigenschaften und Verhaltensweisen, die dem einzelnen Menschen eine eigene, charakteristische, unverwechselbare Identität verleihen« (Wisniewski 2016, S. 16).

Diese Gesamtheit hat eine gewisse Stabilität und erhält sich über einen längeren Zeitraum, ohne dadurch unveränderbar zu sein (vgl. ebd.). ›Lehrerpersönlichkeit‹ »meint diese Gesamtheit von Eigenschaften bei [...] einem Lehrer« (ebd.). Dabei ist impliziert, dass es sich nur um die guten Eigenschaften handelt, was den Begriff positiv konnotiert (vgl. ebd.).

»Um es vorweg zu nehmen: Für die Wissenschaft ist die Lehrerpersönlichkeit ein Begriff ohne empirische Substanz, da sich die Lehrerpersönlichkeit nicht messen lässt. Für die Bildungspraxis ist dieser Begriff aber eine relevante Größe, was wiederum die Wissenschaft zu akzeptieren hat. In Lehrerforen im Internet wird der Begriff der Lehrerpersönlichkeit kontrovers diskutiert. Lehranfänger, die im Rahmen der Lehrerbildung mit diesem Ziel konfrontiert werden, können verunsichert sein« (Schelten 2009, S. 39).

Das Problem an dem Konstrukt ›Lehrerpersönlichkeit‹ ist, dass es empirisch nicht zu greifen ist. Es scheint Lehrkräfte zu geben, denen das Unterrichten sehr leicht fällt und anderen eher schwer, aber es ist schwierig, Handlungsanweisungen zur Verbesserung zu geben. Folgende Tipps sind jedoch empirisch abgesichert. Eine Lehrkraft ist dann erfolgreich, wenn sie:

- »ein reichhaltiges Repertoire von Unterrichtsmethoden flexibel einsetzt;
- die Schüler aktiviert, d. h. dafür sorgt, dass sie sich mit dem Fachinhalt beschäftigen;
- die Unterrichtszeit vornehmlich zur Stoffbehandlung nutzt;
- das Tempo und die Abfolge der Beschäftigung mit dem Fachinhalt selbst kontrolliert und auf die einzelnen Schüler abstimmt;
- den Schülern – sofern in Gruppen aufgeteilt – angemessene Aufgaben zuteilt und die Arbeit überwacht;
- sich klar und konsistent äußert, vor allem über die Struktur des Unterrichts und die jeweiligen Ziele;
- mögliche Störungen des Unterrichtsablaufs antizipierend erkennt und ihnen rechtzeitig entgegensteuert;
- ›weiche Übergänge‹ von einem Thema zum anderen und von einer Instruktionsmethode zur anderen schafft;
- eine optimistische Haltung hat und sie den Schülern glaubhaft vermittelt (d. h. er muss die Überzeugung zeigen, bei seinen Schülern Lerneffekte erzielen zu können)« (Rheinberg/Bromme 2001, S. 299 f.; zitiert in Terhart 2006, S. 22).

Eigenschaften guter Lehrkräfte

Alle diese Punkte sind entscheidend bei der Entwicklung einer ›Lehrerpersönlichkeit‹ und alle diese Punkte werden in diesem Buch behandelt. »Die Qualität eines Lehrers, oder allgemeiner formuliert: seine ›Professionalität‹, ist zuallererst ein berufsbiographisches Entwicklungsproblem« (ebd.). Die Lehre können Sie nur durch die Lehre erlernen, und mit den richtigen Werkzeugen zur Reflexion können Sie immer besser werden. »[D]ie Art der Verarbeitung von beruflicher Erfahrung – konstruktiv oder defensiv – ist ganz entscheidend« (ebd.), was bedeutet, dass Sie »ein reflektiertes Verhältnis zu sich selbst im Umgang mit den Gefährdungen und Versuchungen [Ihres] Berufes gewinnen [sollten]« (ebd., S. 23).

Sie werden in verschiedenen Momenten in Ihrer Lehre scheitern und haben dann die Möglichkeit, konstruktiv an der Aufgabe zu wachsen und reflektierend eine Verbesserung anzustreben (oder defensiv genau so weiter zu unterrichten). In diesem Buch wird natürlich der konstruktive Umgang erläutert, und Sie erhalten im letzten Kapitel die richtigen Werkzeuge, um Ihre Arbeit zu evaluieren und die richtigen Schlüsse daraus zu ziehen.

Kurz: Sie sollten sich keine Sorgen machen, wenn Sie gerade zu Beginn noch keine Lehrerpersönlichkeit haben, diese wird sich mit der Zeit entwickeln. Sie können nur möglichst positiv mit der Aufgabe umgehen und sich an einige der folgenden Ratschläge halten.

1.2.1 | Professionalität

Professionalität ist ein wichtiger Aspekt der Lehrerpersönlichkeit. Sie wird in jedem Berufsfeld erwartet, ist aber schwer zu definieren.

»Offensichtlich hat Professionalität etwas mit Berufsethos zu tun, das heißt, mit bestimmten Standards, Werten und Spielregeln, die von ›wahren Profis‹ einzuhalten sind und eingehalten werden. Dabei scheint es interessanterweise weniger um fachliches Wissen und Können zu gehen als um die Art, wie jemand mit kritischen Situationen umgeht« (Berner 2017, http://www.umsetzungsberatung.de/lexikon/professionalitaet.php).

Professionalität hängt natürlich damit zusammen, dass Sie fachlich wissen, was zu tun ist, aber gerade die nicht fachlichen Faktoren machen die Professionalität aus. »In diesem Sinne meint Professionalität, anspruchsvollen Maßstäben zu genügen: Nicht nur bei der Arbeit, die man abliefert, sondern in seinem gesamten Geschäftsgebaren und in seinem Umgang mit Menschen« (ebd.). Im Folgenden werden einige Unterpunkte der Professionalität aufgelistet, ergänzt durch einige lehrspezifische Punkte (ebd.):

- »**Integrität, Redlichkeit:** Einhaltung grundlegender Normen im Umgang mit anderen Menschen, wie Verzicht auf Täuschung, Betrug und Manipulation;
- **Verlässlichkeit:** Einhaltung gegebener Zusagen und aktive und frühzeitige Klärung unausgesprochener Erwartungen;
- **Transparenz:** Übereinstimmung von Reden und Handeln (›Sagt was er tut und tut was er sagt‹);
- **Deutlichkeit:** Klartext reden statt Herumeiern;
- **Soziale Risikobereitschaft:** Der Mut, eigene Überzeugungen auch dann zu vertreten, wenn sie nicht durch die Mehrheitsmeinung der Gruppe oder durch höhere Autoritäten abgesichert sind;
- **Zivilcourage:** Der Mut, zu zentralen eigenen Überzeugungen auch dann zu stehen, wenn sie sozial unerwünscht sind, das heißt im Widerspruch zu der Sichtweise der Gruppe und/oder zu der von Autoritätspersonen stehen;
- **Wohlwollen, Menschenfreundlichkeit:** Konstruktiver Umgang mit anderen Menschen, auch im Konflikt (›Tat und Täter trennen‹); Orientierung des eigenen Handelns an dem ›Biophilie-Postulat‹ (Lay), also daran, menschliches Wachstum und menschliche Entwicklung zu mehren;
- **Beitragsbereitschaft:** Der (sich im Handeln ausdrückende) Wille, nicht nur den angemessenen eigenen Anteil zum Gesamtergebnis beizutragen, sondern nach Möglichkeit mehr« (ebd.).
- **Fairness:** Dieser Punkt ist auf zwei Ebenen wichtig. Zum einen sollten Sie dem Seminar gegenüber fair sein und nur erwarten, was realistisch ist. Sie sollten Ihre Anforderungen also nicht überziehen. Zudem soll es innerhalb der Gruppe fair zugehen, Einzelpersonen sollten nicht bevorzugt behandelt werden.
- **Thema und Menschen ernst nehmen:** Selbst wenn Sie das Thema nicht spannend finden oder es bereits zum zehnten Mal unterrichten,

ist es für die Studierenden immer schwierig und neu. Daher sollten Sie sowohl das Thema als auch die Teilnehmerinnen und Teilnehmer ernst nehmen.

- **An sich selbst arbeiten:** Ein großes Zeichen von Professionalität ist die Erkenntnis, dass man nicht perfekt ist. Sie werden in jedem Semester Fehler machen, verbesserungswürdige Aspekte entdecken und sich über misslungene Planungen ärgern. Sehen Sie diese Fehler aber nicht als Rückschlag, sondern als Chance, sich zu verbessern.

Diese Punkte zeigen, dass Sie nicht nur eine Lehrkraft sind, sondern auch eine Führungsperson, die für ihre Studierenden zuständig ist. Diese Rolle bringt einiges Machtpotenzial mit sich, das man auf keinen Fall ausnutzen sollte, sondern mit einem gewissen Respekt behandeln muss. Hilbert Meyer hat den Igel zum Sinnbild der Lehrkraft gemacht: »Im Herzen pazifistisch, aber zur Not verteidigungsfähig« (2007, S. 81).

Neben dieser Rolle sind Sie nun aber auch Wissenschaftler/in, und die Verknüpfung von Forschung und Lehre hat eine lange Tradition in Deutschland. Nun ist diese Verbindung sehr sinnvoll, bringt aber dialektische Potenziale mit.

1.2.2 | Expertenrolle

Die größte Sorge der Berufsanfänger ist oft, dass sie von den Studierenden als Experten angesehen werden, aber wissen, dass sie nicht alle Fragen beantworten können. Das Idealbild der Hochschullehrkraft ist das eines/r Universalgelehrten, der/die auf jede noch so komplexe Studierendenfrage eine klare und ausschweifende Antwort haben sollte. Aber Sie selbst werden bei der Vorbereitung feststellen, dass Sie nicht alle Fragen beantworten können. Dies liegt nicht an einem Missstand in Ihrer Ausbildung, sondern vielmehr daran, dass es Zweifelsfälle gibt oder manche Fragen derart weit aus dem Kernbereich des Seminars hinausgehen, dass Sie die Antwort schlichtweg nicht wissen können.

Anstatt derartige Situationen zu fürchten, sollten Sie sie offensiv angehen. Bei Fragen, die Sie nicht beantworten können, können Sie dies unumwunden zugeben und zwar mit der entsprechenden Begründung:

Strategien bei Unsicherheit

- **Zweifelsfall:** »Das ist nicht ad hoc zu entscheiden. Ich werde darüber nachdenken/das mit Kolleg/innen besprechen/das nachschlagen und in der nächsten Sitzung darauf zurückkommen.« Wenn der Zweifelsfall in Ihrem Fachgebiet bekannt ist, können Sie darauf verweisen, dass es nicht immer einfache Lösungen gibt und unter Umständen eben Zweifelsfälle existieren, die noch nicht geklärt sind oder nicht geklärt werden können.
- **Antwort nicht bekannt, aber noch im Kernbereich des Seminars:** »Das ist eine sehr gute Frage, darüber habe ich bisher noch nicht nachgedacht. Ich werde das für Sie herausfinden und in der nächsten Sitzung kurz thematisieren.«
- **Antwort nicht bekannt, aber nicht mehr im Kernbereich des Seminars:** »Die Frage ist zwar interessant, würde aber an dieser Stelle zu

weit führen. Wenn Sie Interesse an der Antwort haben, schreiben Sie mir die Frage noch einmal per Mail, dann können wir das besprechen.«

Diese Antworten sollen keine Ausreden für Unwissenheit sein, aber gerade am Anfang wird es Ihnen häufiger passieren, als Sie wünschen, dass Sie eine Frage nicht beantworten können. Gerade Fragen zur Organisation des Studiums, Prüfungen etc. können Sie meist erst nach einigen Semestern bzw. dem Nachschlagen in den dazugehörigen Unterlagen beantworten.

Ein guter Tipp lautet: »Sei auf alle Themen vorbereitet! Besprece angesichts der knappen Zeit jedoch nur wenige Gebiete ausführlich« (Groth 2016, S. 5).

1.2.3 | Forschung und Lehre

Dieser Spagat ist besonders schwer. Möglicherweise promovieren Sie gerade und leiten daneben noch ein paar Seminare. In dieser Situation ist ein gutes Zeitmanagement äußerst wichtig. Und lassen Sie Ihre Lehre durchaus von Ihrer Forschung profitieren. Wenn Sie es geschickt planen, können Sie neueste wissenschaftliche Ergebnisse Ihres Feldes präsentieren, ohne sich in Debatten mit Fachleuten (die z. B. zu Tagungen kommen) beweisen zu müssen. Eine einseitige Schwerpunktlegung ist in jedem Fall zu vermeiden:

- **Schwerpunkt auf der Lehre:** Sie bereiten sich sehr gut vor, leiten Ihre Seminare nach den hier dargestellten Grundsätzen, evaluieren ordentlich und verbessern Ihr Unterrichtsverhalten. Daneben entwerfen und korrigieren Sie Klausuren, betreuen schriftliche Arbeiten und nehmen mündliche Prüfungen ab. Gleichzeit gehen Sie aber nicht mehr auf Tagungen, arbeiten weniger an Ihrer Dissertation/Habilitation und verlieren langsam aber sicher den Anschluss an die aktuelle Fachwissenschaft. Da Sie diese unter Umständen aber überhaupt nicht brauchen, geht Ihnen der Alltag dennoch gut von der Hand, bis Sie schließlich das Limit des Wissenschaftszeitvertragsgesetzes erreichen und die Universität ohne Aussicht auf Wiedereinstellung verlassen müssen.
- **Schwerpunkt auf der Forschung:** Sie sind auf allen aktuellen Tagungen anzutreffen, Ihre Forschung geht gut voran und Sie investieren 40 Stunden wöchentlich in Ihre Dissertation/Habilitation bzw. Zeitschriftenbeiträge und Vorträge. Sie sind up-to-date, was Ihr Feld betrifft und gern geladener Gast bei Diskussionsrunden und Tagungen. Wäre da nicht das leidige Semester. Da Sie ohnehin nur Grundlagen unterrichten, müssen Sie sich nicht vorbereiten und spulen in etwa das ab, was man Ihnen vor langer Zeit einmal beigebracht hat. Die Studierenden können dem Seminar nicht gut folgen, und die Sitzungen sind sehr anstrengend, weil man Ihnen nicht zuhört und sich nicht ordentlich auf die Seminare vorbereitet. Es entsteht ein gewisser Semesterfrust, der Gott sei Dank nach 14 Wochen aufhört, wenn Sie das lästige Lehren endlich wieder temporär los sind.

Beide Beispiele zeigen Menschen, die erstens unzufrieden sind und zweitens dem Anspruch einer Hochschule nicht genügen. Ihr Selbstbild als Hochschullehrkraft und der grundsätzliche Anspruch, Forschung und Lehre zu vereinen, verbieten eigentlich eine einseitige Fokussierung. Es soll an dieser Stelle keine falsche Hoffnung geweckt werden, denn ein Fokus auf der Forschung wird Ihnen beruflich mehr bringen als ein Fokus auf der Lehre. Dennoch stellt die Lehre 50 % Ihrer beruflichen Aufgabe dar.

Eine typische Lehrveranstaltung an der Universität dauert ca. 90 Minuten, findet einmal in der Woche statt über einen Zeitraum von ungefähr 13–15 Wochen. Sie sehen die Studierenden also nur einmal in der Woche und das nicht zwangsläufig regelmäßig, da die Studierenden je nach Hochschule nicht zwingend eine Anwesenheitspflicht haben. Neben dieser sogenannten Präsenzzeit gibt es noch das Selbststudium, dessen Zeitaufwand Sie bei der Planung beachten sollten. Normalerweise ist der Umfang der beiden Lernarten im Modulhandbuch oder der Studienordnung festgeschrieben. Sie sollten Ihren Lerninhalt also daran anpassen. Wenn ein Seminar nur eine geringe Selbststudienzeit angibt, sollte sich dies in Ihrer Planung widerspiegeln.

»Im Gegensatz zum anglo-amerikanischen System der Hochschullehre, in dem die Mitglieder des Lehrkörpers eines Faches gemäß ihrer fachlichen Orientierung nur für bestimmte Inhalte verantwortlich sind, hat es sich an den deutschen Hochschulen eingebürgert, die Lehre eines Faches ›in ihrer gesamten Breite‹ zu repräsentieren. Das führt dazu, dass bereits der wissenschaftliche Nachwuchs dazu angehalten wird, nach Möglichkeit alle inhaltlichen Facetten des Faches zu unterrichten. Dadurch entsteht ein enorm hoher Aufwand für die Vorbereitung und Organisation der Lehre, insbesondere bezogen auf die Zusammenstellung der zu unterrichtenden Inhalte« (Handke/Schäfer 2012, S. 79).

Diese Flexibilität wird in den meisten Fällen verlangt, auch wenn Sie unter Umständen die Möglichkeit haben, Ihr Spezialgebiet in die Veranstaltungen einfließen zu lassen. Dennoch ist der Aufwand, der entsteht, wenn Sie eine Veranstaltung entwerfen, nicht zu unterschätzen.

»Entscheidende Ressource ist schließlich ausreichende Zeit für die Vor-und Nachbereitung des Unterrichtsstoffes. Es dürfte kein Geheimnis sein, dass in den ersten Semestern die aufgewendete Zeit in keinem angemessenen Verhältnis zu der vergüteten Unterrichtszeit steht. [...] Ich habe die Erfahrung gemacht, dass jede Stunde Unterricht vier Stunden Vorbereitung erforderte« (Groth 2016, S. 6).

Oftmals haben Sie zudem wenig Zeit vor dem Semester, und nach Lektüre dieses Buches werden Sie abschätzen können, wie viel Zeit Sie benötigen, um eine Veranstaltung zu planen. Hilfreich und zeitsparend kann es sein, thematische und fachliche Zusammenhänge zwischen Ihren Veranstaltungen herzustellen, soweit dies möglich ist. Für jedes Seminar benötigen Sie ca. 10 Fachtexte, was bei einer üblichen Stelle mit 4 Veranstaltungen zu 40 Texten führt, die Sie möglichst gut kennen müssen und die oft auch außerhalb Ihrer Spezialgebiete liegen.

1.2.4 | Was weiß ich bereits? Didaktischer Selbsttest

»[D]ie traditionelle Hochschullehre [wird] primär von Personen durchgeführt [...], die in der Regel weder speziell zu diesem Zweck ausgebildet wurden, noch permanent durch verpflichtende Weiterbildungsmaßnahmen geschult werden« (Handke/Schäfer 2012, S. 77).

Aus diesem Grund sollten Sie einmal kurz überprüfen, welche didaktischen Vorerfahrungen Sie bereits haben:

Didaktische Erfahrung	Erläuterung	
Studium	Philologisches Studium/Fach mit pädagogischen Anteilen	☐
	Absolvierung spezieller Kurse (z. B. Präsentationstechniken)	☐
universitäre Lehrtätigkeit	Tätigkeit als studentischer Tutor	☐
	Einsatz in zentralen Schulungsmaßnahmen	☐
Weiterbildung	Referendariat	☐
	hochschulinterne Weiterbildung	☐
	hochschulexterne Weiterbildung (z. B. Volkshochschule)	☐
außeruniversitäre Lehrtätigkeit	Volkshochschule	☐
	private Bildungsunternehmen	☐
	sonstige Institutionen (z. B. Bundeswehr, freie Wirtschaft)	☐
	Übungsleitertätigkeit	☐

Didaktische Erfahrung (nach Handke/ Schäfer 2012, S. 77)

Sie werden sicher nicht überall ein Kreuz setzen können, aber das gilt auch für die eingespielten Lehrkräfte an Ihrem Institut. Wenn Sie viele Kreuze setzen können, dann sind Sie durch Ihr Fach und Ihre Vita bereits etwas vorgebildet, was das Verständnis der folgenden Inhalte sicherlich erleichtert. Aber selbst wenn Sie keine Kreuze setzen, können Sie dennoch eine exzellente Lehrkraft werden, wenn Sie nur genug Zeit und Energie investieren.

1.3 | Kommunikation

Bevor nun tatsächlich die Grundlagen des Lehrens erörtert werden, soll ein kleiner Exkurs zu Kommunikation allgemein stattfinden. Dieser ist nötig, da Lehre bedeutet, mit großen Gruppen zu kommunizieren.
   Vielen Kommunikationsmodellen liegt die Annahme zugrunde, dass eine Nachricht von einer Person zu einer anderen transportiert wird:

»Diese Auffassung lässt sich charakterisieren als das Transportmodell der Kommunikation: Von mir zu dir.
Eine Person A hat die Intention, einer anderen Person B etwas mitzuteilen. Dieses Etwas fasst A in Worte (kodiert es) und äußert diese Worte entweder lautlich oder schriftlich. Die Person B vernimmt die Laute oder liest die Buchstaben und entnimmt ihren Sinn (dekodiert sie). Was vorher im Kopf von A nur war [...] ist danach auch im Kopf von B« (Heringer 2014, S. 17).

Dieses Modell ist eine ungenügende Darstellung, denn Kommunikation ist nicht einfach nur ein Transportvorgang. Ein wichtiger Grundgedanke ist, dass nicht alles, was Sie sagen, auch so verstanden wird, wie Sie es meinen und dass es verschiedene Einflussfaktoren auf das Verständnis Ihrer Nachricht gibt. Um Kommunikation begreifbar zu machen, hat Paul Watzlawick (2011) fünf Axiome aufgestellt, »die mittlerweile Klassiker der Kommunikationsliteratur sind« (Heringer 2014, S. 18):

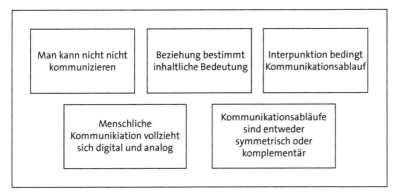

Axiome der Kommunikation (angelehnt an Heringer 2014, S. 18)

1.3.1 | Axiome der Kommunikation

1.3.1.1 | Man kann nicht nicht kommunizieren

Man kann sich darüber streiten, ob dieses Axiom auf jede Kommunikationssituation zutrifft, aber im Kontext der Lehre ist es sicherlich zutreffend. Wenn Sie von ca. 40 Menschen beobachtet werden, dann können Sie es nicht vermeiden zu kommunizieren. Selbst wenn Sie beschließen zu schweigen, dann werden die Studierenden dies interpretieren und im Zweifel haben Sie sogar funktional geschwiegen, um eine bestimmte Botschaft zu senden.

»Man kann einfach nichts tun und schweigen. ›Ich warte, bis der Andere gesprochen hat.‹ Man kann aber auch vielsagend schweigen. ›Ich bin nicht einverstanden, widerspreche aber meinem Gesprächspartner nicht.‹ Es kommt auf den Kontext an, was Schweigen ist und was es bedeutet« (Heringer 2014, S. 19).

Dieses Schweigen können Sie zum Klassenmanagement nutzen, um die Aufmerksamkeit von Störern zu erregen, oder, um die Aufmerksamkeit gezielt auf sich selbst zu lenken und beispielsweise den Unterricht zu beginnen.

1.3.1.2 | Beziehung bestimmt inhaltliche Bedeutung

»Das Axiom basiert auf der Unterscheidung von Inhaltsaspekt und Beziehungsaspekt. Es soll darauf verweisen, dass in der Kommunikation nicht nur der sachliche Gehalt eine Rolle spielt, sondern stets auch mitschwingt, wie die Beziehung zwischen den beiden Partnern gesehen und bestimmt wird« (Heringer 2014, S. 20).

»Eine Nachricht senden heißt auch immer, zu dem Angesprochenen eine bestimmte Art von Beziehung auszudrücken« (Schulz von Thun 2010, S. 18). Diese Beziehung ist im Fall der Lehre auf jeden Fall eine institutionell bestimmte, nämlich die der Lehrkraft zu den Studierenden.

1.3.1.3 | Interpunktion bedingt Kommunikationsablauf

»Das Axiom fokussiert auf die Sequenzierung der Kommunikation und darauf, dass die Partner den Verlauf unterschiedlich segmentieren und ordnen. Daraus entstehen Missverständnisse« (Heringer 2014, S. 20).

Eine andere Formulierung für dieses Axiom lautet »Ursache und Wirkung« (http://www.paulwatzlawick.de/axiome.html). In interaktiven Kommunikationsverläufen legen die Kommunizierenden willkürlich einen Ursprung fest, obwohl »Kommunikation kreisförmig verläuft. Es gibt keinen Anfangspunkt« (ebd.):

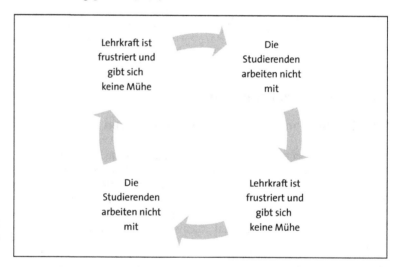

Ursache und
Wirkung der
Kommunikation

Die Studierenden werden die schlechte Lehre als Ursprung sehen, die Lehrkraft die Unwilligkeit der Studierenden. In der Realität stellen sich Ursache und Wirkung natürlich sehr viel differenzierter dar, aber das Modell zeigt, dass Kommunikation zum einen immer Reaktion auf etwas ist und dass zum anderen »[j]eder Reiz [...] zugleich auch Kommunikation [darstellt]« (ebd.).

1.3.1.4 | Kommunikationsabläufe sind entweder symmetrisch oder komplementär

»In symmetrischer Kommunikation sind die Handlungsmöglichkeiten der Partner gleich verteilt. Beide sind bestrebt, keine Ungleichheiten und unterschiedliche kommunikative Rechte aufkommen zu lassen. In komplementärer Kommunikation ergänzen sich die Handlungsmöglichkeiten der Partner. Dabei kann die Asymmetrie in verschiedenen Positionen manifest werden: Ein Partner nimmt die überlegene Stellung ein, der andere die entsprechende inferiore« (ebd.).

Im Bereich der Lehre ist die Verteilung der Rollen institutionell klar geregelt und man sollte sich über diese Festlegung im Klaren sein. Die Kommunikation zwischen Ihnen und den Studierenden wird prototypisch komplementär verlaufen. Auch wenn Sie Phasen der Symmetrie erreichen, so sind diese doch stark begrenzt, da immer Sie bestimmen, wann diese Symmetrie endet.

Es kann sein, dass Studierende versuchen, diese komplementäre Beziehung mit bestimmten Äußerungen oder Handlungen zu durchbrechen. Es liegt dann an Ihrer Expertise, dies entweder zu dulden oder abzulehnen.

1.3.1.5 | Menschliche Kommunikation vollzieht sich digital und analog

Als digitale Kommunikation versteht Watzlawick nicht die Sprache des Internets, sondern den verbalen Anteil der Kommunikation (vgl. Heringer 2014, S. 21). Dieses Axiom soll betonen, dass Kommunikation ohne Körpersprache, Intonation etc. nicht stattfindet und dass diese Komponenten vor allem die Beziehungsebene beeinflussen. Die digitale Kommunikation, also das, was Sie den Studierenden sagen, wird in Kapitel 2.6 »Teacher Talk« genauer behandelt, das Thema nonverbale Kommunikation in den folgenden Abschnitten.

1.3.2 | Nonverbales Verhalten / Körpersprache

»1970 stellten sich US-amerikanische Wissenschaftler folgende Frage: Ist es möglich, eine Gruppe von Experten mit einer brillanten Vortragstechnik so hinters Licht zu führen, dass sie den inhaltlichen Nonsens nicht bemerken? Sie engagierten einen Schauspieler und trainierten dessen Auftritt tagelang. Ziel war ein brillanter Vortrag mit inhaltlich absolutem Nonsens. Das Ergebnis: Sämtliche Experten klebten an den Lippen des überzeugenden Schauspielers und waren von seinem Vortrag begeistert. Seitdem heißt diese Studie ›Dr.-Fox-Effekt‹« (Matschnig 2012, S. 140).

Mit dem Körper arbeiten

Daraus folgt nun nicht, dass Sie eine perfekte Körpersprache benötigen, aber es zeigt, dass ein überzeugender Auftritt sehr bei der Vermittlung von Inhalten helfen kann. Umgekehrt kann ein besonders schlechter Auftritt dazu führen, dass Inhalte nicht verstanden werden. Vor einer Gruppe spielen der eigene Körper und die vom körperlich Agierenden ausgesandten Signale eine große Rolle:

»Den Körper als zentrales Kommunikationsmedium im Lehr- und Lernprozess aufzufassen, erscheint auf den ersten Blick trivial. Natürlich kommunizieren wir im Klassenraum, in Face-to-Face-Situationen, mithilfe unseres Körpers« (Gröschner 2007, S. 6).

Die Unterrichtsforschung hat sich nicht sehr ausgiebig mit dem Körper als zentrales Ausdrucksmittel der Lehre befasst (vgl. ebd.), dennoch sollen Ihnen die folgenden Tipps und Hinweise bei Ihrem nonverbalen Verhalten (vgl. Heidemann 2006, S. 84 ff.) helfen.

1.3.2.1 | Blickkontakt

Es kann sehr unangenehm sein, in Dutzende von Augenpaaren zu sehen und festzustellen, dass alle den Blickkontakt suchen. Früher empfahl man Lehrkräften, einen Punkt hinter dem Publikum zu fixieren, was aber keine gute Technik ist, da Sie dann nie Blickkontakt mit Ihrem Publikum haben (vgl. ebd.). Bei großen Gruppen ist es gar nicht so einfach, allen Studierenden gerecht zu werden.

»Es ist wichtig, daß Sie alle Teilnehmer im Blickfeld haben. So sollte nach Möglichkeit zwischen [der Lehrkraft] und [der Gruppe] ein Mindestabstand von zwei Metern bestehen [...]. Je größer der Kreis, um so wichtiger ist diese Distanz« (Heidemann 2006, S. 88).

Nehmen Sie sich in der Sitzung vor, einzelnen Studierenden ca. fünf Sekunden in die Augen zu sehen, bis »eine echte Personenwahrnehmung stattgefunden hat« (ebd.). Sie werden feststellen, dass dies auch einen Effekt auf die benachbart sitzenden Studierenden hat – einen sehr positiven, wenn Sie dabei auch noch lächeln. »Suchen Sie sich dafür einige Personen aus, die Ihnen ein gutes Gefühl vermitteln, weil sie Interesse und Aufmerksamkeit signalisieren« (ebd.). Vermeiden Sie es aber, Personen »zu lange und zu intensiv an[zu]schauen« (ebd.), da dies Aggressionen und einen Wettstreit auslösen kann.

Gerade bei Fragen sollten Sie den Blickkontakt trainieren, da die gestellte Frage mehr Verbindlichkeit bekommt, wenn Sie Personen direkt ansehen. Ein Schweifen des Blickes würde das Gegenteil bewirken (ebd.).

1.3.2.2 | Körperstellung

Vermeiden Sie hektisches Hin- und Herlaufen aber auch völliges Stillstehen (vgl. Matschnig 2012, S. 141 f.). Nehmen Sie sich besser vor, innerhalb von etwa 20 Minuten vielleicht 2–3 Mal den Platz zu tauschen, aber vermeiden Sie es, bei jedem Satz in Bewegung zu sein. Im Optimalfall halten Sie sich stets vollständig sichtbar vor der Gruppe auf, gerade wenn Sie mit einzelnen Studierenden sprechen, nur so »haben Sie die Möglichkeit, Körpersprache wirkungsvoll einzusetzen« (Heidemann 2006, S. 91).

Das bedeutet auch, dass Sie sich auf keinen Fall hinsetzen sollten, wenn Sie mit der Gruppe agieren. Wenn Sie nicht mehr stehen wollen, setzen Sie sich einfach seitlich auf einen Tisch, an dem keine Studierenden sitzen, am besten mit einem Bein noch auf dem Boden, um offen mit der Gruppe umgehen zu können (vgl. ebd.).

Schwierig sind Anschriebe an Tafel und Whiteboards, da man sich von den Studierenden abwendet, und bei denen man besser nicht sprechen sollte. Wenn Sie es doch tun, unterbrechen Sie den Anschrieb kurz und wenden sich wieder der Gruppe zu.

1.3.2.3 | Proxemik

Die Proxemik beschreibt die Nähe von Personen zueinander und das Agieren im Raum. Ein Gefühl für Nähe und Distanz ist kommunikativ sehr wichtig, da wir »alle sozusagen ein tragbares Territorium mit uns führen, das man als persönlichen Umraum sehen könnte« (Heidemann 2006, S. 96). Es gibt verschiedene Ausprägungen dieses Raumes, die Sie als Lehrkraft kennen und beachten sollten (vgl. ebd., S. 96 ff.):

- **Ansprachedistanz (3–4 m):** Innerhalb dieser Distanz nehmen Personen Sie wahr, wenn Sie sie ansprechen. Diese Distanz ist zu wahren, um die gesamte Gruppe im Blick zu haben.
- **Persönliche Distanz (0,6–1,5 m):** »In diese müssen Sie eindringen, wenn Sie einen persönlichen Kontakt zu Personen aufnehmen wollen, die Ihnen noch nicht bekannt sind« (ebd.). Diese Distanz ist in der Lehre häufig unterschritten, wenn Sie mit Studierenden interagieren.
- **Intimdistanz (0,5–0,6 m):** »Wenn Sie den Arm ausstrecken, sollte der Gesprächspartner mindestens bis zum Handgelenk entfernt stehen. Die Verletzung der Intimdistanz wird als aufdringlich empfunden« (ebd.). Im Alltag weichen Menschen zurück, um die Intimdistanz wiederherzustellen, Studierende können dies aufgrund der Sitzposition jedoch nicht, was man beachten sollte (vgl. ebd.).

Neben der Einhaltung der Distanzzonen sollten Sie vermeiden, sich den Studierenden hinterrücks zu nähern. Wenn Studierende Fragen haben und Sie die Intimdistanz brechen, um z. B. eine Lösung zu begutachten, dann nähern Sie sich am besten von vorne. Ein Nähern von hinten, oder »[A]nschleichen« (ebd., S. 98), kombiniert mit einem recht überraschenden Bruch der Intimdistanz, empfinden Menschen in den meisten Fällen als unangenehm (vgl. ebd., S. 99).

1.3.2.4 | Körperhaltung

»Ein guter Rat, den erfahrene Lehrer jungen Kollegen oftmals geben, lautet: Wenn du in eine Klasse gehst, entscheidet der erste Augenblick. Wenn du dich am Anfang durchsetzen kannst, hast du gewonnen, wenn nicht, ist die Klasse für dich verloren. Gemeint ist damit, dass das erste Auftreten einer Lehrperson bereits über die Reaktion des ›Schülerpublikums‹ entscheidet und die weitere Interaktion in der Klasse beeinflusst. Der wichtigste Faktor bei diesem ›ersten Auftritt‹ ist die Körpersprache« (Kainzbauer 2012, S. 11).

Erstkontakt
mit der Gruppe

Die Haltung Ihres Körpers verrät einiges über Ihren jeweiligen Gemütszustand und Ihre generelle Persönlichkeit. Diese Informationen, die die Körperhaltung vermittelt, sind meist nicht widerspruchsfrei und schwer zu interpretieren. Teilweise sind sie von der sprechenden Person auch nicht zu kontrollieren. Die sogenannten »autonomen, psycho-vegetativ gesteuerten Signale« (Heidemann 2006, S. 101) entziehen sich fast vollständig Ihrem Einfluss. »So ist es nahezu unmöglich, absichtlich zu schwitzen, die Wangen blaß werden zu lassen oder rote Flecken am Hals irgendwie zu beeinflussen« (ebd.).

Einige Aspekte lassen sich aber durchaus von Ihnen steuern. So ist das »freie ruhige Stehen« (ebd., S. 104) optimal, da Sie so Ihren ganzen Körper für die Kommunikation einsetzen können. Sie haben in Ihrem Alltag erlernt, wie Sie mit dem Oberkörper und dem Gesicht kommunizieren, alles darunter spielt kommunikativ meist keine allzu große Rolle. In der Lehre kann es nun aber passieren, dass Sie in voller Körpergröße vor der Gruppe stehen und widersprüchliche Signale aussenden. Ihr Gesicht und Ihr Oberkörper strahlen Selbstsicherheit aus, aber Ihre Füße wippen nervös. Wenn Sie das am Anfang noch nicht kontrollieren, können Sie auch hinter einem Pult stehen.

1.3.2.5 | Gestik/Mimik

Ohne Gestik und Mimik bleiben die bisher erläuterten körperlichen Signale schwer zu deuten, da erst der Einsatz von Händen und Gesicht die gesamte Körpersprache interpretierbar macht. Für Anfänger ist die Frage besonders schwierig, was sie mit ihren Händen machen sollen. Vor dem Körper verschränkte Arme wirken abweisend, sich hinter dem Rücken berührende Hände »steif und distanzierend« (Heidemann 2006, S. 109 f.). Seitlich herabhängende Arme wirken kraftlos und Hände in den Hosentaschen zu lässig (vgl. ebd.).

»Achten Sie darauf, niemals die Arme an den Körper zu pressen, sonst wirken Sie ganz schnell unsicher und unterwürfig. Befolgen Sie stattdessen folgende Formel: Je größer die Gruppe, desto größer dürfen Ihre Armbewegungen ausfallen, damit die Signale auch bei jedem im Publikum ankommen« (Matschnig 2012, S. 145).

»In der Regel am besten wirken in Brust- oder Bauchhöhe locker verbundene Hände, da sie entspannte Konzentration oder konzentrierte Ruhe ausstrahlen« (ebd.). Aus dieser Grundhaltung heraus können Sie Ihre Gestik gezielt einsetzen, ohne Unruhe zu verursachen. Aufzupassen ist hier natürlich auf das sogenannte ›Merkel-Dreieck‹, das entsteht, wenn Sie die Position überhaupt nicht mehr verändern.

»Gesten müssen den Inhalt unterstreichen und dürfen nicht widersprüchlich sein« (Matschnig 2012, S. 142). Sie sollten also wissen, was Sie ausdrücken wollen und Ihre Gestik dem Inhalt anpassen. »Grundsätzlich gilt, dass Hände unterhalb der Gürtellinie eine negative Aussage, Hände zwischen Gürtellinie und Brusthöhe eine neutrale Aussage und Hände auf Brusthöhe eine positive Aussage enthalten« (Heidemann 2006, S. 109), und daraus folgt, dass Sie Ihre Hände passend zu Ihren

Worten einsetzen sollten. Gesten sollten dabei auf folgende Weise aus-
geführt werden:

- **Präzise:** Die Geste muss klar erkennbar und für alle Angesprochenen
  interpretierbar sein: z. B. ein Daumen nach oben oder auch die Geste
  ›gut gemacht‹, bei dem sich Daumen und Zeigefinger berühren.
- **Handflächen:** Die Handflächen sollten nach oben zeigen und nicht
  nach unten, da dies für Offenheit steht.
- **Gesten aus dem Oberarm:** »Natürliche Gesten kommen aus dem
  Oberarm. [...] Am günstigsten ist, wenn Sie weite, offene, ruhige Kon-
  taktgesten in Richtung auf die [Studierenden] machen, wobei sich die
  Arme in Brusthöhe bewegen und die Handflächen nach oben zeigen«
  (Heidemann 2006, S. 109).

»Gesten wirken dann besonders stark, wenn das nonverbale Signal vor
der verbalen Aussage erfolgt« (Matschnig 2012, S. 145), was Sie in Ihre
Kommunikation miteinbeziehen sollten. Loben Sie Studierende zum Beispiel mit einem Daumen nach oben und sagen Sie erst danach, dass der-
oder diejenige das gut gemacht hat.

Die Mimik ist im Gegensatz zur Gestik schwerer zu kontrollieren, da
sie stärker von Ihren Gefühlen geleitet ist (vgl. Matschnig 2012, S. 17).
Dennoch gibt es einige Aspekte, die man sich bewusst machen sollte.
Mimik sollte stets Ihre Inhalte unterstützen und kann auch steuernd eingesetzt werden. Gleichzeitig sollten Sie kontrollieren, dass Ihre Gesichts-
züge nicht ablenken.

»Häufiges Mundbedecken, Nasenreiben, aber auch Lippenzusammendrücken,
Stirnrunzeln, Wangenreiben und Hochziehen der Augenbrauen lassen Sie als fah-
rig, emotional unkontrolliert erscheinen« (Heidemann 2006, S. 111).

Versuchen Sie eine offene Freundlichkeit auszustrahlen, ohne jedoch auf-
gesetzt zu wirken (vgl. ebd.). »[E]in Dauergrinsen mit nach oben gezoge-
nen Mundwinkeln wirkt unnatürlich« (Matschnig 2012, S. 54), weshalb
Sie darauf auf jeden Fall verzichten sollten. Wenn es Ihnen nicht gut geht,
verzichten Sie einfach auf Lächeln, eine »neutrale Mimik, die Sachlichkeit
ausstrahlt« (Heidemann 2006, S. 112) wird von den Studierenden ebenso
akzeptiert. Denken Sie nur daran, dass Ihre Stimmung ansteckend ist und
Sie als Lehrkraft unter Umständen negativ verstärkend wirken.

Nonverbales Verhalten vor der Gruppe
- Nehmen Sie immer wieder Blickkontakt mit Einzelpersonen auf.
- Bewegen Sie sich ab und zu im Raum (links/rechts; vorne/hinten).
- Achten Sie auf die Distanzzonen.
- Stehen Sie ruhig und frei im Raum.
- Setzen Sie präzise Gesten ein.
- Offene Handflächen und Hände im Bauchbereich vor dem Körper.
- Versuchen Sie eine offene Freundlichkeit auszustrahlen.

Essentiell für Gestik und Mimik ist natürlich, dass diese zu Ihrer Persönlichkeit passen müssen:

»Ihre Worte, Haltung, Gestik und Mimik sollten immer Ihrem Wesen und Temperament entsprechen. Verstellen Sie sich nicht, sondern bleiben Sie sich treu, dann wirken Sie vertrauenswürdig und sympathisch. Ebenso wichtig ist, dass Sie überzeugt sind von dem, was Sie tun [...]. Nur dann können Sie überzeugend und begeisternd wirken. Der Grund: Ihre Gedanken, Gestik und Mimik sind untrennbar miteinander verbunden. Anders gesagt: Es steht Ihnen buchstäblich ins Gesicht geschrieben, was Sie wirklich denken« (Matschnig 2012, S. 159).

2 Grundlagen

Nachdem Sie nun über die grundlegende Situation an deutschen Hochschulen und einige grundlegende Aspekte der Kommunikation informiert sind, geht es um eine theoretische Fundierung Ihrer Lehre. Während Kapitel 3 sich ausführlich mit der konkreten Planung einer Lehrveranstaltung befasst, werden Sie hier zunächst das Grundwissen erwerben, das Sie für eine solche Planung benötigen. Wenn Sie beim Lesen feststellen, dass Sie dieses Grundwissen bereits besitzen, können Sie direkt zu Kapitel 3 wechseln.

2.1 | Was ist Lehre/Unterricht?

»Unterricht ist eine geniale Erfindung zur Vereinheitlichung, Verkürzung und Effektivierung gesellschaftlich notwendiger Lernprozesse, aber zugleich ein problematischer Ersatz für nicht gemachte Erfahrungen« (Meyer 2007, S. 55).

Dieser Annahme ist für die Lehre zuzustimmen, da eine vermittelnde Lehrkraft existiert, die bestimmte Erkenntnisse in einem artifiziellen Kontext vermittelt. Unterricht, und damit auch Lehre, ist zudem ein schwer zu fassendes Konstrukt. Es geht über das bloße Belehren hinaus und ist nicht einfaches Erzählen oder Berichten. Empirisch betrachtet, vereinen alle Formen des Unterrichtens bestimmte Merkmale, deren Gültigkeit für die Lehre überprüft werden muss:

»Der meiste Unterricht findet in fest institutionalisierter Form statt – zumeist in einem extra dafür eingerichteten Schulgebäude. Dieser institutionelle Kontext beeinflusst die Lernergebnisse erheblich« (ebd.).

In der Hochschule ist der institutionelle Rahmen gegeben, und der Lernort ist üblicherweise in Form von Hörsälen und Seminarräumen dafür eingerichtet.

»Unterricht wird in den meisten Nationen von professionellem, extra ausgebildetem Personal erteilt, das nicht frei schalten und walten kann, sondern einer schulfachlichen Aufsicht unterliegt« (ebd.).

Dies kann nur zum Teil bestätigt werden, da das wissenschaftliche Lehrpersonal zwar fachlich sehr gut ausgebildet ist, aber auf die Lehre in den meisten Fällen nicht vorbereitet wurde. Es gibt oftmals Unterlagen, die vorgeben, was gelehrt wird, aber keine schulfachliche Aufsicht. Alle Lehrangelegenheiten werden von Institut zu Institut unterschiedlich geregelt.

»Unterricht ist ein sozial-kommunikativer Prozess, an dem die Schülerinnen und Schüler aktiv mitarbeiten« (ebd.).

Auch die Lehre ist sozial-kommunikativ, wobei die Mitarbeit der Studierenden nicht so stark ausfallen muss wie in der Schule. Dies hängt sehr von dem Lehrkonzept ab, für das Sie sich entscheiden (siehe Kap. 3.1.3).

»Unterricht ist zielbezogen. Er soll das Lernen befördern und in systematische Bahnen lenken« (ebd.).

Dieses Merkmal trifft auf die Lehre zu, da auf systematische Art gelernt wird.

»Er ist inhaltsbezogen. Das ist die besondere Stärke des Unterrichts: Die Schüler können daran wachsen, sich mit immer anspruchsvolleren Inhalten zu beschäftigen« (ebd.).

Dieses Merkmal trifft ebenso zu. Progressives Vorgehen vom Leichten zum Schwierigen ist eine sinnvolle Maßnahme in der Lehre.

»Er wird durch das didaktisch-methodische Handeln des Lehrers/der Lehrerin und der Schüler ›inszeniert‹« (ebd.).

Das didaktisch-methodische Handeln der Lehrkraft ist in der Hochschule ein wichtiger Baustein für eine erfolgreiche Lehre, und im besten Falle tragen die Studierenden ebenso zum Erfolg bei.

Die Begriffe ›Unterricht‹ und ›Lehre‹ sind also sehr ähnlich und werden in diesem Buch synonym verwendet. Sie unterrichten Studierende, Sie lehren Studierende.

Dabei haben die Merkmale deutlich gezeigt, dass Lehre sehr viel mehr ist als ein bloßes Instruieren. Die Hochschule bietet einen schützenden Raum, in dem Fehler gemacht werden dürfen, in dem die Studierenden einen Experten zur Seite haben, um Fragen zu stellen und in dem sie jeden Gedanken äußern können, um innerhalb der Thematik weiterzukommen (vgl. ebd., S. 56).

Mit diesem Gedanken sei auf die abschließende Definition von Unterricht verwiesen (ebd.):

Definition

> »[Lehre] ist die planmäßige Zusammenarbeit von Lehrenden und [Studierenden] an selbst- oder fremdgestellten Aufgaben zum [...] Aufbau von Sach-, Methoden- und Sozialkompetenzen.
> [Sie] ist zielorientiert.
> [Sie] ist inhaltsbezogen.
> [Sie] hat [ihren] eigenen zeitlichen Rhythmus.
> [Sie] wird durch das didaktisch-methodische Handeln [der Lehrkraft] und der [Studierenden] inszeniert.
> Und bedarf einer vorbereiteten Umgebung« (Meyer 2007, S. 56).

2.1.1 | Grundformen der Lehre

Es gibt verschiedene Grundformen der Lehre. Dies kann zum einen institutionell bedingt sein und zum anderen didaktisch-methodisch. Institutionell gibt es an Hochschulen beispielsweise folgende Formen der Lehre:

- Seminar
- Vorlesung
- Übung
- Tutorium
- Kolloquium
- Exkursion
- Etc.

Grundformen: Anstelle dieser Bezeichnungen kann man aber auch die Konzeption heranziehen, inwieweit sich die Lehre an den Studierenden orientiert, um die Grundformen der Lehre zu differenzieren.

- **Geschlossene Lehre** (konvergenter Unterricht, direkte Instruktion, lehrerorientierte Lehre): Gemeint ist, dass die Planung einzig von der Lehrkraft stammt, die wiederum Lehrziele formuliert: »Was müssen Sie den Studierenden wann beibringen?«
- **Offene Lehre** (divergenter Unterricht, *open education*, studierenden-orientierte Lehre): Die offene Lehre legt den Fokus auf die Studierenden, und räumt diesen mehr Mitspracherecht und Handlungsfreiheit ein. Die Lehre ist schwieriger zu planen, da der Verlauf nicht nur von der Lehrkraft bestimmt wird und die Studierenden einen schwer zu planenden Einfluss auf den Verlauf von Sitzungen nehmen können.

Geschlossene und offene Unterrichtsformen bewegen sich dabei in einer Planungsdialektik, die bestimmte Entscheidungen bei der Planung betrifft:

geschlossene Lehre	offene Lehre
lineare Strukturen	vernetzte (offene) Strukturen
Mindeststandards als Entwicklungs-dimension	flexible Lernziele und -inhalte
Konstruktion im Kontext angeleiteter Instruktion	selbstgesteuerte Konstruktion
vorstrukturierte, anspruchsvolle (niveau-differenzierte) Aufgabenformate	offene, anspruchsvolle Aufgabenformate
in der Aufgabe vorstrukturierte Sozial-form	flexible Sozialform
vorstrukturierte Zeitplanung	flexible Zeitplanung

Geschlossene
und offene Lehre

Lineare Strukturen führen dazu, dass Ihre Planung in einer ganz bestimmten Weise verläuft, während sich der Unterricht bei offenen Strukturen unerwartet entwickeln kann. Zudem ist die geschlossene Lehre durch klare Zielstrukturierung und Lösungskonstruktion gekennzeichnet, während die offene Lehre flexibel hinsichtlich Zielen und Lösungen bleibt.

Auch die Aufgabenformate unterscheiden sich stark. Während vorstrukturierte Aufgaben einen klaren Lösungsweg vorgeben, ist bei offenen Formaten unklar, wie die genaue Lösung aussehen muss (siehe Kap. 2.5 »Aufgaben«). Schließlich unterscheidet sich die Zeitplanung: Während die geschlossene Lehre ganz konkret geplant ist, bleibt die offene Lehre flexibel. Daraus folgt jedoch nicht unbedingt, dass eine solche Lehre überhaupt nicht geplant wird, das Gegenteil ist der Fall.

2.1.2 | Muss Lehre geplant werden?

»Die Frage, ob Unterricht geplant werden muss, ist uneingeschränkt mit ›Ja‹ zu beantworten; es gibt wohl niemanden, der diese Frage anders beantworten würde« (Peterßen 2000, S. 17). Vorausgesetzt, dass man Lehre als eine besondere Form des Unterrichts versteht, gilt dies natürlich auch für die Hochschule.

»Es gibt Grenzen in der Planung, und diese liegen dort, wo unstetige Akte sich ereignen und Improvisationen notwendig werden. Auf sie kann man sich einstellen, aber durch-planen kann man sie nicht« (ebd., S. 19).

Planen ist »unsicheres Durchdenken von Lernanlässen« (Standop/Jürgens 2015, S. 109), was betonen soll, dass Planung nicht zwangsläufig Einschränkung bedeutet. Ganz im Gegenteil, eine gute Planung ermöglicht Freiheit bei der Lehre und variantenreiche Reaktionen. »Planen überhaupt, doch umso mehr gute Planung ermöglicht es, auf störende, unvermutet auftretende Situationen konstruktiv eingehen zu können« (ebd.) und Chancen zu nutzen, die sich aus dem Lehrgeschehen ergeben.

»Wer den Unterricht sorgfältig plant und vorbereitet, sollte nicht davon ausgehen, dass die konzipierte Lehr-Lern-Folge auch realisiert werden kann. Das darf aber nicht dazu führen, ganz auf die Planung zu verzichten. Denn generell betrachtet, ist ein geplanter und vorbereiteter Unterricht qualifizierter als ein nicht geplanter und nicht vorbereiteter« (Becker 2012, S. 240).

Gerade zu Anfang werden in Ihrer Planung noch viele Fehler auftauchen und dazu führen, dass die Lehre nicht so verläuft, wie Sie es erwartet haben. Es hilft nur Routine und Erfahrung, um Ihre Vorabplanungen der Realität anzupassen sowie ständige Evaluation und Optimierung des Lehrverhaltens und der Planung. Es gibt aber grundsätzliche Schwierigkeiten bei der Planung, die Sie von Anfang an zumindest identifizieren, vielleicht sogar vermeiden können.

Es wird zum Beispiel nicht ausbleiben, dass Ihre Planung unter einem gewissen Zeitdruck stattfinden wird, was zu »reduzierter Planungsgründlichkeit und -reflexion« (ebd., S. 116) führt. Dadurch kann es zu »Denkfallen« (ebd.) kommen, die das Planen nachteilig beeinflussen (Schönwandt 1999, S. 29 f., zitiert in Standop/Jürgens 2015, S. 117):

»Wir neigen dazu,
- Probleme zu ignorieren und vorwiegend reaktiv auf offensichtliche und unleugbare Schwierigkeiten hin zu handeln,
- die meisten der potentiell verfügbaren Informationen zu übersehen
- primär nach solchen Informationen zu suchen, die wir finden wollen und Informationen zu unterdrücken, die unseren eigenen Annahmen widersprechen,
- die Situationsanalyse nur oberflächlich durchzuführen sowie die eigene Meinung auf der Basis weniger Schlüsselinformationen zu formen und auf dieser Grundlage ein trügerisches Gesamtbild hochzurechnen,
- davon auszugehen, dass sich Trends mehr oder weniger linear fortsetzen,
- den zeitlichen Ablauf von Prozessen unangemessen zu erfassen«.

Denkfallen

Die folgenden Kapitel sollen Ihnen helfen, diese Denkfallen zu vermeiden, aber Sie sollten im Hinterkopf behalten, dass man, gerade unter Zeitdruck, schnell auf sie zurückverfällt.

2.2 | Gute Lehre und guter Unterricht

»Obwohl manche Dozenten der Überzeugung sind, dass man gute Lehre nicht definieren könne, weil Lehre eher eine Kunst als ein Handwerk sei, zeigt doch die Forschung dazu, dass bestimmte Merkmale nach Ansicht sowohl von Studierenden als auch Dozenten regelmäßig mit guter Lehre verbunden sind« (Winteler 2004, S. 21).

Gute Lehre funktioniert im Prinzip wie guter Unterricht und deshalb kann man sich auf die Erkenntnisse von Didaktikern, also Menschen, die sich mit der Unterrichtsqualität befassen, berufen. Im Folgenden sollen Hilbert Meyers zehn Merkmale guten Unterrichts (2003) auf die Lehre angewandt werden, die empirisch abgesichert festlegen, welche Kriterien guter Unterricht zu erfüllen hat:

1. **Klare Strukturierung des Lehr-Lernprozesses:** Zu einer guten Strukturierung gehört vor allem Transparenz (siehe Kap. 1.2.1). Die Rollen in der Lehre müssen verteilt, die Lehrersprache muss klar sein (siehe Kap. 2.6) und die Aufgaben müssen gut formuliert werden (siehe Kap. 2.5).
2. **Intensive Nutzung der Lernzeit:** Die sogenannte »echte Lernzeit« (ebd., S. 38) spielt eine große Rolle. Also nicht die Zeit der bloßen Anwesenheit, sondern die Zeit, in der tatsächlich an Aufgaben und Fragestellungen gearbeitet wird. Diese Zeit sollte natürlich maximiert und optimal ausgenutzt werden.
3. **Stimmigkeit der Ziel-, Inhalts- und Methodenentscheidungen:** Das zu Vermittelnde sollte möglichst gut zu dem Unterrichtsgeschehen passen. Neben einer sogenannten didaktischen Analyse (siehe Kap. 2.4.5), in der Sie bestimmen, was alles Teil einer Sitzung sein soll, geht es um methodische Passung. Methodik beschreibt den Ab-

lauf Ihres Seminars, die Arbeitsweisen und Aufgabenstellungen, also ›wie‹ Sie etwas vermitteln. Die Methodik wird in Kapitel 3.5 genauer vorgestellt.

4. **Methodenvielfalt:** Es ist empirisch belegt, dass ein Wechsel von Sozial- und Interaktionsformen wie Partner- und Gruppenarbeit zu einem größeren Lernerfolg führt (ebd., S. 39). Sie werden verschiedene Methoden in Kapitel 3.5 kennenlernen.

5. **Intelligentes Üben:** Das Üben kann mehr oder weniger geschickt aufgebaut werden. Wie Sie Übungen zielführend gestalten, erfahren Sie in Kapitel 2.5.8.

6. **Individuelles Fördern:** Dieses Ziel ist in der Schule wesentlich einfacher zu erreichen, da man seine Schülerinnen und Schüler sehr viel besser kennenlernt als an der tendenziell anonymeren Universität. Dennoch gibt es Lehrkonzepte, in denen Sie bestimmte Studierende stärker fordern als andere, wie z. B. den Flipped Classroom (siehe Kap. 3.7.2). Beim Methodeneinsatz können Sie Individualität und damit die Studierenden einzeln fördern.

7. **Lernförderliches Unterrichtsklima:** Dieses Merkmal zeichnet sich vor allem durch die persönliche Einstellung der Lehrkraft aus. Sie sollten vermitteln, dass Ihnen etwas am Erfolg der Studierenden liegt und ein Klima der Kooperation schaffen.

8. **Sinnstiftende Unterrichtsgespräche:** Sie werden sehr viele sogenannte Unterrichtsgespräche führen, die mehr oder weniger zielführend sein können. Hinweise für sinnstiftende Gespräche finden Sie im Kapitel 2.6 »Teacher Talk« und im Kapitel 3.5 zur Methodik.

9. **Regelmäßige Nutzung von Schüler-Feedback:** Dies ist an vielen Universitäten ohnehin gang und gäbe. Dennoch sollten Sie sich ein eigenes Feedback-System erarbeiten, um Ihre Lehre stets einer Überprüfung unterziehen zu können und stets besser zu werden. Hinweise dafür erhalten Sie in Kapitel 4.

10. **Klare Leistungserwartungen und -kontrollen:** Davon abgesehen, dass Sie rechtlich dazu verpflichtet sind, den Studierenden klar zu machen, welche Leistungen in einer Veranstaltung zu erbringen sind, ist Transparenz, wie Sie in Kapitel 1.2.1 erfahren haben, ein Zeichen von Professionalität.

»Was ›guter‹ Unterricht ist, wird immer umstritten bleiben« (Meyer 2007, S. 35), aber gerade für den Anfang ist es wichtig, sich an Merkmalen zu orientieren, die in großen Teilen empirisch gut abgesichert sind (vgl. Standop/Jürgens 2015, S. 73).

Wenn Sie diese Merkmale beherzigen, steht einer guten oder sogar exzellenten Lehre nichts im Wege. Beginnen werden wir mit der Didaktik, die der Grundstein für Ihre unterrichtlichen Planungen sein sollte bzw. einem kleinen Exkurs darüber, was Lernen überhaupt ist.

2.3 | Kleine Lernpsychologie

Sie werden an dieser Stelle keine große Abhandlung lesen müssen, die sie allzu weit in kognitionspsychologische Tiefen führt, aber Sie werden alle Grundlagen erhalten, um das Lernen besser zu verstehen. Zunächst betrachten wir das Lernen: »Lernen bezeichnet die relativ überdauernde Veränderung des Verhaltenspotenzials aufgrund von Erfahrungen« (Fänsel et al. 2016, S. 222). Diese Definition ist in der Lernpsychologie sehr anerkannt (vgl. ebd.), »bedarf aber einiger zusätzlicher Erläuterungen« (ebd.).

Das erlernte Verhalten, das sagt bereits der Ausdruck ›Potenzial‹, muss nicht immer abrufbar sein. Es wird zwischen der Kompetenz, also der prinzipiell möglichen Fähigkeit und der Performanz, also dem aktuell Abrufbaren, unterschieden (siehe Kap. 2.4.4 »Kompetenzdidaktik«).

Lernen heißt, dass eine Kompetenz »relativ überdauernd« (ebd.) ist, also über einen gewissen Zeitraum verfügbar bleibt. Kurzfristige Änderungen gelten ebenso wenig als Lernen wie »Reifungs- und Wachstumsprozesse« (ebd.), die nicht auf Erfahrungen basieren und nebenbei geschehen.

Vereinfacht gesagt meint das Lernen das Aneignen neuer Fähigkeiten aufgrund von Erfahrungen. Im Bereich der Hochschule sind diese Erfahrungen natürlich größtenteils artifiziell und wenig praxisbezogen. Diese werden durch Literatur, Diskussionen und vertiefende Eigenarbeit erreicht. Wenn Sie gezielt Seminare vorbereiten, dann planen Sie einen **intentionalen Lernprozess** bei den Studierenden, das bedeutet, dass diese wissen, dass sie gerade lernen und sich bewusst dafür entscheiden, eine bestimmte Kompetenz zu erwerben. Im Gegensatz dazu steht das **inzidentelle Lernen**, das beiläufige Lernen, das in der Hochschule ebenfalls eine Rolle spielt. Bei der Lektüre der Fachliteratur erlernen die Studierenden beispielsweise nebenbei, wie wissenschaftliche Texte aufgebaut sind, ohne dies jedoch zwingend verbalisieren zu können (vgl. Fänsel et al. 2016, S. 224).

2.3.1 | Klassische Konditionierung

Der russische Physiologe Iwan Pawlow entdeckte zufällig, dass Hunde Speichel absondern, wenn sie die Person sehen, die ihnen das Futter bringt. Daraufhin untersuchte er das Phänomen genauer. Er kombinierte die Fütterung mit einem Glockenton, was dazu führte, dass die Hunde Speichel absonderten, wenn sie nur den Glockenton hörten, aber gar kein Futter bekamen (vgl. Fänsel et al. 2016, S. 224). Bei der klassischen Konditionierung werden also zwei Reize miteinander verknüpft, die a priori nichts miteinander zu tun haben.

Im Behaviorismus wurde dieses Modell in einem fragwürdigen Experiment auf einen Menschen angewandt. Der »kleine Albert« bekam mit 9 Monaten eine weiße Ratte gezeigt, auf die er neugierig reagierte. Doch nun wurde stets, wenn er die Ratte sah, ein lärmendes Geräusch abgespielt, welches ihn erschreckte und zum Weinen brachte. Nach einiger

Zeit verknüpfte er die Reize, so dass er schon beim Anblick der weißen Ratte weinte (vgl. ebd.).

Im hochschulunterrichtlichen Kontext spielt die klassische Konditionierung keine große Rolle. Vielmehr ist sie relevant in Bezug auf Ihre generelle Rolle im Seminar. Wenn Sie z. B. Studierende in Ihrem Seminar ein gutes Gefühl geben, wird sich das gute Gefühl auf den Raum oder Sie als Person übertragen, was dazu führt, dass die betroffenen Studierenden tendenziell ein gutes Gefühl haben werden, wenn Sie in denselben Raum kommen bzw. Sie als Person sehen.

2.3.2 | Operante Konditionierung

Auch wenn die klassische Konditionierung in der Lehre keine große Rolle spielt, kann man in der Lehre dennoch Konditionierungseffekte nutzen. Bei der operanten Konditionierung nach Thorndike und Skinner werden selektiv Reize gesetzt, um das Verhalten des Lerners zu beeinflussen. Dieses Prinzip wird »Lernen am Erfolg« oder »Lernen durch Verstärkung« genannt, da man positives Verhalten belohnt und negatives Verhalten bestraft. Dadurch soll das positive Verhalten in Zukunft häufiger gezeigt werden als das negative (vgl. Fänsel et al. 2016, S. 225). Das Verhalten an sich wird nicht so sehr in den Fokus genommen wie die Konsequenzen, die das Verhalten nach sich zieht:

Konsequenz (Lernerinduziert)	Darbietung (Lehrerinduziert)	Entzug (Lehrerinduziert)
Angenehme Konsequenz (Reiz oder Zustand) *Der Lerner erledigt alle seine Aufgaben rechtzeitig.*	Positive Verstärkung (Belohnung) *Der Lerner wird gelobt.*	Negative Bestrafung (Entzug von positiven Ereignissen oder Reizen) *Der Lerner darf nicht an der Probeklausur zur Vorbereitung teilnehmen.*
Unangenehme Konsequenz (Reiz oder Zustand) *Der Lerner liest seine Literatur nicht.*	Positive Bestrafung (Tadel, Strafe) *Der Lerner wird ermahnt.*	Negative Verstärkung (Entzug von negativen Ereignissen oder Reizen) *Der Lerner muss die Hausaufgaben einmal nicht machen.*

Konditionierung (vgl. Edelmann 2006, S. 69)

Diese Konditionierung ist in der Schule sicherlich um einiges bedeutsamer als in der Hochschule, dennoch sollten Sie sich klarmachen, dass Sie durch Lob und Tadel, bestätigende oder ablehnende Gesten, operant konditionieren, ob Sie es nun intentional tun oder nicht.

2.3.3 | Beobachtungslernen

Das Beobachtungslernen, bekannt als ›Lernen am Modell‹, ist für die Hochschule nur in sehr speziellen Bereichen möglich, wie z. B. in der Sportwissenschaft, weshalb es nur kurz behandelt werden soll. Im Prinzip geht es beim Beobachtungslernen darum, einem Meister des Faches zuzusehen, also der Lehrkraft, um dann nachzuahmen. Kopiert wird dabei z. B. neben Bewegungsabläufen auch das Sozialverhalten (vgl. ebd.; für vertiefende Betrachtungen zum Lernen am Modell vgl. Bandura 1965).

2.3.4 | Problemlösen

Das Problemlösen spielt in allen modernen Abhandlungen zum Lehren eine große Rolle und lernpsychologisch ist es sehr wichtig zu verstehen, was es vom einfachen Lernen unterscheidet. Es handelt sich um »die höchste Stufe des kognitiven Lernens und des Lernens überhaupt« (Nolting/Paulus 2011, S. 75).

Beim Problemlösen muss ein Ausgangszustand in einen erwünschten Endzustand überführt werden, ohne dass klar ist, wie dies genau vonstattengeht, der Lösungsweg ist also unklar. Dabei kann man immer wieder in Sackgassen landen und muss seinen Ansatz neu überdenken. Das Problemlösen wird in Kapitel 2.5 thematisiert.

Neben diesen Methoden gibt es weitere Faktoren, die den Wissenserwerb stark beeinflussen, und Erkenntnisse über den Verlauf von Wissenserwerb und Lernprozessen im Allgemeinen.

2.3.5 | Wissenserwerb

Wenn Sie etwas nach der oben beschriebenen Definition lernen, dann ist das Erlernte natürlich nicht für immer verfügbar. Während klassisch konditionierte Verhaltensweisen sich stark einprägen, ist dies bei typischen Unterrichtsinhalten der Hochschule nicht so. »Der deutsche Psychologe Hermann Ebbinghaus stellte [bereits 1885] fest, dass es sich beim Vergessen um ein ganz natürliches Phänomen handelt« (Messner 2012, S. 46):

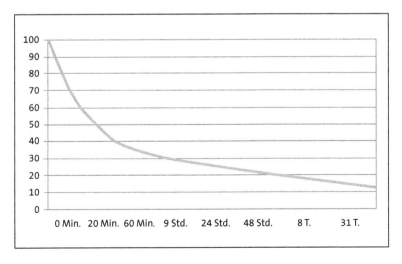

Vergessenskurve
(Messner 2012,
S. 46)

Bereits nach 20 Minuten werden Ihre Studierenden die meisten Inhalte vergessen haben. Dem kann man entgegenwirken, indem Wiederholungsphasen eingeschoben werden.

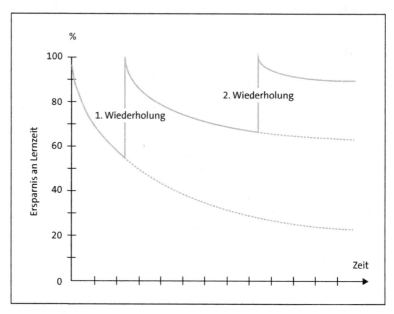

Wiederholungen
verhindern
das Vergessen
(Ebbinghaus 1885)

Wie oben bereits beschrieben, vergisst man schon nach kurzer Zeit einiges von dem neu Gelernten. Eine Wiederholungsphase sorgt nun dafür, das Wissen wiederherzustellen. Das Vergessen nach der ersten Wiederholung ist bereits nicht mehr so stark und die zweite Wiederholung stellt erneut das Ursprungswissen her. Das alte römische Sprichwort »repetitio est mater studiorum« bzw. »Wiederholung ist die Mutter des Lernens« gilt als empirisch erwiesen. Es kann zwar auch zu negativen Effekten kommen, wenn man zu viele Wiederholungen in zu kurzer Zeit vornimmt, aber das soll an dieser Stelle nicht weiter vertieft werden.

Wichtig zu wissen ist, dass der Wissenserwerb von zwei großen Faktoren beeinflusst wird, dem Lerner und dem Umfeld. Bezogen auf den Lerner selbst, spricht man von internen Einflussfaktoren wie Begabung, Motivation etc., die von Ihnen als Lehrkraft kaum beeinflusst werden können. Ganz in Ihrer Hand liegen dagegen die externen Einflussfaktoren wie der Lernort, die Lerngeschwindigkeit, die Passung an den Lernenden. Diese Faktoren so zu gestalten, dass der Lernerfolg optimal ausfällt, wird das Ziel des nächsten Kapitels sein.

2.3.6 | Intrinsische und extrinsische Motivation

Das Lernen »ist meist mit einer intellektuellen Anstrengung verbunden« (Edelmann 2003, S. 30). Das heißt, dass der Lerner diese Anstrengung irgendwie aufbringen muss und dafür benötigt er Motivation. ›Motivation‹ ist ein schwieriger Begriff. Um ihn zu fassen, sei er zunächst beschrieben als Antrieb, etwas zu tun. Wenn Sie Hunger haben, wollen sie diesen stillen, wenn Sie jemanden mögen, möchten Sie Zeit mit der Person verbringen und um nicht zu verdursten, trinken Sie etwas.

Motivation spielt bei Lernprozessen eine große Rolle, weshalb man motivationale Effekte als Lehrperson verstehen sollte, um sie möglichst effizient in seiner Lehre einsetzen zu können. Grundsätzlich zu unterscheiden ist die intrinsische (»von innen kommend«) und die extrinsische Motivation (»von außen hinzugefügt«):

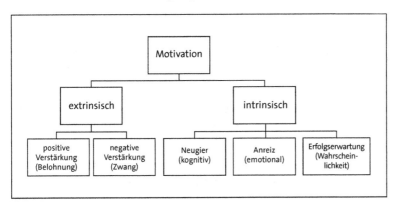

Intrinsische und extrinsische Motivation (nach Edelmann 2003, S. 30)

2.3.6.1 | Intrinsische Motivation

Die intrinsische Motivation beschreibt die Motivation, die der Lerner von sich aus entwickelt. Daraus folgt jedoch nicht, dass diese Motivation nicht durch die Lehrkraft zu beeinflussen wäre, was eine genauere Betrachtung der Einzelaspekte verdeutlicht.

- **Neugier** ist ein kognitives Phänomen. »Dinge erregen dann unsere Neugier, wenn eine ›optimale Inkongruenz‹ (Nicht-Übereinstimmung zwischen der neuen Information und bisherigem Wissen) besteht« (Edelmann 2003, S. 30). Andere Ausdrücke für diese Inkongruenz sind: ›dosierte Diskrepanz‹, ›kognitiver Konflikt‹, ›Dissonanz‹ (Widerspruch) (ebd.) oder aus der Psychologie bekannt: ›kognitive Dissonanz‹ (Beckmann 1984).
  Die Diskrepanz darf dabei nicht zu groß sein, was bedeutet, dass der Reiz zwar verwirrend hinsichtlich des bekannten Wissens sein sollte, aber nicht dazu führen sollte, dass man ihn überhaupt nicht interpretieren kann. Kognitive Dissonanz kann erreicht werden durch eine **relative Neuheit**, wenn man beispielsweise mit zeitgenössischer Kunst konfrontiert wird, **eine relative Komplexität**, z. B. eine Unterrichtsplanung, oder eine **relative Ungewissheit** das Ergebnis betreffend (vgl. Edelmann 2003, S. 30 f.).
- **Anreiz:** Im Gegensatz zur Neugier ist der Anreiz ein emotionales Phänomen (vgl. ebd.). Zum einen geht es um die persönlichen Neigungen und Motive, die in der Persönlichkeit verwurzelt sind, zum anderen

um erlernten Aufforderungscharakter. Aufgabenblätter sind ein Beispiel für einen derartigen, konventionellen Anreiz.

Entweder ist man von sich aus motiviert, eine bestimmte Handlung zu vollziehen, oder man wurde konditioniert, den Anreiz wahrzunehmen. Ein typisches Beispiel ist die Werbung: Wenn Sie hungrig durch die Straßen gehen und ein Schild mit der Aufschrift ›Pizzeria‹ sehen, dann gehen Sie vielleicht hinein, um etwas zu essen (vgl. ebd., S. 30 f.).

- **Erfolgserwartung und Anstrengungsbereitschaft:** Prinzipiell erwarten Lernende, zu lernen, Aufgaben erfolgreich zu lösen, wobei es variieren kann, wie viel Erfolg der Einzelne erwartet. Ein Lerner kann also sehr leistungsmotiviert oder wenig leistungsmotiviert sein. Dabei kann die Grenze zwischen Erfolg und Misserfolg von außen, z. B. durch die Lehrkraft, gegeben sein oder von innen, also dem Lerner selbst. »Eine der wesentlichen Aussagen der Pädagogischen Psychologie lautet: Wer nicht häufiger Erfolge erwarten kann und dann wirklich erzielt, kann nicht leistungsmotiviert sein« (ebd., S. 30 f.).

  Ein weiterer wichtiger Punkt ist die Anstrengungsbereitschaft. Die Erfolge und Misserfolge müssen auf bestimmte Bedingungen oder Ursachen zurückzuführen sein, um sie zu legitimieren. Dabei gibt es externe Faktoren, wie die Schwierigkeit (stabile Größe) und den Zufall (variable Größe) und interne Faktoren, wie die Fähigkeit (stabile Größe) und die Anstrengungsbereitschaft (variable Größe). Motivational ist es empfehlenswert, Erfolg und Misserfolg internal-variabel auf die Anstrengungsbereitschaft zurückzuführen, um die Motivation zu erhöhen (vgl. ebd.).

Neben diesen intrinsischen Faktoren gibt es extrinsische Faktoren, die klar von der Lehrkraft beeinflusst werden können.

2.3.6.2 | Extrinsische Motivation

»Zur extrinsischen Motivation zählen die positive Verstärkung (Belohnung) und die negative Verstärkung (Zwang)« (Edelmann 2003, S. 31). Im Bereich der Pädagogik ist dieses Modell hinreichend bekannt. So können Eltern für eine gute Note Geld versprechen (positive Verstärkung) oder das Streichen eines Privilegs (negative Verstärkung) androhen. In der Hochschule sind die Studierenden zwar prinzipiell intrinsisch motivierter als Schülerinnen und Schüler, schließlich haben sie das Fach ja freiwillig gewählt, aber dennoch ist die extrinsische Motivation unter Umständen nötig.

Positive Verstärkung: Besonders gute Studierende können belohnt werden. Dies muss nicht immer eine Note sein. Auch die Aussicht auf Tutorenstellen oder generelles Lob kann motivieren. Auszeichnungen und Preise für Bachelor- und Masterarbeiten sind beispielsweise eine einfache Möglichkeit, gute Leistungen zu honorieren und die Studierenden zu motivieren.

Negative Verstärkung: Diese Art der extrinsischen Motivation ist einfach zu erreichen, sollte aber mit Bedacht eingesetzt werden. So kann man das Bestehen des Seminars an bestimmte Leistungen, wie das Bestehen von Literaturtests, das Ausarbeiten eines Referats o. Ä. koppeln. Selbst wenn die Studierenden von sich aus nicht bereit sind, Aufgaben zu erledigen, so geschieht dies am Ende dennoch, wenn auch unter Zwang.

Gerade die negative Verstärkung ist sehr kritisch zu sehen, aber trotzdem sind Lehrende selten von der intrinsischen Motivation überzeugt:

»Nicht wenige Lehrer und Studierende im Bereich der Erziehungswissenschaft glauben nicht an die Bedeutung und Wirksamkeit der intrinsischen Lernmotivation. [...] Hier zeigt sich das Ergebnis einer dreizehnjährigen schulischen Sozialisationsgeschichte« (Edelmann 2003, S. 33).

Die Studierenden sind es nicht gewohnt, sich von selbst zu motivieren, da sie es von der Schule kennen, dass stets eine Motivation von außen erfolgt, meist natürlich negativ. Sie könnten sich diese Tatsache zunutze machen, indem Sie extrinsischen Druck aufbauen, aber Sie sollten auch versuchen, der intrinsischen Motivation eine Chance zu geben.

»Versuchen Sie – wenn irgend möglich – [die Studierenden] zu einer intrinsischen Motivation zu veranlassen. Die intrinsische Motivation hat gegenüber der extrinsischen einen grundlegenden Vorteil. Positive und negative Verstärkung sind sehr situationsspezifisch. Sie wirken nur so lange, wie die Belohnung wirkt bzw. der Zwang ausgeübt wird. Die intrinsische Motivation dagegen wirkt, wenn sie einmal aufgebaut ist, in der Regel ohne von außen steuernde Einflüsse weiter« (Edelmann 2003, S. 33).

2.4 | Crashkurs Didaktik

»Die Didaktik kümmert sich um die Frage, wer, was, von wem, wann, mit wem, wo, wie, womit und wozu lernen soll« (Jank/Meyer 2011, S. 16) und ist damit die »Praxis des Lehrens und Lernens« (ebd.).

Diese Praxis umfasst jeden Schritt, beginnend bei der Unterrichtsvorbereitung, im Unterricht und bei der Nachbetrachtung und Evaluation des Geschehens. Ausgehend von dieser Definition müsste jeder Lehrende sich eingehend mit der allgemeinen Didaktik beschäftigen, um dem »überkomplexe[n] Geschehen« (ebd.), das Unterricht ist, gerecht zu werden. Neben der allgemeinen Didaktik gibt es noch die Fachdidaktik, die für jedes Fachgebiet existiert und aus offensichtlichen Gründen nicht in diesem Buch dargestellt werden kann. Es sei empfohlen, nach der Lektüre fachdidaktische Ratgeber für Ihr Fach heranzuziehen, aber eine kurze Ausbildung in der allgemeinen Didaktik wird Ihnen die Lehre in jedem Fall erleichtern.

Aus diesem Grund sollen ganz allgemeine didaktische Prinzipien erläutert werden, die teilweise seit fast 500 Jahren Gültigkeit haben und dennoch stets weiterentwickelt und angepasst werden. Der erste Abschnitt der oben genannten Definition ist für den Unterricht sehr wichtig: »wer, was, von wem« (Jank/Meyer 2011, S. 16). Egal, was man lehren möchte, drei Entitäten werden in irgendeiner Form aufeinandertreffen: die Lehrkraft, die Studierenden und das Thema (vgl. Fromm 2014, S. 21):

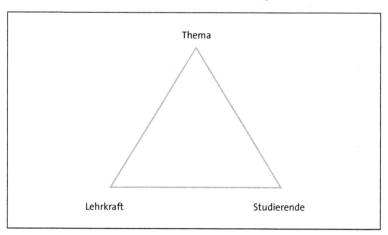

Trias des Lernens

Die Didaktik, also die Kunst des Lehrens bzw. die Wissenschaft von der Lehre, befasst sich mit der Frage, wie man Lernenden ein bestimmtes Thema optimal nahebringt. Hierfür hat Comenius im 17. Jahrhundert didaktische Prinzipien aufgestellt, die heute noch gültig sind (Seel/Hanke 2015, S. 230):

- »vom bereits Bekannten zum Neuen
- vom räumlich, zeitlich, seelisch Nahen zum Fernen
- vom Einfachen zum Komplexen
- vom Leichten zum Schwierigen
- vom Konkreten zum Abstrakten«

Diese Prinzipien sind immer wieder modernisiert worden, aber mit mehr oder weniger Anpassungen werden sie auch in der modernen Didaktik weiter verwendet.

Stellen wir uns vor, Sie möchten Ihrem Kurs die »Rechts vor Links«-Regel im Verkehr beibringen (wir gehen nun einmal davon aus, dass keiner je davon gehört hat):

- **Vom bereits Bekannten zum Neuen:** Knüpfen Sie an bekanntes Wissen an. Vielleicht weiß der Kurs bereits, wie man sich als Fußgänger oder Fahrradfahrer verhält. Diese Regeln sollten zunächst gesammelt werden.
- **Vom räumlich, zeitlich, seelisch Nahen zum Fernen:** Thematisieren Sie konkrete Situationen, am besten direkt vor Ort und keine abstrakten Beispiele. Auch eine affektive (emotionale) Bindung kann hilfreich sein.
- **Vom Einfachen zum Komplizierten:** Die ersten Aufgaben sollten sehr einfach lösbar sein. Eine Straße mit einer Abzweigung. Ein geübtes Auge sollte sofort sehen, wer Vorfahrt hat. Mit der Zeit können Sie immer komplexere Aufgaben bringen, die vielleicht Verkehrsschilder beinhalten.

- **Vom Leichten zum Schwierigen:** Leicht ist nicht gleich einfach, und schwierig ist nicht gleich kompliziert. Eine schwierige, aber nicht komplexe Situation wäre z. B. eine Kreuzung ohne Schilder, wo die Vorfahrt nicht direkt klar ist. Eine leichte, aber nicht einfache Aufgabe wäre eine Textaufgabe, die man länger lesen muss, bis man sie versteht, sie aber an sich nicht schwierig zu lösen ist.
- **Vom Konkreten zum Abstrakten:** Am besten beginnen Sie jede Lektion mit Beispielen und nicht mit der Regel. Daraus folgt, dass man die Gruppe unter Umständen sogar selbst die Regel aus Situationen ableiten lässt (induktives Lernen) anstatt sie ihnen direkt an die Hand zu geben (deduktives Lernen).

2.4.1 | Der Lernprozess

Der Lernprozess eines Menschen ist natürlich hochgradig individuell, aber dennoch gibt es Modelle, die ihn greifbar und verstehbar machen. Ein typischer Lernprozess kann folgendermaßen verlaufen:

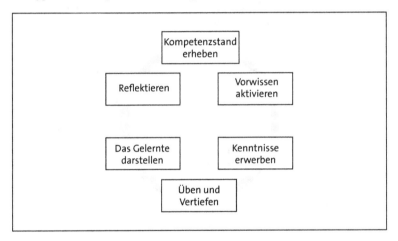

Lernprozess
(nach Klein 2013,
S. 9)

Jeder Lernprozess beginnt stets mit dem Grundgedanken, »die Schüler dort ab[zu]holen, wo sie stehen« (Schorch 2003, S. 14). Zunächst einmal muss man herausfinden, welche Kompetenzen die Studierenden Ihres Seminars haben, um darauf aufzubauen. Danach wird das Vorwissen aktiviert, so dass die Kompetenzen, die die Studierenden bereits haben, genutzt werden, um in einen neuen Lernbereich einzusteigen. Erst dann werden die Kenntnisse tatsächlich erworben.

Wie bereits in Kapitel 2.3.5 zum Thema Vergessen angesprochen, ist eine vertiefende Beschäftigung mit einem Lerngegenstand unabdinglich, weshalb das Üben und Vertiefen hinter den Lernprozess gestellt werden. Erst wenn der Lerngegenstand übend durchdrungen wurde, kann man verlangen, dass das Gelernte zunächst dargestellt und reproduziert wird, um danach eine Reflexion anzuschließen. Dieser Prozess kann dann von neuem beginnen, stets mit einer weiteren Analyse des Kompetenzstandes. Nun wird in dieser Erläuterung der Ausdruck ›Kompetenzstand‹ genutzt und nicht, wie es in der Literatur vor 2000 üblich war, ›Lernstand‹. »Schulische Curricula sind seit einigen Jahren kompetenzorientiert oder sollten es zumindest sein. Auch die betrieblichen Ausbildungspläne werden zukünftig keine Lernziele mehr für den Lernort Betrieb ausweisen, sondern Kompetenzen« (Lindemann 2015, S. 75). In der Hochschule ist dies ebenso, weshalb in diesem Kapitel der Unterschied zwischen Lernzielen und Kompetenzen behandelt wird.

2.4.2 | Erweiterter Lernbegriff

Der Lernprozess bezieht sich auf den Vorgang des Lernens. Lernen wurde früher als reine Wissensanhäufung gesehen, und der Bologna-Prozess hat sicherlich dazu beigetragen, dass die Hochschulen auswendig gelerntem Wissen einen etwas zu hohen Stellenwert beimessen. Schon in der Reformpädagogik war klar, dass Lernen aber mehr ist als Wissensspeicherung (vgl. Klippert 2002, S. 32). In diesem Zusammenhang hat sich der sogenannte »erweiterte Lernbegriff« (ebd.) durchgesetzt, der abbildet, was alles zum Lernen gehört (ebd.):

Erweiterter Lernbegriff			
Inhaltlich-fachliches Lernen	**Methodisch-strategisches Lernen**	**Sozial-kommunikatives Lernen**	**Affektives Lernen**
• Wissen (Fakten, Regeln, Begriffe, Definitionen ...) • Verstehen (Phänomene, Argumente, Erklärungen ...) • Erkennen (Zusammenhänge erkennen ...) • Urteilen (Thesen, Themen, Maßnahmen ... beurteilen) • etc.	• Exzerpieren • Nachschlagen • Strukturieren • Organisieren • Planen • Entscheiden • Gestalten • Ordnung halten • Visualisieren • etc.	• Zuhören • Begründen • Argumentieren • Fragen • Diskutieren • Kooperieren • Integrieren • Gespräche leiten • Präsentieren • etc.	• Selbstvertrauen entwickeln • Spaß an einem Thema / an einer Methode haben • Identifikation und Engagement entwickeln • Werthaltungen aufbauen • etc.

Erweiterter
Lernbegriff

Das inhaltlich-fachliche Lernen ist das Lernen im traditionellen und engsten Sinne. Hierauf bauen noch die klassischen Lernziele, in Teilen die Kompetenzen und die gesamte Planung und Bewertung von Lehre auf.

Das methodisch-strategische Lernen ist vom reinen Stoffwissen bereits abgetrennt und beinhaltet Wissen über das Lernen, also z. B. Fragen der Visualisierung und Organisation. Wer diesen Aspekt beherrscht, wird in Zukunft leichter Neues lernen.

Das sozial-kommunikative Lernen dagegen ist interaktiv und beinhaltet alle Aspekte, die erst relevant werden, wenn man mit anderen interagiert. Im hochschulischen Bereich ist dieses Lernen besonders wichtig, da höhere Lernstufen nur mithilfe dieser Mittel erreicht werden können.

Das affektive Lernen schließlich, welches die Lehrkraft nur sehr wenig beeinflussen kann. Es spielen vor allem intrinsische Faktoren der Studierenden eine Rolle, aber dennoch ist der affektive Aspekt ein nicht zu unterschätzender Faktor im Lernen, der später in der Motivierung der Studierenden eine Rolle spielen wird (siehe Kap. 3.4).

Ob Sie nun den traditionellen oder den erweiterten Lernbegriff nutzen, Lehre muss in jedem Fall artikuliert werden. Vor der eigentlichen Lehrveranstaltung planen Sie, was genau an Lernleistung erbracht werden muss bzw. was Ihre Studierenden lernen sollen. Dies können Sie mit der Formulierung von sogenannten Lernzielen erreichen.

2.4.3 | Lernzieldidaktik

»Das Aufstellen von Lernzielen gehört zur Planung eines zielorientierten Unterrichts und ist Aufgabe der Unterrichtenden. Diese formulieren zunächst als Lehrziele, welches Wissen und welche Fertigkeiten sie gern gelernt haben möchten. Lehrziele werden erst zu Lernzielen, wenn sie von den Lernenden übernommen [...] werden« (Velica 2010, S. 13).

Ein Lernziel hat traditionell folgende Merkmale (Peterßen 2000, S. 115):

- **Ein Lernziel bezeichnet von außen gesetzte Ziele:** Lernziele können von innen heraus kommen, aber in der Lehre werden sie von der Lehrkraft festgesetzt. Lernziele sind damit »Merkmale intentionalen Lernens« (ebd.). Was ist ein Lernziel?
- **Ein Lernziel bezeichnet ein Verhalten:** Dieses Merkmal verweist auf die Überprüfbarkeit. Ein Verhalten in dem Sinne, dass die Studierenden z. B. eine bestimmte Aufgabe lösen können, ist ein »Anzeichen dafür, dass eine bestimmte Formel gelernt worden ist« (ebd.).
- **Ein Lernziel bezeichnet das Verhalten von Lernenden:** Dies ist leicht redundant mit dem vorherigen Merkmal, soll aber sichern, dass tatsächlich die Studierenden in Ihrer Planung im Mittelpunkt stehen, Sie also bei den Studierenden eine beobachtbare Verhaltensänderung erreichen wollen.

Bei der klassischen Formulierung von Lernzielen werden stets Inhalte und Operatoren miteinander verknüpft:

Die Studierenden	sollen	eine Erörterung	schreiben können.
Die Studierenden	sollen	den Verlauf des Ersten Weltkriegs	skizzieren können.
Die Studierenden	sollen	Wittgensteins Grundidee	erklären können.
Die Studierenden	sollen	zur kommunikativen Wende	Stellung nehmen können.

Hierbei ist das Vorgehen input-orientiert. Die Lehrkraft überlegt sich also vor der Sitzung, welche Inhalte den Studierenden zu vermitteln sind.

Bei der Formulierung der Lernziele gilt, dass die Ziele überprüfbar sein müssen (vgl. Peterßen 2000, S. 124 f.). So kann man nicht prüfen, ob die Studierenden etwas »wissen«, man muss prüfen ob sie es »nennen« können:

Falsch formuliert: Die Studierenden wissen, welchen Zweck die Bildungsstandards haben.

Richtig formuliert: Die Studierenden können den Zweck der Bildungsstandards nennen.

Dies kann ausgeweitet werden auf andere Begriffe:

- »**Zutreffende Begriffe:** schreibe, auswendig hersagen, identifizieren, unterscheiden, vergleichen
- **Nicht zutreffende Begriffe:** wissen, verstehen, wirklich verstehen, zu würdigen wissen, vertrauen« (Mager et al. 1971, S. 11).

Diese Begriffsliste lässt sich beliebig erweitern. Wenn Sie mit Lernzielen arbeiten, achten Sie darauf, dass Ihre verwendeten Begrifflichkeiten tatsächlich überprüfbar sind.

2.4.3.1 | Taxonomie von Lernzielen

Lernziele können hierarchisch angeordnet werden, um eine gewisse Ordnung in den Lernprozess zu bringen. Hierbei werden folgende Zielebenen unterschieden (Velica 2010, S. 14 f.):

- **Fächerübergreifende Lernziele** beziehen sich auf die Lernanstalt und auf allgemeine didaktische Prinzipien. Diese Ziele erscheinen in den Handreichungen Ihrer Hochschule zum jeweiligen Studienfach.
  Beispiel: Die Studierenden sollen die Inhalte des Fachs Germanistik vertreten können.
- **Richtziele** sind allgemeine fachspezifische Lernziele. Diese sollen erst nach Abschluss der Ausbildung erlangt sein, z. B. mit Erreichen des Bachelorabschlusses. Auch diese Ziele sind eher nicht von Ihnen.
  Beispiel: Die Studierenden sollen Schülerinnen und Schülern ermöglichen können, Englisch zu lernen.
- **Grobziele** sind etwas spezifischer und beschreiben z. B. das Lernziel eines längeren Zeitabschnitts, in Ihrem Fall das Lernziel eines Seminars. Grobziele werden dabei »handlungsnah formuliert, jedoch ohne genaue Beschreibung nachprüfbarer Kriterien, wann sie erreicht wurden« (ebd.).
  Beispiel: Die Studierenden sollen die Entwicklung der Pragmatik erläutern können.
- **Feinziele:** Dieses Aufgabenniveau beinhaltet genaue Arbeitsschritte, die auf Sitzungsebene formuliert werden.
  Beispiel: Die Studierenden sollen den Gedankengang Austins erläutern können.
- **Teilziele:** Diese Lernziele werden für die konkrete Unterrichtssituation formuliert und geben schrittweise an, was die Studierenden können sollen. Bevor man z. B. 4 – 7 rechnen kann, muss man die negativen Zahlen kennen.
  Beispiel: Die Studierenden sollen Satzglieder erkennen können.

Mit dieser Einteilung könnten Sie ihre komplette Lehre gestalten. Während die Richt- und Grobziele in den Unterlagen Ihrer Hochschule vermerkt werden, gestalten Sie Fein- und Teilziele selbst, um sie an Ihr Unterrichtsvorgehen anzupassen.

Um diese Lernziele nach Niveau einzuteilen, gilt seit den 1970er Jahren die Unterscheidung nach Bloom, die festlegt, wie anspruchsvoll das jeweilige Lernziel ist:

Lernziel-niveau	Beschreibung
Kenntnisse	▪ Einzelheiten erinnern: Kenntnis von Begriffen und Wörtern ▪ Kenntnisse einzelner Fakten ▪ Kenntnisse von Theorien und Strukturen
Verstehen	▪ Übertragung (z. B. Daten in Diagramme übertragen) ▪ Interpretation ▪ Extrapolation (z. B. aus Daten Prognosen ableiten)
Anwenden	▪ Gelerntes auf neue Probleme oder Aufgabenstellungen anwenden
Analyse	▪ Analyse von Elementen, Identifizierung einzelner Elemente ▪ Strukturen verstehen
Synthese	▪ Zusammensetzung von Elementen und Teilen zu einem Ganzen
Evaluation	▪ Erkennen von Fehlern und Begründung dieser ▪ Beurteilung im Hinblick auf innere und äußere Kriterien

Lernzieltaxonomie (vgl. Bloom 1972, S. 31)

Diese Niveaustufen sollen Ihnen helfen, Ihre Lehrinhalte korrekt zu beschreiben. Wenn Sie abschätzen können, was Sie von den Studierenden verlangen, wird es leichter fallen, eine Progression vom Leichten zum Schwierigen umzusetzen und Ihre Veranstaltung wird einer inneren Ordnung folgen.

Durch diese Einteilung der Lernziele, zum einen quantitativ durch ihren Zeitaufwand und zum anderen qualitativ durch ihren Anspruch, erfüllen Lernziele verschiedene Funktionen (Peterßen 2000, S. 115):

- »Lernziele begrenzen Inhalte.
- Lernziele zeigen an, wie unterschiedlich ein Thema in verschiedenen Klassen/Gruppen ausgearbeitet werden kann.
- Lernziele unterstützen den Lehrer bei der täglichen Unterrichtsplanung.
- Lernziele beschreiben den Lernvorgang (Tätigkeit des Schülers), nicht den Lehrvorgang (Tätigkeit des Lehrers).
- Lernziele können als Lernhilfen für Tests oder andere Evaluationsformen gesehen werden.
- Richtig formulierte Lernziele fördern die Motivation und den Lernerfolg der Lerner.
- Lernziele dienen als Kriterien für die Selbst- und Fremdbeurteilung.«

2.4.3.2 | Formulierung von Lernzielen

Im Folgenden finden Sie Möglichkeiten und Beispiele, Ihre Lernziele zu formulieren:

Lernzielniveaus	Fachliche Elemente	Verben zur Formulierung von Lernzielen	Anwendungsbeispiele
Erinnern	Begriffe	wissen, kennen, erinnern, definieren, auflisten, benennen, darstellen, gliedern, identifizieren etc.	Die Studierenden können die zentralen Wirtschaftstheorien aufzählen.
Verstehen	Annahmen	verstehen, zusammenfassen, begründen, unterscheiden, umschreiben, formulieren, gegenüberstellen etc.	Die Absolvent/innen der L[ehr]V[eranstaltung] können die Wirtschaftstheorien X, Y, Z mit eigenen Worten zusammenfassen.
Anwenden	Theorien / Prozeduren	anwenden, auf andere Situationen übertragen, modifizieren, nutzen, auswählen, bewerten, verifizieren, auf Beispiele anwenden etc.	Die Studierenden sind in der Lage, aus der Wirtschaftstheorie X eine Handlungsempfehlung zur Ankurbelung der Konjunktur abzuleiten.
Analysieren	Methoden / Strategien	auswählen, erkennen, Zusammenhänge begreifen, interpretieren, Hypothesen überprüfen können, folgern, auswählen, überprüfen, untersuchen, kritisieren, hinterfragen, diagnostizieren, einteilen etc.	Die Studierenden können in Hinblick auf die Kriterien U, V, W die wichtigsten Unterschiede zwischen den Wirtschaftstheorien X, Y, Z herausarbeiten.
Evaluieren	Regeln / Prinzipien	vergleichen, beurteilen, handeln, entwickeln, Begründungen entwickeln, nachweisen können, überprüfen, planen, organisieren, argumentieren, ableiten, vorschlagen, erweitern etc.	Absolvent/innen der LV sind in der Lage, die Wirtschaftstheorie X in Hinblick auf das Ziel »So wenig Armut wie möglich« vor dem Hintergrund der Wirtschaftslage in N fundiert beurteilen zu können.
Synthese	Kriterien / Standards	entwerfen, Strategien entwickeln, Beziehungen darstellen/formulieren, verteidigen, hinterfragen, einstufen etc.	Die TN können nach Absolvierung der LV auf Grundlage der etablierten Wirtschaftstheorien eine eigene Wirtschaftstheorie für das Informationszeitalter skizzieren.

Lernzielformulierung (Astleitner et al. 2015, S. 3)

2.4.3.3 | Gründe für und gegen Lernziele

Es gibt gute Gründe, Lernziele zu formulieren, gerade als Anfänger:
- »Man kann einfacher unterrichten, da der Lehrer weiß, was er zu lehren hat;
- Die Schüler wissen, was sie zu lernen haben;
- Die Leistungsmessung ist leichter, da Ziele zu Kriterien der Leistungsmessung und -bewertung werden« (Velica 2010, S. 14 f.).

Lernziele dienen der Antizipation von Unterrichtsgeschehen und zur Strukturierung Ihrer Inhalte. Dennoch gibt es berechtigte Kritik.

So schränken die Lernziele den Lehrenden in seiner Freiheit ein und führen dazu, dass die Studierenden keine Mitbestimmung mehr haben (vgl. Mager et al. 1971, S. XII ff. und Peterßen 2000, S. 136). Zudem sind Lernziele input-orientiert, das heißt, dass man vorab formuliert, was die Studierenden lernen werden. In den letzten zwei Jahrzehnten hat man jedoch diese Orientierung bemängelt und wendet sich anderen Konzepten zu, die den Fokus von den reinen Inhalten nehmen und den Blick eher auf das Endergebnis, die sogenannten Kompetenzen richten.

2.4.4 | Kompetenz-Didaktik

Kompetenzen umfassen mehr als bloße Lernziele. Während Lernziele auf konkrete Situationen vorbereiten, die man antizipiert und deren Auftreten vielleicht erwartbar ist, bereiten Kompetenzen darauf vor, variabel auf verschiedene Probleme zu reagieren, deren Lösungsweg meist offen ist. Eine sehr einschlägige Definition für Kompetenzen lautet:

Kompetenzen sind die

»bei Individuen verfügbaren oder durch sie erlernbaren kognitiven Fähigkeiten und Fertigkeiten, um bestimmte Probleme zu lösen sowie die damit verbundenen motivationalen, volitionalen und sozialen Bereitschaften und Fähigkeiten, um die Problemlösungen in variablen Situationen erfolgreich und verantwortungsvoll nutzen zu können« (Weinert 2001, S. 27 f.).

Definition Kompetenz

Im Kern des Kompetenzbegriffes steht also das Problemlösen, welches bewältigt werden soll. Auf die Hochschule bezogen, heißt dies, dass Sie Ihre Veranstaltung nicht nach Lernzielen aufbauen, die z. B. besagen, dass die Studierenden die Entwicklung von Wittgensteins Philosophie erläutern können sollen, sondern dass Sie ein Problem lösen können. Eine Frage dazu könnte dann in diesem Fall lauten: Warum hat Wittgenstein seine philosophische Ansicht verändert?

Um Probleme lösen zu können, müssen die Studierenden nun bestimmte Teilkompetenzen erwerben. Neben den offensichtlichen, wie die Fähigkeit und Fertigkeit, das Problem zu lösen, stehen weitere »Bereitschaften« (ebd.):
- Motivational: Die Studierenden müssen das Problem lösen wollen.
- Volitional: Diese Motivation muss willentlich und zielgerichtet umgesetzt werden.

- Sozial: Das Problem wird in sozialen Kontexten wie in einer Gruppe gelöst.

Zudem soll das Problemlösen in »variablen Situationen« erfolgen (ebd.). Die variable Verfügbarkeit eines Inhaltes stellt die höchste Stufe des Lernens dar.

Dies sieht innerhalb der Definition des Kompetenzbegriffes nun sehr abstrakt aus, kann aber einfach auf Ihre Lehre angewendet werden. Bei jeder Planung zu einer Veranstaltung müssen Sie sich darüber klar sein, dass Sie nicht nur Inhalte vermitteln, sondern die Kompetenz, Probleme in Ihrem Fach zu lösen, zu der bestimmte außerfachliche Fähigkeiten gehören. Während Lernziele, wie oben beschrieben, sehr lehrkraft- und damit input-orientiert sind, sind Kompetenzen output- und damit lernerorientiert. Sie überlegen sich nicht, welche Inhalte in welcher Reihenfolge vermittelt werden, sondern welche Kompetenz die Studierenden am Ende jeder Sitzung Ihrer Veranstaltung und schließlich mit dem Abschluss haben sollen.

Lernziele sind jedoch nicht nutzlos für Ihre Planungen, im Gegenteil. Diese helfen Ihnen, das konkrete Lehrgeschehen zu strukturieren. Aber den Grundgedanken, dass Sie kritische, selbstständige Vertreter Ihres Faches ausbilden, die dazu in der Lage sein sollten, selbstständig mit allen Problemen, die innerhalb des Faches auftreten, umgehen zu können, sollten Sie bei jeder Planung stets beachten.

In der Hochschule hat der Bologna-Prozess dazu geführt, dass die Inputorientierung durch eine Outputorientierung ersetzt wurde:

»Bisher wurden deutsche Studienprogramme vor allem durch ihre Studieninhalte, Zulassungskriterien und Studiendauer beschrieben. Die Einführung von Qualifikationsrahmen ermöglicht jedoch über die Grenzen der nationalen Bildungssysteme hinaus jene Kompetenzen und Qualifikationsziele transparent zu machen, über welche Absolventinnen und Absolventen nach einer bestimmten Abschlussstufe verfügen. Die neue Konzentration auf erworbene Kompetenzen und Qualifikationsziele spiegelt die generelle Umstellung von der Input zur Outputorientierung im Rahmen des Bolognaprozesses wider« (Kopf et al. 2010, S. 2).

Teilkompetenzen: Die Anforderungen für die Studierenden und damit auch die Lehrenden haben sich verändert, da das Ziel nicht mehr ist, nur fachliches Wissen zu lehren, sondern mehrdimensionale Kompetenzen zu vermitteln, die sich aus folgenden Teilkompetenzen ergeben (vgl. ebd., S. 3):

- **Fachkompetenz:** »Fachkenntnisse und -methoden sowie deren Anwendung« (ebd.) sind in dieser Dimension das Ziel. Dies entspricht in etwa den zuvor bereits gelehrten Lernzielen.
- **Methodenkompetenz:** Hierbei handelt es sich um »vom Fach unabhängig einsetzbare Kenntnisse, Fähigkeiten und Fertigkeiten« (ebd.). Hierzu gehören neben Analysemethoden der Umgang mit neuen Medien und die generelle Problemlösefähigkeit.
- **Sozialkompetenz:** »Kenntnisse, Fähigkeiten und Fertigkeiten in Bezug auf Kommunikation, Kooperation und Konflikt« sind gemeint (ebd., S. 4 f.). Studierende sollen mit Abschluss ihres Studiums dazu in der Lage sein, konstruktiv in Teams arbeiten zu können.
- **Selbstkompetenz:** Hiermit ist die »Fähigkeit und Bereitschaft sich

selbst zu entwickeln« (ebd., S. 5) gemeint. Das Ziel soll also nicht sein, Fachkräfte auszubilden, die einen gewissen Kompetenzstand repräsentieren, sondern Wissenschaftler/innen, die bereit sind, mit der Zeit zu gehen und stets an sich zu arbeiten.

Alle diese Kompetenzdimensionen umzusetzen, kann sicherlich schwierig sein, aber das ist nicht zwingend das Ziel. Der wichtigste Punkt ist, dass Sie sich als Lehrkraft klarmachen, dass Sie nicht ausschließlich Wissensinhalte vermitteln, sondern weiterführende Kompetenzen. Die Methoden und Lehrkonzepte in diesem Buch werden stets darauf abzielen, mehrdimensionale Lehre zu fördern.

Nachdem Sie nun Lernziele und Kompetenzen kennengelernt haben, wenden wir uns konkreteren Analyseschritten zu, beginnend mit der sogenannten didaktischen Analyse.

2.4.5 | Didaktische Analyse

Bevor Sie einen bestimmten Sachverhalt, ein Thema oder eine Kompetenz vermitteln, müssen Sie sich zunächst einige Gedanken zu dem Thema machen, um es vollständig zu durchdringen. Der Grundgedanke einer solchen Analyse ist, dass Sie sich als Experte eine vollständige Übersicht über das Thema erarbeiten, die neben fachlichen Aspekten auch Lehraspekte beinhaltet.

Die von Wolfgang Klafki bereits 1958 vorgestellte didaktische Analyse spielt heute noch eine sehr große Rolle und kann mit wenigen Änderungen in der Hochschullehre genutzt werden. Diese Analyse hat das Ziel, dass ein Thema so durchdrungen und vorbereitet wird, dass Lernende es optimal aufnehmen können. Vor 60 Jahren war es noch eine Neuheit, so vorzugehen; heutzutage finden Sie verschiedene Varianten der didaktischen Analyse in allen Lehrbüchern zu Lehre und Unterricht. Die didaktische Analyse besteht traditionell aus folgenden Schritten (vgl. ebd.):

- **Exemplarische Bedeutung:** Welche Bedeutung hat der Sachverhalt im Gesamtkomplex des Faches? Ist das Thema vielleicht typisch für das Fach? *Analyse des Gegenstandes*
- **Gegenwartsbedeutung:** Welche Rolle spielt der Inhalt im Leben der Studierenden?
- **Zukunftsbedeutung:** Welche Rolle spielt der Inhalt im zukünftigen Leben der Studierenden?
- **Struktur des Inhalts:** Was sind die einzelnen Teilbereiches des Inhalts? Gibt es eine innere Ordnung oder Schichtung? In welchem Zusammenhang steht der Inhalt fachlich mit anderen Inhalten? Was wird den Studierenden vermutlich schwerfallen beim Erlernen und welches Wissen benötigen sie auf jeden Fall, um den Inhalt zu erfassen?
- **Zugänglichkeit:** Wie einfach ist es, den Inhalt anschaulich zu machen?

Diese didaktische Analyse spielt in ihrer Vollständigkeit vor allem in der Schule eine Rolle. In der Hochschule fallen bestimmte, vor allem pädagogische, Aspekte weg, da Sie Erwachsene unterrichten. Die Struktur des

Inhaltes wird Sie jedoch beschäftigen, weshalb diese im Folgenden genauer betrachtet werden soll.

Wenn Sie ein Seminar halten, dann werden Sie einen bestimmten, konvergenten Bereich vermitteln. Das Thema ist grob bekannt und Sie unterrichten nur bestimmte Bereiche des Gesamtkomplexes Ihres Faches in diesem Seminar.

Der Sinn der Sachanalyse ist es, den Inhalt fachlich zu durchdringen, um ihn später didaktisch für die Gruppe vorzubereiten. Die Form der Sachanalyse ist dabei stark abhängig von Ihrer Arbeitsweise. Prinzipiell geht es darum, den Gegenstand in seiner Gänze zu analysieren, mit den zugehörigen Vorbedingungen und den Weiterentwicklungen. Am besten eignet sich eine grafische Darstellung, es kann aber auch rein schriftlich notiert werden.

- **Thema an sich:** Beschreibung des Themas, Phänomens etc.; welche Fachbegriffe beinhaltet die Thematik, welche inneren Zusammenhänge bestehen zwischen dem Phänomen und den Begriffen?
- **Vorwissen:** Was müssen die Studierenden wissen oder können, um sich das Thema zu erschließen? Gibt es Themen, die zuvor behandelt werden müssen oder Seminare, die vorher abgeschlossen wurden?
- **Folgendes Wissen:** Welche Bedeutung hat das Thema in der Zukunft? In welchen anderen Seminaren wird darauf verwiesen, wo ist das aktuelle Thema das Vorwissen für ein neues Thema?

Auf den Punkt gebracht werden Sie sich folgende zentrale Fragen stellen: »Hauptfrage: Welches ist die Struktur des [...] Inhaltes?
1. Welches sind die einzelnen Momente des Inhaltes als eines Sinnzusammenhanges?
2. In welchem Zusammenhang stehen diese einzelnen Momente?
3. Ist der betreffende Inhalt geschichtet? Hat er verschiedene Sinn- und Bedeutungsschichten?
4. In welchem größeren sachlichen Zusammenhang steht dieser Inhalt? Was muss sachlich vorangegangen sein?
5. Welche Eigentümlichkeiten werden [...] den Zugang zur Sache vermutlich schwermachen?
6. Was hat als notwendiger, festzuhaltender Wissensbesitz (›Mindestwissen‹) zu gelten [...]?« (Peterßen 2000, S. 51).

Die Sachanalyse wird die Grundlage für Ihre Lehre sein, da Sie bereits sehen können, in welcher Reihenfolge Sie welches Thema vermitteln wollen. Durch die sachbezogenen Zusammenhänge lassen sich sehr gut didaktische Konsequenzen ableiten (siehe Kap. 3).

2.5 | Aufgaben

»Bei Lernen handelt es sich um einen kognitiven Prozess, der bewusst und unbewusst, gesteuert und ungesteuert, stattfinden kann« (Blömeke et al. 2006, S. 334) und ein wichtiges Instrument dafür sind Aufgaben.

Diese sind Ihnen sicher aus Schule und Studium hinreichend bekannt, aber unter Umständen nicht in guter Erinnerung. Bei der Planung der eigenen Lehre sollte man sich klarmachen, dass Aufgaben, die man den Studierenden stellt, nicht einfach nur dafür da sind, diese zu beschäftigen, sondern dass es sich um verständnisstiftende Maßnahmen handelt, die dafür sorgen, dass der Lernerfolg maximiert wird.

Aufgaben folgen einigen Grundprinzipien (vgl. ebd., S. 335 f.):

- **Fordernd:** Im Optimalfall ist eine Aufgabe so beschaffen, dass sie sich in der »Zone der nächsten Entwicklung« befindet (»zone of proximal development«; Vygotsky 1980, S. 86), also vom Schwierigkeitsgrad gerade so über den Fähigkeiten der Studierenden liegt.
- **Lösbar:** Die Aufgabe muss dem Niveau der Gruppe entsprechen und mit den bisherigen Kompetenzen lösbar sein.
- **Authentisch:** Der Bezug zur Lebenswelt der Studierenden bzw. zur zukünftigen Berufswelt sollte klar sein. Dieser Bezug kann sein, dass zunächst fachwissenschaftliche Kompetenzen erworben werden müssen.

Es gibt weitere Aufgabenkriterien, die eher für den Unterricht in der Schule relevant sind wie die Fähigkeit, Probleme zu lösen und die Förderung sozialer Interaktion. Vor allem Letzteres ist zwar wünschenswert, aber kein spezifisches Ziel der Hochschule. Diese drei Eigenschaften von Aufgaben sollten stets beachtet werden, wenn man Aufgaben für seine Veranstaltung konzipiert. Bevor es aber an die konkrete Konstruktion von Aufgaben geht, wird eine theoretische Betrachtung vorangestellt, damit Sie einen besseren Überblick haben, welche Arten von Aufgaben es gibt.

2.5.1 | Wissen

Je nachdem, was Sie mit einer Aufgabe erreichen wollen, können Sie sich unterschiedlicher Wissensklassen bedienen. Grundlegend kann man unterscheiden zwischen (vgl. Maier et al. 2010, S. 86):

- **Faktenwissen:** Fachbegriffe und Grundwissen des Faches.
  Beispiel: Geburtsdaten.
- **Prozedurales Wissen:** Wissen über bestimmte Abläufe oder Fertigkeiten, was sich recht schwer versprachlichen lässt.
  Beispiel: Erstellen eines Diagramms aus Daten.
- **Konzeptuelles Wissen:** Oftmals fachspezifisch, Modelle und Prinzipien.
  Beispiel: Übersetzen einer Alltagssituation in ein wissenschaftliches Modell.
- **Metakognitives Wissen:** Wissen über das eigene gedankliche Handeln. Anwendung bestimmter Strategien, um Probleme zu lösen oder etwas zu lernen.
  Beispiel: Anwenden eines Lesemodells wie SQ3R (Survey = Überfliegen des Textes, Question = Fragen an den Text stellen, Read = Lesen des Textes, Recite = Wiedergeben des Textes aus dem Kopf / Zusammenfassen, Review = Bewerten des Textes).

Diese Wissensklassen gelten für alle Inhalte in Ihrem Seminar und Sie sollten sich immer bewusst sein, welche Art von Wissen Sie vermitteln. Während Seminare zu Beginn des Studiums oftmals nur Faktenwissen und prozedurales Wissen vermitteln, nutzen Sie in Masterseminaren oftmals konzeptuelles Wissen. Das metakognitive Wissen fällt aus dieser Hierarchie heraus, da man gerade Lern- und Lesestrategien recht früh im Studium erlernt. Auf dieser Klassifizierung von Wissen bauen nun die Aufgabenniveaus auf.

2.5.2 | Aufgabenniveau

Neben der oben beschriebenen Lernzieltaxonomie nach Bloom gibt es drei grundlegende Aufgabenniveaus, die in ihrer Anforderung steigen: Reproduktion, Reorganisation, Transfer/Problemlösen (vgl. Grzega 2003 und Maier et al. 2010):

Reproduktion: Dieses Aufgabenniveau beinhaltet das einfache Wiedergeben von Fakten, Modellen, Definitionen, Begriffen etc. und »mach[t] eine Erinnerungsleistung erforderlich« (Maier et al. 2010, S. 87). Die Studierenden müssen nur aufzählen und benennen.

Beispielaufgaben

Was ist Pragmatik?
Nennen Sie die Kompetenzbereiche der Bildungsstandards im Fach Deutsch.
Wann war der Erste Weltkrieg?

Reorganisation / naher Transfer: Die Reorganisation beinhaltet das Erklären des erworbenen Wissens unter Umständen in Kombination mit nicht bekannten Fällen, die aber dem gleichen Muster folgen. So könnte es sein, dass die Studierenden ein Modell und ein Beispiel kennen, sich aber in der Reorganisation entweder das Modell oder das Beispiel ändern, so dass nicht nur eine bloße Reproduktion erwartet werden kann. Der nahe Transfer »liegt dann vor, wenn sich die Aufgabensituation nur geringfügig von bereits bekannten oder geübten Aufgaben bzw. von der Lernsituation unterscheidet« (Maier et al. 2010, S. 87).

Beispielaufgaben

Wenden Sie die Frame-Semantik (bekanntes Modell) auf folgendes Beispiel an.
Bringen Sie die Kompetenzbereiche der Bildungsstandards in eine Reihenfolge, sortiert nach ihrer Relevanz für den Deutschunterricht.
Warum ist Amerika in den Ersten Weltkrieg eingestiegen?

Weiter Transfer: Der weite Transfer ist die Anwendung von Wissen auf unbekannte Situationen, mit dem Zusatz, dass die Studierenden nicht unbedingt wissen, welches Wissen sie anwenden sollen (vgl. ebd.). Daneben beinhaltet der weite Transfer auch die Bewertung des bisher erlangten Wissens oder von Situationen.

Welcher Ansatz erklärt den Sprechakt in der Pragmatik treffender, Austins oder Searles?
Finden Sie die Einführung des Kompetenzbegriffs in den didaktischen Diskurs sinnvoll?
Wie können Sie Ihr Wissen über den Ersten Weltkrieg auf den Nahostkonflikt anwenden?

Beispielaufgaben

Problemlöseaufgaben: Im Kern dieser Aufgaben steht ein Problem, das zwar mit den erlangten Kompetenzen gelöst werden kann, allerdings lediglich durch die Generierung neuen Wissens. Das heißt, dass man mit seinen Fähigkeiten sehr variabel umgehen und unter Umständen sogar bekannte Modelle explizit vermeiden muss, um das Problem zu lösen (vgl. ebd.).

Wo liegen die Grenzen der Pragmatik?
Durch was würden Sie den Kompetenzergriff ersetzen?
Bis zu welchem Zeitpunkt hätte der Erste Weltkrieg noch verhindert werden können?

Beispielaufgaben

Diese Aufgabenniveaus gelten für alle Aufgabentypen, sei es nun im Kontext des Seminars oder in einer Prüfung. In beiden Bereichen sollten Sie stets darauf achten, dass die Aufgabenniveaus aufeinander aufbauen und angepasst sind an den jeweiligen Lernstand der Gruppe. Hinweise zu Prüfungen erhalten Sie in Kapitel 4.

2.5.3 | Offenheit der Aufgaben

Neben den obengenannten Kriterien haben Aufgaben auch einen Grad der Offenheit. Dieser Grad gibt an, wie viele richtige Lösungen es gibt und wie viele zu erwarten sind. Während geschlossene Aufgaben nur eine richtige Lösung haben (Was ist 2 + 2?), können offene Aufgaben ganz ohne Lösung auskommen (Gibt es einen Gott?). Diese Skala stellt sich etwas ausdifferenzierter so dar (Maier et al. 2010, S. 88):

- **Definierte und konvergente Aufgaben (geschlossen):** Es gibt einen klaren Zielzustand für die Aufgabe. Beispiel: »Setzen Sie die folgenden Sätze ins Präteritum« (ebd.).
- **Definierte und divergente Aufgaben (halboffen):** Es gibt mehrere Lösungen, die aber auf denselben, gut beschriebenen Grundinformationen beruhen. Beispiel: »Stellen Sie den Sachverhalt grafisch dar.«
- **Ungenau definiert und divergente Aufgaben (offen):** Die Ausgangsinformationen sind gering, was automatisch zu verschiedenen Lösungen führt. Beispielaufgabe: »Gestalten Sie eine Schulstunde, die sich mit Transkulturalität befasst.«

Neben diesen Kategorien spielt die Medialität, also die Vermittlungsform eine große Rolle, die nun abschließend betrachtet wird.

2.5.4 | Medialität

Die Frage nach der Medialität ist beim Stellen einer Aufgabe sehr wichtig, denn es ist ein wichtiger Unterschied, ob Sie eine Aufgabe mündlich oder schriftlich stellen. Mündliche Aufgaben sind wie die gesprochene Sprache: flüchtig und irreversibel. Die Studierenden vergessen zum einen schnell, was Sie gesagt haben und zum anderen können Sie die Aufgabenstellung nicht ändern, ohne für Verwirrung zu sorgen. Was Sie gesagt haben, lässt sich zunächst nicht mehr zurücknehmen. Aus diesen Gründen sollten Aufgaben generell nicht mündlich gestellt werden, da die Gefahr, dass einige Studierende die Aufgabe nicht mitbekommen oder sie vergessen, sehr hoch ist und da es sie in der Komplexität der Aufgabenstellung stark einschränkt. Einfachste Aufgaben sind davon ausgenommen, ebenso kurze Fragen, die natürlich mündlich sehr viel schneller abzuhandeln sind als schriftlich.

Wenn Sie jedoch komplexe Aufgaben stellen wollen oder Aufgaben, die eine Progression vorsehen, dann greifen Sie auf schriftliche Medien zurück. Wichtig hierbei ist, dass die Aufgabe während der gesamten Bearbeitungszeit sichtbar ist und die Studierenden jederzeit die Möglichkeit haben, den genauen Wortlaut einzusehen, da Sie sonst nicht sicher sein können, dass die Aufgabe richtig verstanden wurde.

»Die Visualisierung von Arbeitsaufträgen mag lästig und zeitaufwändig erscheinen, und es geht immer auch irgendwie ohne. Doch Sie können die Visualisierung als ›Freund‹ betrachten, der Sie und Ihre Studierenden in vielfältiger und oft unbedachter Hinsicht unterstützt« (Wörner 2016, S. 9).

2.5.5 | Zusammenfassung der Aufgabenklassifikation

Insgesamt ergeben sich folgende Dimensionen, wenn Sie sich mit Aufgaben beschäftigen:

Wissensart	Niveau	Offenheit	Medialität
Faktenwissen	Reproduktion	definierte und konvergente Aufgaben	schriftlich
Prozedurales Wissen	Reorganisation	definierte und divergente Aufgaben	mündlich
Konzeptuelles Wissen	weiter Transfer	ungenau definiert und divergente Aufgaben	
Metakognitives Wissen	Problemlöseaufgaben		

Aufgaben-
dimensionen

Aufgrund dieser Klassifikation können Sie Aufgaben stets auf ihre Tauglichkeit prüfen und je nach Lernziel oder Zielkompetenz Ihres Seminars werden Sie die Aufgaben anpassen. Wichtig ist zudem, dass Ihre Aufgaben klar formuliert sind, damit es bei der Lösung nicht zu Verwirrungen und Zeitverlust kommt.

2.5.6 | Differenzierung

»›Differenzierung‹ geht zurück auf das lateinische Verb *differe* und Substantiv *differentia* (sich unterscheiden/Unterschied, verschieden sein/ Verschiedenheit)« (Riedl 2008, S. 122) und meint in diesem Zusammenhang, den »unterschiedlichen Eingangsbedingungen« (ebd.) von Menschen gerecht zu werden. Jeder Mensch ist einzigartig und jeder lernt auf andere Weise, deshalb ist davon auszugehen, dass jeder einzelne Mensch auf ihn passende Lernförderung benötigt (vgl. ebd.).

Differenzierung in Lehrkontexten beschreibt meist »allgemein eine kriterienorientierte Bildung von Lerngruppen« (Salner-Gridling 2009, S. 18). Man bildet in seinen Sitzungen oder im Seminarverlauf Gruppen, die sich in ihrer Leistung unterscheiden. Diese Gruppen müssen aber nicht unbedingt Arbeitsgruppen sein. Es genügt, wenn man z. B. Aufgaben in mehreren Niveaustufen anbietet, was effektiv zwar zu mehreren Leistungs- aber nicht zu Arbeitsgruppen führt. Es gibt verschiedene Arten der Differenzierung und nicht alle sind für die Hochschule relevant.

- **Institutionelle Differenzierung:** »Auf dieser Ebene wird nach Alter und Leistung der Lernenden unterschieden« (ebd.), was in Schulen (Hauptschule, Realschule, Gymnasium) praktiziert wird. In der Hochschule gibt es dieses System meist nicht mehr.
- **Äußere Differenzierung:** Diese Differenzierung bezieht sich noch auf das System, aber in kleinerem Maßstab. Innerhalb einer Lehrinstitution werden Kurse gebildet nach »Alter, Leistung, Wahl der Freigegenstände, Wahlpflichtfächer [...]« (ebd.).
- **Innere Differenzierung oder Binnendifferenzierung:** »Sie stellt die didaktische Umsetzung der Grundidee der Heterogenität dar: Unterschiedlich Lernende brauchen unterschiedliche Zugänge und Aneignungsmöglichkeiten. Differenziert wird nach Lernziel, Lernzeit, Unterrichtsmethode, Lernumgebung, Schwierigkeitsgrad, Leistungsniveau, Inhalt, Lerntechnik, Umfang« (ebd.).

Die innere Differenzierung ist die einzige Art der Differenzierung, die in der Hochschule eine Rolle spielt, da eine Differenzierung von außen nicht institutionalisiert ist. Während man im Schulsystem durch äußere Differenzierung »bis zu einem bestimmten Grad ein homogenes Lerngefüge der zusammengeführten Schüler« (Riedl 2008, S. 123) erreicht, ist dies in der Hochschule nicht mehr der Fall. Die Heterogenität ist vielmehr sehr groß, und eine vereinheitlichte Lehre kann natürlich nicht allen gerecht werden. Es gibt verschiedene Möglichkeiten, eine differenzierte Lehre zu ermöglichen:

- **Thematisch-intentionale Differenzierung:** Durch einen Einfluss auf die Auswahl der Lerninhalte und die zu bearbeitenden Aufgaben können die Studierenden nach ihren Fähigkeiten und Neigungen arbeiten. Das ist z. B. bei umfangreichen Gruppenaufgaben der Fall, in denen die Studierenden selbst bestimmen können, wer welche Teilaufgabe übernimmt (vgl. ebd.).
- **Methodische Differenzierung:** Durch die Variation von Sozial- und

Aktionsformen (siehe Kap. 3.5) erhalten die Studierenden verschiedene mögliche Zugriffe auf die Inhalte (vgl. ebd.).

- **Mediale Differenzierung:** Je nach Lernertyp sollte es verschiedene mögliche Zugänge zu einem Inhalt geben. Neben einem reinen Textzugang wären Videos, Podcasts etc. denkbar, um Inhalte zu vermitteln.

- **Differenzierung anhand von Sozialformen:** Eine Varianz in den verwendeten Sozialformen wie Gruppenarbeit, Partnerarbeit etc. sorgt dafür, dass den Studierenden verschiedene Zugänge angeboten werden. Ein Wechsel sich kennender Gruppen kann hilfreich sein, das Sozialgefüge zu stärken und gleichzeitig das Lernen zu fördern (vgl. ebd.).

Die einfachste Möglichkeit zu differenzieren liegt dabei auf der Aufgabenebene. Am einfachsten ist es, zwei Niveaus anzubieten und die Aufgaben so zu designen, dass es ein »Fundamentum« (ebd.) gibt, das die Grundlagen absichert und von allen Studierenden bearbeitet werden muss. Diese Inhalte sind basal für das Verständnis des Seminars und können nicht ausgelassen werden. Dazu gestaltet man dann das »Additum« (ebd.), nämlich Zusätze, die das Verständnis vertiefen, vorausgreifen und ein anspruchsvolleres Aufgabenniveau haben. Das Fundamentum besteht dabei tendenziell aus Reproduktionsaufgaben und Aufgaben des nahen Transfers, das Additum aus weiten Transfer- und Problemlöseaufgaben. Um Ihre Aufgaben einzuschätzen, können Sie sich einfacher Zeichen wie »leicht (mit +), mittelschwer (+ +) oder schwer (+ + +) bedienen« (Astleitner et al. 2015, S. 8) oder, wenn Sie mehr Erfahrung mit einer Aufgabe haben, mit prozentualen Lösungswahrscheinlichkeiten (z. B. 80 % für eine recht leichte Aufgabe und 30 % für eine sehr schwere) (vgl. ebd.):

Differenzierung

Kern und Erweiterung	Schwierigkeit (Lösungswahrscheinlichkeit)	Taxonomisch	Beispielhafte Aufgaben aus der Germanistik	Weitere Einflussfaktoren
Fundamentum (für alle Pflicht; bei positiver Absolvierung Note 3 oder 4)	Leicht + (100–81 %)	Wissen	Definieren Sie »Expressionismus« in der Literatur.	Menge Strukturiertheit Lösungstransparenz Vorkenntnisse Motivation Verfügbare Zeit Lernhilfen
		Verstehen	Erklären Sie, warum Gedichte von Gottfried Benn expressionistisch sind.	
	Mittelschwer ++ (80–50 %)	Anwendung	Wählen Sie ein Gedicht von Benn und markieren Sie expressionistische Züge.	
		Analyse	Analysieren Sie metrisch und rhetorisch ein Gedicht von Gottfried Benn.	
Additum (für Extra-Ziele; Note 1 oder 2)	Schwer +++ (kleiner als 50 %)	Synthese	Interpretieren Sie ein Gedicht von Benn und ordnen Sie es in den literaturhistorischen Kontext ein.	
		Bewertung	Beurteilen und vergleichen Sie Interpretationsansätze eines Gedichts von Benn.	

Schwieriger ist eine Differenzierung, die die Seminarebene verlässt und sich an das Lerntempo der Studierenden anpasst. Jürgen Handke hat beispielsweise für einen Einführungskurs in die Linguistik ein Konzept gestaltet, in dem die Studierenden ihren Seminarrhythmus selbst wählen können. Kombiniert mit einem Inverted Classroom-Modell (siehe Kap. 3.1.3), haben die Studierenden die Wahl zwischen einem 3-, 5- oder 7-Tagesryhthmus für das Seminar. Das führt dazu, dass Studierende, die besonders schnell sind, das Semester bereits nach der Hälfte abgeschlossen haben und weniger schnelle Studierende das ganze Semester anwesend sind. Das führt dazu, dass das Seminar immer kleiner wird und man als Lehrkraft mehr Zeit hat, sich mit den schwächeren Studierenden zu befassen. Eine komplexe, aber extrem gelungene Art der Differenzierung.

Auf den ersten Blick wirkt es nachvollziehbar und nicht übermäßig schwierig, Differenzierung in die Lehre zu integrieren, aber es gibt klare »Grenzen der Differenzierung« (ebd.). Wenn man seine Lehre stets differenziert gestaltet, kann das dazu führen, dass die schwächere Gruppe, die sich nur das Fundamentum aneignet, von der stärkeren Gruppe so weit überholt wird, dass sie in der Prüfung Probleme bekommt. Zudem ist es »[f]ür die Lehrkraft [...] oft nicht einfach, Lerninhalte in ein ›Fundamentum‹ für alle Lernende und ein ›Additum‹ für Leistungsstarke zu unterscheiden und diese differenziert anzubieten« (ebd.).

Oft sind die organisatorischen Ressourcen nicht vorhanden, nämlich Raumgröße und Zeit, um allen gerecht zu werden. Hinzu kommt, dass man seine Studierenden in der Hochschule nicht wirklich kennenlernt, was eine Einordnung bezüglich der Leistung deutlich erschwert.

Ein Grundgedanke der Differenzierung ist, dass die Leistungsschwächeren motiviert werden, die Additum-Aufgaben zu bearbeiten. Dieser sogenannte ›Zugpferdeffekt‹ muss aber nicht eintreten, sondern es kann sich nachteilig auf die Motivation der schwächeren Gruppe auswirken, wenn sie die Zusatzaufgaben nie schaffen (vgl. ebd.).

Generell sollte Differenzierung in der Hochschule eine Rolle spielen, auch wenn es schwierig ist. Sie sollten immer daran denken, dass Sie es mit einer extrem heterogenen Gruppe zu tun haben, die unter Umständen neben dem Interesse für das Fach kaum Gemeinsamkeiten hat. Ihr Ziel sollte also sein, Ihre Aufgaben so anzulegen, dass alle Studierenden zu einem Erfolgserlebnis kommen.

2.5.7 | Beispielaufgaben

Im Folgenden werden einige typische Aufgaben vorgestellt und deren optimale Verortung im Seminar. Hierzu wird stets klassifiziert, ob die Aufgabe vor dem Seminar, während des Seminars oder nach dem Seminar gestellt wird, da dies jeweils großen Einfluss auf die Aufgabe und die Ergebnisse hat. Außerdem wird eine Idee angegeben, wie Sie die Aufgabe differenzieren können.

Wichtig dabei ist stets die Frage danach, welches Ziel Sie mit der Aufgabe verfolgen. Wenn Sie dies nicht klar beantworten können, dann sollten Sie die Aufgabe nicht stellen. Nur wenn deutlich ist, wie Sie mit dem

Ergebnis einer Aufgabe weiterarbeiten, ist es überhaupt sinnvoll, die Studierenden zum Bewältigen der Aufgabe zu bringen.

2.5.7.1 | Textverständnisaufgabe

Eine Textverständnisaufgabe besteht meist aus Fragen zur gelesenen Literatur und wird oft als Vorbereitung eingesetzt. Ein Einsatz in der Sitzung ist aus verschiedenen Gründen mit Schwierigkeiten verbunden. Entweder haben die Studierenden den Text noch nicht gelesen, weil Sie einen neuen Text austeilen, oder die Studierenden haben den Text zwar gelesen, ihn aber nicht dabei. Wenn Sie Ihr Seminar oft mithilfe von Textarbeit gestalten wollen, dann müssen Sie explizit darauf hinweisen, dass die Texte mitgebracht werden müssen. Betrachten wir kurz die Möglichkeiten, die Sie für das Textverständnis haben:

Zeitpunkt der Aufgabe

- **Vor der Sitzung:** Die Bearbeitung muss zunächst als Aufgabe von einer Sitzung zur nächsten erteilt werden. Die Fragen können dann den ganzen Text betreffen. Der Großteil der Fragen sollte sich auf Reproduktion und Reorganisation (siehe Kap. 2.5.2) beziehen, es sei denn Sie befinden sich an einer Stelle in der Veranstaltung, an der Sie Transfer verlangen wollen.
- **In der Sitzung:** Davon abgesehen, dass die Studierenden die Texte mit in die Sitzung bringen müssen, sollten Sie eher mit Exzerpten oder Textstellen arbeiten. Das Lesen einer Seite mit anschließender Aufgabenbearbeitung ist zwar noch gut machbar, wenn sich die Aufgaben aber auf den kompletten Text beziehen, wird das zu viel Zeit in der Sitzung kosten.
- **Nach der Sitzung:** Eine Nachbereitung der Literatur kann sinnvoll sein, und außerdem sind Sie nicht eingeschränkt, was das Niveau der Aufgaben angeht. Sie sollten nur nicht Aufgaben kombinieren, die vor und nach der Sitzung bearbeitet werden müssen, da dies verwirren kann.
- **Mögliche Differenzierung:** Grundlegend ist, zunächst das Textverständnis zu sichern. Sie können zu Ihren Leitfragen Aufgaben hinzufügen, die in irgendeiner Form markiert sind (* zum Beispiel), und die das Wissen mit den anderen Sitzungen verknüpfen. Fragen Sie, ob andere Texte ähnliche Sichtweisen vertreten oder was bestimmte Autoren zu dem Text sagen würden.

2.5.7.2 | Quiz

Ein Quiz ist eine kurze Abfrage, die meist nur das niedrigste Aufgabenniveau bedient. Sie können diese analog durchführen und die Studierenden durch Handzeichen befragen, Sie können aber auch neue Medien nutzen. Der Zweck eines kurzen Quiz ist, dass Sie danach sehr genau wissen, wie gut das Thema verstanden wurde. Anstelle einer unverbindlichen Aufforderung Ihrerseits müssen die Studierenden einen kleinen Multiple-Choice-Test durchführen, der Ihnen im Optimalfall direkt Feedback gibt.

Eine sehr gute Plattform dafür ist http://www.kahoot.it, auf der Sie Online-Quiz sehr einfach und schnell kleine Tests erstellen können, die sofort ausgewertet werden. Diese und andere Plattformen werden im Kapitel 3.6 vorgestellt.

- **Vor der Sitzung:** Ein Quiz vor der Sitzung ist sehr gut geeignet, um zu prüfen, wie gut die Studierenden auf die Sitzung vorbereitet sind. Nach wenigen Fragen wissen Sie bereits, ob z. B. der zugrundeliegende Text gelesen und verstanden wurde. Hierbei könnte man die Anerkennung der Seminarteilnahme an eine gewisse Mindestpunktzahl koppeln, die benötigt wird, um das Seminar zu bestehen.
- **In der Sitzung:** Mit einem kleinen Quiz während der Sitzung lässt sich sehr gut eine Sicherungsphase gestalten, die sofort Rückmeldung darüber gibt, wie gut ein Thema aufgenommen wurde.
- **Nach der Sitzung:** Ein Quiz nach der Sitzung ist zwar am wenigsten sinnvoll, kann jedoch als erweiterte Sicherung gesehen werden. Wenn Sie kontrollieren wollen, wie gut die Gruppe zugehört hat, dann bietet es sich an, das Quiz an dieser Stelle durchzuführen.

2.5.7.3 | Produktionsaufgabe

Eine Produktionsaufgabe endet immer mit einem abgeschlossenen Produkt. Produkte können hier ein Text sein, aber auch ein Standbild oder ein kleines Rollenspiel. Aufgabentheoretisch sollten Produktionen eher offene Aufgaben sein, die nicht einfach nur Faktenwissen prüfen. Je nachdem, was in Ihrem Seminar mit dem Ergebnis geschehen soll, gibt es natürlich verschiedene Zeitpunkte, um eine solche Aufgabe zu stellen.

- **Vor der Sitzung:** Das Produkt wird mit in die Sitzung genommen, was durchaus einen sinnvollen Einstieg ins Thema darstellt.
- **In der Sitzung:** Eine der sinnvollsten und am häufigsten genutzten Aufgaben ist das Erstellen eines Produktes während der Sitzung. Es kann sich dabei um Texte, Bilder, Mindmaps oder Schaubilder handeln; wichtig ist, dass eine Arbeitsphase zu dem Produkt führt. Wenn dies in der Sitzung gemacht wird, muss in jedem Fall Zeit eingeplant werden, um das Produkt zu thematisieren. Im Idealfall sollte jedes Produkt besprochen werden, aber es genügt auch, einige wenige exemplarisch zu betrachten.
- **Nach der Sitzung:** Eine Hausaufgabe, die die Produktion nach der Sitzung vorsieht, ist im Grunde eine Aufgabe, die vor der nächsten Sitzung bearbeitet werden muss. Da es sich um ein von Studierenden erstelltes Produkt handelt, muss man es in der nächsten Sitzung thematisieren, wenn die Produkte nicht außerhalb der Seminarzeit bewertet und reflektiert werden.
- **Differenzierung:** Da die Erstellung des Produktes eine sehr offene Aufgabe sein kann, ist sie in sich bereits differenziert. Schwächere Studierende werden ein wenig umfangreiches Produkt erstellen, während leistungsstarke Studierende umfassendere Produkte erstellen werden.

2.5.7.4 | Worksheets

Worksheets sind eigentlich keine Aufgaben, sondern Aufgabenblätter, die begleitend zur Sitzung bearbeitet werden. Dies kann vor der Sitzung geschehen, in der Sitzung und nach der Sitzung, je nachdem, welche Funktion das Worksheet genau hat:

- **Vor der Sitzung:** Wenn ein Worksheet vor der Sitzung bearbeitet wird, sollte es vor allem dazu dienen, den Studierenden Sicherheit zu geben, dass sie alles verstanden haben. Es kann strukturierende Leitfragen enthalten, um das Textverständnis zu sichern, aber auch Aufgaben auf dem niedrigsten Niveau (Reproduktion), um sicherzustellen, dass die Grundlagen erfasst sind.
- **In der Sitzung:** In der Sitzung mit einem Worksheet zu arbeiten, hilft dabei, einen roten Faden zu haben. Während Sie meist wissen, in welcher Reihenfolge Sie die Themen behandeln, haben die Studierenden oftmals keine Orientierung. Ein Worksheet gibt der Sitzung eine klare Struktur. Im Idealfall ist das Worksheet vorab verfügbar bzw. liegt zu Anfang der Sitzung aus, um die Zeit des Austeilens zu sparen. Ein derartiges Worksheet ersetzt lange Texte auf Folien und das zerstückelte Bereitstellen von Material während der Sitzung.
- **Nach der Sitzung:** Ein nachgereichtes Worksheet entspricht den klassischen Hausaufgaben. Es kann sehr sinnvoll sein, den Studierenden einige Aufgaben zur Nachbereitung zu geben, die ihnen ermöglichen, Einblick in die eigenen Kompetenzen zu erhalten. Wenn das Worksheet problemlos zu lösen ist, dann wurde der Inhalt der Seminarsitzung verstanden, ansonsten sollte es in der kommenden Sitzung die Gelegenheit geben, nachzufragen.
- **Mischform:** Es ist möglich, das Worksheet in bis zu drei Abschnitte einzuteilen. Ein Teil, der vor der Sitzung alleine erledigt werden muss und sich hauptsächlich aus Reproduktionsaufgaben zusammensetzt, ein weiterer Teil, der in der Sitzung erarbeitet wird und ein dritter Teil zur Nachbereitung. Es ist aber zu empfehlen, entweder Vor- oder Nachbereitung einzubauen, da die Studierenden sonst zwei Worksheets zwischen den Sitzungen bearbeiten müssen, was neben Verwirrung auch zu Überforderung führen kann. Derartige Worksheets sind sehr nützlich in Flipped Classroom-Umgebungen (siehe Kap. 3.1.3.5).
- **Differenzierung:** Worksheets können sehr einfach differenziert werden, wenn Sie mit * oder ähnlichen Systemen arbeiten. Dann wissen die Studierenden genau, was sie erledigen müssen und was nur ein Zusatz ist. Problematisch ist zwar, dass nicht alle die Zusatzaufgaben erledigt haben, aber eine Besprechung im Plenum kann dennoch lohnend für alle Beteiligten sein.

2.5.8 | Üben

Neben der bloßen Vermittlung von Inhalten durch die Lehrhaft bzw. in der gemeinsamen Lernumgebung, gestaltet von Studierenden und Lehrkraft, spielt das Üben bei gewissen Themen eine große Rolle.

»Üben und Wiederholen konsolidieren das Gelernte. Jeder hat es an sich erfahren: einmal ist keinmal« (Aebli 1983, S. 326). Übungen sind vor allem in Anfängerseminaren relevant, da hier oftmals Grundlagen des Faches erlernt werden, die für den weiteren Lernerfolg entscheidend sind. Diese Grundlagen müssen nicht nur einmal erfahren, sondern stetig vertieft werden.

Grundsätzlich ist die »Leistung abhängig von der Zahl der Wiederholungen« (ebd., S. 330), wobei das auf keinen Fall bedeuten soll, dass deshalb ohne Unterbrechung geübt werden muss. Bei der Leistungsprogression gibt es zwei Verläufe. Zum einen kann es sein, dass sie mehr oder weniger linear ansteigt bis zu einem persönlichen Leistungsmaximum, dem man sich immer weiter annähert. Der zweite Verlauf beschreibt eine kleine Kurve bis zu dem Punkt, an dem man das Thema durchdringt und von da an schneller an seine Bestleistung herankommt.

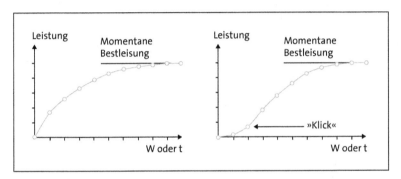

Zwei mögliche Übungsverläufe (Aebli 1983, S. 330; modifiziert durch Autor)

Der zweite Verlauf ist sehr typisch für Inhalte, die miteinander verknüpft sind. Dem Lerner fällt es so lange schwer, bis es bei ihm »Klick« macht (Fänsel et al. 2016, S. 231) und er ab dann sehr viel einfacher lernen kann.

In der Übungsforschung ist seit längerem bekannt, dass verteilte Übungen bessere Ergebnisse liefern als geballte. Übungsphasen sollte man nicht überstrapazieren, da es zu Ermüdungserscheinungen kommt, die den Lernerfolg behindern (vgl. ebd.):

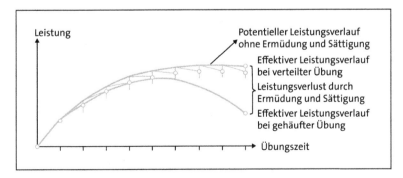

Übungsverlauf mit Ermüdungserscheinungen (Aebli 1983, S. 331)

Die Grafik zeigt zwei mögliche Übungsverläufe. Der untere Verlauf, welcher in der Leistung klar abfällt, entsteht durch permanentes Üben, das zu Ermüdungserscheinungen führt, die wiederum die Leistung abschwächen und das Lernen behindern.

Der obere Verlauf beschreibt eine Lernsequenz, die ausreichend Pausen vorsieht und zu einem effektiveren Lernen führt. Die durchgezogene Linie wäre der Idealzustand, der aber aufgrund von Ermüdung nicht erreicht werden kann. Jedoch ist es möglich, sich dem Ideal durch wiederholte, aber durch Pausen unterbrochene Übungen anzunähern.

2.6 | Teacher Talk

Ihre Sprache ist Ihr wichtigstes Instrument, das Sie fast ständig in der Lehre benutzen. Jede Art von Wissensvermittlung in der Hochschule wird in irgendeiner Form durch ihre Sprache gestaltet sein, was durchaus Probleme mit sich bringen kann.

Klippert (2002, S. 11) stellt fest, dass sich das Verhalten von Lehrkräften als »Hyperaktivität« beschreiben lässt. Lehrkräfte übernehmen ca. zwei Drittel des Sprechanteils. Nun gilt diese Beobachtung zwar für die Schule, aber sie lässt sich ohne Weiteres auf alle Lehrszenarios übertragen.

Wenn im hochschulischen Bereich Fragen gestellt werden, dann oftmals im Rahmen des fragend-entwickelnden Unterrichts (siehe Kap. 3.5.4.1), der die Studierenden nur kurz zu Wort kommen lässt. Egal in welcher Unterrichtsform Sie sich befinden, Sie haben immer die Kontrolle darüber, wer gerade das Rederecht hat, bzw. wie die Kommunikation in Ihrem Seminar verläuft. Daraus folgt aber nicht automatisch, dass Sie stets sprechen müssen!

Äußerungen der Lehrkraft sind dazu da, die Sitzung zu strukturieren, Hinweise zu geben und Rederechte zu verteilen. Es gibt hierbei zwei große Aspekte, die es zu beachten gilt. Zum einen geht es um das generelle Kommunizieren vor großen Gruppen und zum anderen um konkrete Steuerungselemente wie die Lehrerfrage.

2.6.1 | Frei Sprechen

Das freie Sprechen ist eine Grundvoraussetzung für jede Art von Lehrberuf und derart basal, dass es oft nicht thematisiert wird. Da es für Sie wahrscheinlich aber das erste Mal ist, dass Sie längere Zeit und sehr strukturiert vortragen müssen, folgen einige Hinweise zur Rhetorik.

Vor Gruppen zu sprechen, ist generell eine schwierige Aufgabe, da Sie sowohl körperlich-stimmlich gefordert sind als auch emotional. Sie können aber einige Tricks nutzen, um ein freies Sprechen möglichst glaubhaft zu simulieren.

So wäre es zwar nicht zu empfehlen, aber möglich, dass Sie einfach bestimmte Phrasen vorbereiten und auswendig lernen, vielleicht sogar den ganzen Vortrag, um ihn dann am nächsten Tag wie ein Gedicht aufzusagen. Wenn Sie dies aber tun, haben Sie das Problem, dass Sie sich dem Ideal, wirklich frei vor einer Gruppe zu sprechen, nicht annähern (vgl. Rossié 2016, S. 5). Stattdessen sollten Sie versuchen, das freie Sprechen zu trainieren und durch Übung immer besser zu werden. Doch was heißt es überhaupt, frei zu sprechen?

Sie können bereits frei sprechen, allerdings nur, wenn Sie sich privat unterhalten. Wenn Sie mit Familie und Freunden ein Gespräch führen, unterhalten Sie sich ungezwungen, benötigen keine Zettel mit Hilfen. Diesen Zustand gilt es nun auf die Gruppensituation zu übertragen, was gar nicht so einfach ist.

Je nach Ihrer Persönlichkeit wird es Ihnen schwerer oder leichter fallen, vor Gruppen zu sprechen. Empfehlenswert sind natürlich Sprech- und Rhetoriktrainings, die tatsächlich vor Gruppen durchgeführt werden. Im Folgenden werden Sie jedoch einige Hinweise und Übungen erhalten, um Ihr freies Sprechen zu optimieren.

2.6.2 | Kleine Rhetorik

Rhetorik wird im didaktischen Zusammenhang oftmals vorgeworfen, die Lehre unpräzise zu machen und nur Unterhaltungszwecken zu dienen (vgl. Rufer-Drews 2016, S. 1). Die Rhetorik in der Didaktik wird allerdings nicht zum Überzeugen oder zur manipulativen Beeinflussung genutzt, sondern zur effektiven Wissensvermittlung. Eine kleine Anpassung der grundlegenden rhetorischen Tugenden für die Hochschule könnte so aussehen:

- »Schneiden Sie Ihr Sprechen auf die Situation, das Thema und besonders die Angesprochenen zu: gestalten Sie Ihre Beiträge angemessen (»aptum«). Sprechen Sie so, wie es den Lernenden hilft.

Rhetorische Tugenden

- Sprechen Sie korrekt und gut verständlich (»latinitas«) und sprechen Sie so, dass Zuhörende dem »Roten Faden« beim ersten Zuhören problemlos folgen können (»perspicuitas«). Setzen Sie gesprochene Sprache effektiv ein.
- Sprechen Sie so, dass Sie Zuhörende für das Thema und Ihre Aussagen interessieren (»ornatus«). Sprechen Sie mit den Lernenden, nicht zu Ihnen – machen Sie Inhalte interessant« (Rufer-Drews 2016, S. 3).

Nun sind diese Tipps zunächst schwer umzusetzen, da Sie nicht zwangsläufig wissen, wie sich ein roter Faden ergibt und wie man gesprochene Sprache effektiv einsetzt. Um dies zu vertiefen, sollten Sie die Grundmittel der Vermittlung mithilfe von Rhetorik kennen (vgl. ebd., S. 7):

- **Informieren:** Wenn Sie Fakten und Fachwissen vermitteln wollen, dann achten Sie auf Präzision und »gute Argumente« (ebd.).
- **Überzeugen:** Nur wenn Sie selbst von etwas überzeugt sind, können Sie die Studierenden glaubhaft motivieren. Versuchen Sie, die Begeisterung Ihres Faches zu übertragen.
- **Involvieren:** Nennen Sie Gründe, warum die Studierenden das Thema interessieren sollte. Vielleicht gibt es Alltagsbezüge oder konkrete Anwendungsfälle.

Die Rhetorik beschränkt sich auf die Nutzung gesprochener Sprache. Diese ist eine »eigene Textsorte« (ebd., S. 8), was mit einigen Einschränkungen verbunden ist. Als Grundregel sollten Sie Ihre gesprochenen Informationen »auf das wirklich Notwendige« (ebd.) beschränken, da alles, was Sie nur sagen, im Gegensatz zum schriftlich Fixierten, sehr flüchtig ist. Entweder nutzen Sie Mittel der Redundanz und wiederholen sich, verbunden mit der Ankündigung der Information, oder Sie nutzen andere Medien wie geschriebene Texte zur Unterstreichung.

2.6.2.1 | Gesprochene Sprache effektiv einsetzen

Schriftlich ist es möglich, durch Typografie, Layout und geschickten Satzbau für Verständnis und Prägnanz zu sorgen. Im Mündlichen übernehmen diese Aufgabe Ihre Stimme und weitere nonverbale Anteile Ihres Vortrages. Dabei sollten Sie zunächst ganz basale Hinweise zur gesprochenen Sprache vor Gruppen beachten (vgl. Rufer-Drews 2016):

- **Lautstärke:** Achten Sie darauf, dass man Sie überall im Raum versteht. Wenn der Raum zu groß ist, nutzen Sie das Mikrofon, das in den meisten Fällen verfügbar ist. »[S]prechen Sie aus dem Bauch heraus (tief atmen, nicht nur in den Brustraum!)« (ebd.).
- **Geschwindigkeit:** Sprechen Sie »etwas langsamer, als es Ihnen angenehm ist« (ebd.). Für Sie ist Ihre Sprechgeschwindigkeit angemessen, aber Sie haben das Thema erstens bereits durchschaut und zweitens sind Sie im Idealfall davon begeistert, was Ihre Geschwindigkeit weiter erhöht. Wenn man dagegen mit neuen Informationen konfrontiert, hilft es den Zuhörenden, wenn die Sprechstimme angenehm langsam ist.
- **Deutlichkeit:** In der gesprochenen Sprache ist es natürlich, dass Wort- und Satzenden verschluckt werden. Wenn Sie aber Fachbegriffe nutzen, sollten Sie darauf achten, dass es keine »unnötige[n] Irritationen oder Unklarheiten für die Zuhörenden« (ebd.) gibt.
- **Pausen:** Dass Zeit ein relatives Konzept ist, werden Sie merken, wenn Sie vor einer großen Gruppe eine Sprechpause machen. Selbst wenige Sekunden werden Ihnen sehr lange vorkommen und in Ihnen den Drang auslösen, weiter zu sprechen. Pausen sind allerdings sehr wichtig für das Verständnis, damit sich die Studierenden das Gesagte noch einmal durch den Kopf gehen lassen können. Am besten haben Sie eine Uhr parat, um aktiv darauf zu achten, z. B. zehn Sekunden Pause nach bestimmten Äußerungen zu machen.
- **Betonung:** Es gibt in jedem Vortrag besonders wichtige Punkte, die Sie mittels Betonung hervorheben sollten. Es erleichtert das Verständnis, wenn die wichtigsten Fachbegriffe betont werden. Wenn Sie dazu neigen, dies zu vergessen, markieren Sie die Begriffe, die besonders betont werden sollen.
- **Sprechbogen:** Wenn Sie eine besonders klare Aussage treffen und keine Diskussion anregen wollen, achten Sie darauf, dass sich ihre Stimme senkt. Wenn Sie dagegen kritische Thesen vorstellen, heben Sie die Stimme, als Marker, dass Diskussionen und Fragen möglich sind.

Inhaltliche Optimierung: Neben diesen sehr grundsätzlichen Aspekten können Sie Ihren Vortrag inhaltlich optimieren. Die folgenden Hinweise sind alle im Sinne der didaktischen Reduktion zu verstehen. Die Hinweise helfen, den Fachinhalt so darzustellen, dass auch Nicht-Eingeweihte, wie die Studierenden, die Thematik nachvollziehen, sie vielleicht sogar bewerten und anwenden können. Dabei ist ein wichtiger Hinweis, dass Sie pointiert sprechen (vgl. Rufer-Drews 2016):

- **Kurzfassen:** »Lassen Sie alles weg, [...] was nicht unbedingt nötig ist« (ebd.). Wenn Sie gerade etwas erläutert haben, warten Sie zunächst ab, ob es Rückfragen gibt oder ob Sie von sehr ungläubigen Gesichtern angesehen werden, bevor Sie eine Ergänzung anbieten.
- **Auf den Punkt bringen:** Merksätze sind in der Didaktik sehr kritisch zu sehen, da sie stark verkürzen und die eigentliche Aussage einschränken. Aber auch wenn ein auswendig gelernter Merksatz nicht immer sinnvoll ist, so kann er helfen, Ihre Ausführungen zu gliedern. Als Synopse zu dem Gesagten liefert er eine pointierte Zusammenfassung, die als Merkhilfe ihre Berechtigung hat.
- **Redundanz:** Wiederholen Sie wichtige Aspekte, im Idealfall mittels unterschiedlicher Medien, um die Wahrscheinlichkeit des Behaltens zu erhöhen. Wenn Sie ein bestimmtes Objekt erläutern, es dann als Bild zeigen und schlussendlich mit einem Merksatz abschließen, erhöht sich die Wahrscheinlichkeit, dass den Studierenden das Thema tatsächlich in Erinnerung bleibt.
- **Roter Faden:** Der rote Faden kann bereits durch die Redundanz entstehen, aber auch durch Kohärenzmittel in Ihrem Text. Sprachliche Mittel wie »›deswegen, weil ...‹, ›einerseits ..., andererseits ...‹, ›drei Punkte sind wichtig: 1. ... 2. ... 3. ...‹, ›daraus resultiert‹ oder ›wir können also schlussfolgern‹« (ebd.) zeigen, dass sich die Themen Ihres Vortrages sinnvoll miteinander verbinden.
- **Transparenz:** Machen Sie vor jeder längeren Sprechsequenz klar, wie diese ablaufen wird und welche Rolle die Studierenden dabei haben sollen. Wenn Sie einen reinen Vortrag halten, verweisen Sie darauf, dass man sich Fragen notieren soll. Bei einer Diskussion regen Sie zur Teilnahme an. Verorten Sie jeweils, wo Sie sich gerade im Gesamtzusammenhang des Themas befinden.
- **Anschaulichkeit:** Wie Merksätze sind auch anschauliche Beispiele oftmals verkürzt, eignen sich aber besonders gut, um in ein Thema einzusteigen. Eine kurze Geschichte, ein Fallbeispiel oder eine Karikatur kann klarmachen, in welche Richtung sich die Sitzung entwickeln wird.

Tipps für die Umsetzung: Diese Hinweise lassen sich nicht spontan umsetzen, weshalb es empfehlenswert ist, sich Notizen vor dem Vortrag zu machen. Sie sollten aber keinesfalls ein Skript vorlesen, sondern sich eher an Stichwortkarten orientieren, die Sie bereithalten. Die bisherigen Tipps befassen sich vor allem mit Ihrer Sprache, Ihrem Vortrag und Ihrer grundsätzlichen Art zu sprechen. Aber »Lehre lebt vom Dialog« (ebd., S. 12) und damit von einer Kommunikationsform, die sehr schwer planbar ist. Deshalb sollen Sie nun einige Hinweise bekommen, wie Sie dialogische Situationen souverän handhaben (vgl. ebd.):

- **Frei Sprechen:** Auch wenn es Veranstaltungen gibt, die Vorlesung heißen, so sollten Sie auf keinen Fall tatsächlich etwas vorlesen. Wer vorliest, »kann nicht ohne weiteres auf Fragen eingehen, [...] [und] wirkt [...] oft auch unnahbar« (ebd.). Didaktisch gesehen, nehmen Sie sich jede Berechtigung, überhaupt anwesend zu sein, da Ihre Aufgabe problemlos von einer Tonaufnahme oder einem zu lesenden Text übernommen werden könnte.
- **Angemessenheit:** »Sprechen Sie die Sprache der Lernenden« (ebd.). Das heißt nicht, dass Sie sich um eine jugendsprachliche Varietät bemühen, sondern akzeptieren, dass es sich nicht um Fachpublikum handelt. Fachbegriffe, die für Sie Usus sind, kennen die Studierenden unter Umständen nicht und müssen erläutert oder sogar vermieden werden. Achten Sie auf die oben erwähnte Kürze und bieten Sie nur Inhalte, die tatsächlich benötigt werden.
- **Das Publikum ansehen:** Ein weiterer Grund, warum Sie nicht vorlesen sollten, ist der Kontakt zum Publikum. Die Gesichter Ihrer Studierenden geben Ihnen Rückmeldung zur Aufmerksamkeit, zum Verständnis. Es trägt sehr zu einer angenehmen Atmosphäre bei, wenn die Lehrkraft Blickkontakt hält. Wenn es Ihnen unangenehm sein sollte, Einzelnen in die Augen zu blicken, können Sie den Blick über die Gruppe schweifen lassen.
- **Schweigen:** Sie können Schweigen strategisch einsetzen. Im Methodenkapitel (Kap. 3.5) werden Sie verschiedene Möglichkeiten kennenlernen, um Phasen, in denen die Lehrkraft Raum zum Denken gibt, sinnvoll zu nutzen.
- **Spannung:** Ihre Erläuterungen müssen nicht immer strukturiert und abgeschlossen verlaufen. Sie können Schlussfolgerungen weglassen und nach möglichen Lösungen fragen. Rätsel oder Probleme, die sich auf den ersten Blick nicht lösen lassen, bringen Spannung. Erzeugen Sie kognitive Dissonanz (siehe Kap. 2.3), um Denkprozesse anzuregen.
- **Freude:** Tendenziell ist die Lehre eine ernste Angelegenheit, aber wie Sie bereits weiter oben erfahren haben, gibt es eine affektive Komponente beim Lernen. Wenn etwas Spaß macht, dann lernt man leichter, was nicht dazu führen soll, dass Ihre Lehre zu einer Show wird. Aber die gelegentliche Auflockerung der Veranstaltung durch einen Comic, eine witzige Geschichte oder einen absurden Vergleich nimmt Druck von den Studierenden, die bei zu viel Ernst dazu neigen »eher Angst [zu haben] als neugierig [zu sein]« (ebd.).
- **Ungewöhnlichkeit:** Brechen Sie aus Ihren bekannten Formaten aus. Planen Sie beispielsweise einmal eine Einzelveranstaltung ohne PowerPoint oder ohne Vorträge. Unterrichten Sie nonverbal und geben Sie nur per Zettel Anweisungen aus usw. »Die Ungewöhnlichkeit [sollte] zum Thema und Ihrer Zielsetzung [passen]« (ebd., S. 14), muss aber nicht unbedingt einen eigenen Lerninhalt an sich darstellen.
- **Fragen:** Fragen involvieren die Zuhörer. »[W]enn Sie nur Aussagen machen und keine Fragen stellen, kann das die Lernenden in eine passive Rolle hineinmanövrieren und ihre Aufmerksamkeit kosten«

(ebd., S. 13). Beim Fragenstellen kann man als Lehrkraft jedoch viel falsch machen und es gibt »kaum Schlimmeres [...] als eine schlechte Frage« (ebd.).

2.6.3 | Wie stellt man Fragen?

Ihre Fragen sind essenziell für das Seminar, da sie sehr zum Lernerfolg und zum allgemeinen Klima beitragen. Dabei ist es sehr wichtig, dass Ihre Fragen bestimmte didaktisch-methodische Ziele verfolgen. Dies kann man mehr oder weniger geschickt angehen. Zunächst werden Fragen erörtert, die dem Lernen kaum nützlich sind.

Zu vermeiden sind folgende Formen der Fragestellung, wenn Sie vor einer Gruppe stehen:

- **Geschlossene Fragen:** Das Erfragen einfacher Fakten sollte sich auf   Schlechte Fragen
  ein Minimum beschränken, da Sie sonst kein Gespräch führen, sondern einen Fragebogen simulieren. Gerade wenn nur eine Antwort möglich ist, können Sie diese erfragen, wenn es relevant für das Unterrichtsvorkommen ist, aber Sie sollten Ihre Lehre nicht ausschließlich aus geschlossenen Fragen aufbauen.
  Beispiel: »In welchem Bundesland liegt Erfurt?«
- **Entscheidungsfragen:** Ja/Nein-Fragen sollten aus demselben Grund wie geschlossene Fragen vermieden werden. Stattdessen sollten Sie sich auf sogenannte »Ergänzungsfragen« (Riedl 2004, S. 120) stützen, da diese dazu führen, dass die Studierenden elaborierter antworten müssen.
  Beispiel: »Gab es 2010 eine große Koalition?«
- **Kettenfragen:** Mehrere Fragen werden in recht kurzer Frequenz hintereinander gestellt. Das passiert vor allem dann, wenn die erste Frage schlecht formuliert war. Dies führt dazu, dass die Studierenden nicht wissen, auf welche der Fragen sie nun antworten sollen (vgl. Riedl 2004, S. 120).
  Beispiel: »Wer hat die Prototypentheorie der Semantik formuliert? Nein, anders, wer hat sie dann auf die Pragmatik angewendet, also wer hat am Ende das Vogelexperiment mithilfe der Theorie durchgeführt?«
- **Suggestivfragen:** Die Lehrkraft formuliert so, dass eine Antwort klar zu präferieren ist (vgl. ebd.).
  Beispiel: »Sind Sie nicht auch der Meinung, man sollte auf Lernziele verzichten?«

Aus diesem kurzen Katalog an wenig zielführenden Fragen kann man bereits ableiten, welche Fragen Sie stattdessen stellen sollten. Im Kern steht meist die Aktivität der Studierenden.

Zu empfehlen sind Fragen der folgenden Form (vgl. Riedl 2004, S. 120):

- **Erkundungsfrage** Wissen und Erfahrungen werden abgefragt.   Gute Fragen
  Beispiel: »Welche Erfahrung mit Interkulturalität haben Sie bereits gemacht?«
- **Begründungsfrage:** Etwas soll elaboriert begründet werden.

Beispiel: »Warum wurden die Bildungsstandards in Deutschland eingeführt?«

- **Vermutungsfrage:** Aufgrund der bisherigen Kompetenzen sollen die Studierenden Vermutungen zu einer Ausgangssituation anstellen. Beispiel: »Wenn ein syrischer Schüler Deutsch lernt, welche grammatischen Fehler sind zu erwarten?«
- **Vergleichsfrage:** Zwei Sachverhalte werden miteinander verglichen. Beispiel: »Was ist der Unterschied zwischen einem Lernziel und einer Kompetenz?«
- **Folgerungsfrage:** Die Studierenden stellen Vermutungen über die Zukunft aufgrund ihrer Kompetenzen an. Beispiel: »Wenn das so weitergeht, wie sieht die Universität dann in 50 Jahren aus?«
- **Zergliederungsfrage:** Ein bestimmtes Thema wird in mehrere Schritte aufgeteilt, unter Umständen kombiniert mit einer Visualisierung am Modell. Beispiel: »Wie verläuft eine kulturelle Anpassung prototypischerweise?«

Schlechte Fragetechniken gehören prinzipiell zum Bereich der Unterrichtsstörungen, also zu Elementen, die dafür sorgen, dass Ihr Seminar nicht planmäßig verläuft. Dieser Themenkomplex wird der letzte sein, bevor es an die konkrete Planung Ihrer Veranstaltung geht.

2.6.4 | Unterrichtsstörungen

In einer Hochschule müssen Sie nicht mit gravierenden Störungen Ihrer Lehre rechnen. Natürlich gibt es weiterhin das Phänomen der Unterrichtsstörung, aber nicht immer sind die Studierenden die Verursacher, oftmals ist man es selbst. Zunächst werden die Störungen seitens des Plenums fokussiert, dann die von Seiten der Lehrkräfte. Im Plenum muss im Vorfeld erläutert werden, was eine Störung überhaupt ist. Wenn Studierende sich unterhalten, muss dies nicht zwingend stören, vielleicht ist das methodisch so vorgesehen. Grundsätzlich ist eine Störung das, was Sie und die anderen Studierenden bei der Mitarbeit stört. Das kann ein lautes Privatgespräch in der letzten Reihe oder andauerndes Gelächter sein. Sobald die anderen Studierenden an der Mitarbeit im Unterricht gehindert werden, ist von einer Störung auszugehen.

Die klassischen Störfälle an einer Hochschule sollen kurz mit Lösungsvorschlag betrachtet werden:

- **Verweigerung:** »Zeitungsleser und ›Simser‹« bzw. Personen, »die nur den Lehrbeauftragen stören« (Groth 2016, S. 11). Dieser Personengruppe sollten Sie keine allzu große Aufmerksamkeit schenken. Mit dem Abitur oder einer ähnlichen Qualifikation haben die Studierenden ein Reifezeugnis erhalten, das ihnen attestiert, mündige Bürger zu sein. Das bedeutet, dass sie das Lernangebot freiwillig annehmen können. Lassen Sie sich nicht von Einzelpersonen, die kein Interesse haben, verunsichern. Erst, wenn der Großteil der Veranstaltung sich so verhält, wird es zum Problem und muss angesprochen werden.

- **Mittelbare Störung:** Studierende geben manchmal »unpassende, vielleicht sogar wohlmeinende Unterrichtsbeiträge« (ebd.) ab. Dies kann zu Störungen der Lehre führen, aber ebenso leicht entschärft werden. Nehmen Sie jede Frage ernst, ohne aber zu weit abzuschweifen. Bieten Sie bei abwegigen Fragen den Ausweg an, die Antwort nach der Sitzung zu besprechen (vgl. ebd.).
- **Unmittelbare Störung:** Wenn Studierende den Unterricht aktiv stören, dann können Sie zwei Methoden wählen. Die »erste Stufe ist das bloße Aussetzen des Unterrichts« (ebd.). Wenn Sie einfach aufhören zu sprechen und die Störer ansehen, genügt dies meist als Anreiz, die Störung zu unterlassen, da sich auch die Aufmerksamkeit der Gruppe auf die Personen richtet. Wenn dies nicht genügt, dann nutzen Sie eine »direkte höfliche Ansprache und die Bitte um Unterlassung der Störung« (ebd.). Wenn dies tatsächlich auch nicht helfen sollte, suchen Sie nach der Sitzung das Gespräch mit den Verantwortlichen und weisen Sie darauf hin, dass es in dem Seminar und generell an der Hochschule bestimmte Regeln gibt, die Sie im Optimalfall in der ersten Sitzung besprochen haben. Sollten tatsächlich schwerwiegende Disziplinprobleme vorhanden sein, nutzen Sie die reichhaltige Erfahrung der Schulforschung. Es sei an dieser Stelle Wollenweber 2014 empfohlen.

Quellen der Unterrichtsstörungen durch Lehrende: Neben den obengenannten Störungen können aber auch Lehrkräfte die Quelle von Unterrichtsstörungen sein:

- **Unklare methodische Anweisungen:** Wenn es mehr als 3 Minuten dauert, Gruppen zu bilden, um eine bestimmte Aufgabe zu bearbeiten, kann man von einer Unterrichtsstörung sprechen. Je nach Geschick der Lehrkraft kann es sehr lange dauern, bis sich ein Plenum umsortiert hat (in Kapitel 3.5 zur Methodik werden Sie alles erfahren, um dies zu vermeiden).
- **Unklare Aufträge:** Wenn die Aufgaben nicht klar sind, geht viel Zeit mit weiteren Erklärungen verloren. Im Kapitel 2.5 haben Sie bereits erfahren, wie dies zu vermeiden ist.
- **Unvorbereitet unterrichten:** Ein ungeplantes Seminar ist als Ganzes schon als Störung anzusehen. Aber selbst wenn Sie ungefähr wissen, was Sie machen wollen, aber nicht vorbereitet erscheinen, geht ein großer Teil der »echte[n] Lernzeit« (Eichinger/Kallmeyer 2004, S. 38) verloren.
- **Vorlesen lassen:** Studierende sind in der Lage, von einer Folie abzulesen. Das Verfahren, jemanden eine Folie vorlesen zu lassen, führt nur zu Zeitverlust, keinesfalls aber zu besserem Verständnis des Inhaltes. Im Gegenteil, die Vorlesenden nehmen oftmals wenig vom Inhalt auf.
- **Lehrerecho:** Das Lehrerecho beschreibt die Wiederholung einer Lerneräußerung durch die Lehrkraft. Auf den ersten Blick ist dies sehr sinnvoll, da man absichern will, dass jeder die Antwort gehört hat bzw. eine positive Rückmeldung sendet. Problematisch ist aber, dass das Lehrerecho dazu führt, dass nur noch Aussagen, die explizit von

der Lehrkraft wiederholt wurden, als relevant angesehen werden. Auf längere Sicht kann dies sogar dazu führen, dass sich die Studierenden gegenseitig nicht mehr zuhören. Eine Alternative dazu kann sein, die betreffenden Studierenden selbst wiederholen zu lassen, wenn es ein akustisches Problem gibt (Kostrzewa 2009, S. 32).

2.6.5 | Die erste Sitzung

»Der Magen schmerzt, die Hände sind schweißnass, die Knie wackeln wie Pudding und die Stimme zittert. Nicht wenige Lehranfänger befinden sich in diesem oder einem ähnlichen Zustand, wenn sie das erste Mal ›auf der anderen Seite‹ vor ihrem Publikum stehen« (Winteler 2004, S. 89).

»Immerhin hast du nicht geheult« lautet die Überschrift eines Spiegel-Online-Artikels zu den ersten Unterrichtserfahrungen eines angehenden Lehrers (16.12.2011). In der Hochschule ist die Situation unter Umständen weniger fordernd als in der Schule, aber dennoch sollten Sie sich über die erste Sitzung einige Gedanken machen. Der erhöhte Puls, die geweiteten Augen, alles bereitet Ihren Körper auf eine Stresssituation vor. Das Lampenfieber ist dabei aber nicht nur negativ zu sehen.

Lampenfieber »Lampenfieber hat seine Wurzeln in der prähistorischen Zeit und war nicht mehr und nicht weniger als eine unbewusste Überlebensstrategie. Mit der ›Cannonschen Notfallreaktion‹, wie Lampenfieber in der Fachsprache heißt, bereitet sich der Körper automatisch und unbewusst darauf vor, zu kämpfen oder zu flüchten. Diesen Urinstinkt haben wir uns bis heute bewahrt, obwohl wir kaum noch Situationen ausgesetzt sind, in denen es um das nackte Überleben geht« (Matschnig 2012, S. 147).

Vor einer Gruppe fürchten Sie eher selten den Tod, wohl aber, dass Sie sich lächerlich machen. Diese Angst ist oft unberechtigt, da Sie ja Fachkraft und gut vorbereitet sind. Aber dennoch lässt sie sich oft nicht vertreiben und das sollten Sie auch nicht anstreben, denn »Lampenfieber [ist] ein regelrechtes Aufputschmittel, das die eigene Aufmerksamkeit und damit die Qualität des Vortrags steigert« (ebd.). Im Idealfall erhalten Sie sich »ein[en] kleine[n] Rest an Aufregung« (ebd.), um »die eigene Aufmerksamkeit und damit die Qualität des Vortrags [zu steigern]« (ebd.).

Grundsätzlich ist der erste Eindruck, den Sie erwecken, sehr wichtig und dieser lässt sich im Nachhinein auch wenig korrigieren. Was auch immer Sie in der ersten Sitzung tun, der erste Eindruck prägt sich bei den Studierenden für den Rest des Semesters ein. Deshalb sollen im Folgenden einige Tipps gegen das Lampenfieber gegeben werden (vgl. ebd., S. 121 ff.):

Lampenfieber

- **Notizen:** Machen Sie sich Stichwortzettel, bzw. Hinweise in Ihrem Präsentationsprogramm. Sie müssen keinesfalls etwas auswendig vorsagen und sollten auch nicht einfach ablesen. Aber die Kurzform Ihrer Unterrichtsplanung auf dem Tisch gibt Ihnen bereits etwas Sicherheit.
- **Ihre Aufregung sieht man nicht:** Auch wenn Ihr Puls bei 200 liegt und Sie spüren, dass die Wangen heiß werden, Ihr Publikum »[nimmt] gerade mal ein Achtel wahr – wenn überhaupt. Wenn wir glauben, auszusehen wie eine Tomate, kann meistens gerade einmal von einer gesunden Gesichtsfarbe die Rede sein« (ebd.).
- **Pünktlichkeit:** Seien Sie einige Minuten vor dem Seminarbeginn da. Je früher die Sitzung im Semester stattfindet, desto früher sollten Sie präsent sein, da Sie den Raum und die Gruppe noch nicht kennen. Aber auch in späteren Sitzungen hilft es, mindestens 5 Minuten, besser 10, vor Beginn Ihrer Lehre da zu sein.
- **Tief durchatmen:** Atmen Sie einige Male tief ein und aus. »Zählen Sie beim Ein- und Ausatmen jeweils etwa bis acht« (ebd.), um nicht zu hyperventilieren.
- **Körper lockern:** Bevor Sie zum Seminarraum gehen, lockern Sie einfach kurz den ganzen Körper. »Kreisen Sie den Nacken, heben und senken Sie die Schulterpartie, schwingen Sie die Arme, kreisen Sie Ihren Rumpf« (ebd.), um Verspannungen entgegenzuwirken.
- **Übung:** Gerade die ersten 1–2 Minuten können Sie vorab trainieren, ohne dabei auswendig alles aufzusagen. Im Optimalfall »nehmen Sie sich möglichst auf Video auf. Das wird für Sie sehr aufschlussreich sein und gibt Ihnen außerdem die Möglichkeit, sich vorab schon das Feedback von Bekannten oder Kollegen zu holen« (ebd., S. 125).

3 Semesterplanung I: Vor dem Semester

Kapitel 2 hat die Theorie behandelt, die nötig ist, um ein Seminar zu gestalten. Sie wissen nun, was beim Lernen kognitiv passiert (Kap. 2.2), was Didaktik ist (Kap. 2.3), haben erfahren, wie man Aufgaben und Übungen optimal konzipiert (Kap. 2.4) und sich über Teacher Talk Gedanken gemacht (Kap. 2.6). In diesem Kapitel werden Sie nun eine Planung für Ihr Seminar erstellen.

Die Vorgehensweise wird von der Makroebene, dem Gestalten des Lehrkonzeptes, über die Mesoebene des Planens, also dem Gestalten von Einzelsitzungen, bis zur Mikroebene, dem konkreten Vorgehen innerhalb einer Sitzung, führen (vgl. Meyer 2007, S. 44).

Ebenso wird ein Crashkurs Methodik (Kap. 3.5) Teil dieses Kapitels sein, der Ihnen verschiedene Möglichkeiten aufzeigen wird, ein Seminar zu gestalten, gefolgt von einigen Beispielplanungen, die Ihnen die eigene Planung erleichtern sollen.

Bevor die Lernumgebung aber Thema sein wird, folgt zunächst eine To-Do-Liste, die Sie durch Ihre Vorbereitung führen soll.

3.1 | To-Do-Liste: Was muss vor der ersten Sitzung erarbeitet werden?

Es gibt in der Planung von Lehrveranstaltungen eine sehr große Varianz, dennoch sollten Sie alle Punkte dieser Liste durchgehen, unabhängig von der konkreten Veranstaltung:

Vor der ersten Sitzung

- **Gütekriterien der Planung:** Die Gütekriterien (siehe unten) nach Meyer (2007) haben sich in der Didaktik bewährt und gelten für alle Arten von Lehrveranstaltung. Die Planung muss hinsichtlich dieser Punkte geprüft werden.
- **Kompetenzen/Lernziele für das Seminar:** Je nach Aufgabenbereich, Modulhandbuch und Hochschule müssen Sie Entscheidungen treffen, die Ihr Seminar beeinflussen werden. Überlegen Sie, was Sie von den Studierenden verlangen.
- **Lehrkonzept:** Wie wollen Sie Ihre Inhalte vermitteln? In diesem Kapitel werden einige Konzepte mit ihren Vor- und Nachteilen erläutert.
- **Literaturauswahl:** Die Literatur ist traditionellerweise die größte

Stütze für viele Hochschulveranstaltungen. Haben Sie diese gut ausgewählt?

- **Seminaraufbau und die ersten drei Sitzungen:** Der konkrete Seminarplan sollte entworfen sein, bevor das Semester beginnt. Das konkrete Planen der ersten drei Sitzungen erleichtert Ihnen den Einstieg in das Semester.
- **Medieneinsatz:** Der Medieneinsatz kann zwar entscheidend für das Lehrkonzept sein, aber in den meisten Fällen können Sie sich über die Präsentationsform der Inhalte am Ende entscheiden.

3.1.1 | Gütekriterien der Planung

Es gibt nach Hilbert Meyer (2007, S. 127) vier Gütekriterien, die bei der Unterrichtsplanung zu beachten sind:

- **Authentizität:** Passt die Planung zu Ihrer Person? Das betrifft zum einen fachliche Aspekte, also Ihre Kompetenzen zum Seminarthema sowie persönliche Kompetenzen. Wenn Sie ein Seminar planen, in dem Sie aus einem Skript vorlesen wollen, die Studierenden eher als Publikum einplanen, aber keinerlei Erfahrungen damit haben, vor Gruppen zu sprechen und generell eher schüchtern sind, dann sind Sie nicht authentisch. Versuchen Sie, sich so zu entscheiden, dass die Art der Vermittlung des Veranstaltungsthemas zu Ihrer Person passt. Sie sprechen gerne, mit Elan, strukturiert und frei vor Gruppen? Dann planen Sie derartige Phasen ein.
- **Stimmigkeit:** Die Sitzung sollte stets einen roten Faden haben, ›rund‹ sein und ein Ziel verfolgen. Die Methoden müssen zu den Inhalten passen und die Inhalte müssen sinnvoll aufeinander aufbauen.
- **Offenheit:** Dazu gehören die Möglichkeit, dass die Studierenden aktiv partizipieren und die bereits genannte Transparenz der Lehre. Gehen Sie mit den Studierenden gleichberechtigt um und achten Sie ihr Recht auf gute Lehre und das Recht darauf, zu erfahren, was aus welchem Grund im Seminar passiert.
- **Fachliche Korrektheit:** Prüfen Sie Ihr Seminar am Ende der Planung noch einmal auf den fachlichen Konsens. Dies kann die Auswahl der Literatur betreffen, Ihre Analysen sowie Interpretationen im Seminar. Sie kennen sich wahrscheinlich sehr gut in Ihrem Fach aus, gerade zu Beginn können Sie aber schnell ins Straucheln kommen, wenn unerwartete Fragen im Seminar auftauchen. Zu diesem Punkt gehört, sich auf jede einzelne Sitzung noch einmal fachlich vorzubereiten.

3.1.2 | Kompetenzen und Lernziele

Sie sollten vor dem Seminar wissen, was Sie von den Studierenden verlangen werden. Je nach Studienordnung oder Modulhandbuch der Hochschule müssen Sie sich natürlich an das halten, was in den offiziellen Vorgaben steht. Wie in Kapitel 2.4 bereits erläutert, geht der Trend hin zu Kompetenzen, aber es kann durchaus sein, dass in Ihrem Modulhand-

3.1

To-Do-Liste: Was muss vor der ersten Sitzung erarbeitet werden?

buch Lernziele genannt werden. Sie sollten die Anforderungen erstens selbst kennen und in Ihre Planung mit einbeziehen und zweitens den Studierenden noch einmal verdeutlichen.

Das Vorwissen der Studierenden ist hierbei ein wichtiger Punkt. Ein Grundsatz der Didaktik ist, die Lernenden da abzuholen, wo sie sich gerade befinden (vgl. Schorch 2003). Das heißt in Ihrem Fall, dass Sie in den Unterlagen nachsehen müssen, welche Seminare die Studierenden bereits absolviert haben. Wenn es sich um Studierende im ersten Semester handelt, müssen Sie Ihre Veranstaltung natürlich anders planen, als wenn diese bereits bestimmte Einführungsveranstaltungen besucht haben. Im idealen Fall sehen Sie sich kurz die Inhalte der bereits besuchten Seminare an, um so Ihre eigene Veranstaltung darauf aufzubauen.

Die Kompetenzen und Lernziele sollten Sie analysieren und wie in Kapitel 2.3 erläutert auf kleinere Einheiten herunterbrechen. Diese Einheiten sollten auf Ihrer Sachanalyse beruhen (siehe Kap. 2.4.5), und zunächst grob darstellen, was inhaltlich in Ihrem Seminar vorkommen wird. Während Sie das Seminar entwerfen, wird Ihnen auffallen, dass Sie immer feiner gliedern und schlussendlich einzelne Sitzungen als Einheiten vor sich haben, die am Ende das Seminar ergeben.

Plan des Seminars

- **Erster Schritt: Zielkompetenz in Gänze:** Diese erfahren Sie aus dem Curriculum Ihrer Hochschule.
- **Zweiter Schritt: Sachanalyse heranziehen:** Ihre Sachanalyse ist die Grundlage für das Seminar. Sie sollten ca. vier bis fünf Unterthemen haben, die Sie weiter aufteilen.
- **Dritter Schritt: Erster Entwurf der Sitzungsabfolge:** Basierend auf dem zweiten Schritt weisen Sie einzelnen Themen eine oder mehrere Sitzungen zu. Diese erste Reihenfolge ist nicht final, hilft Ihnen aber, sich zu orientieren.

Nachdem Sie einen sehr basalen Plan des Seminars haben, müssen Sie nun festlegen, wie Ihr Seminar gestaltet werden soll.

3.1.3 | Das Lehrkonzept

Ihr Lehrkonzept bestimmt das ganze Seminar und wird wiederum bestimmt von den Anforderungen, die das Thema und die Gruppe haben.

»Sollen beispielsweise
- die für das erfolgreiche Studium eines Fachs von den Lehrenden für notwendig gehaltenen und bei den Studierenden überwiegend ungeliebten Basiskenntnisse und Basisfertigkeiten vermittelt werden
- und muss man zudem davon ausgehen, dass es nennenswerte Lücken in den studentischen Vorkenntnissen gibt,
- dann ist Lehre ganz anders zu konzipieren, als wenn Studierende im Hauptstudium in einem sie interessierenden Teilgebiet zum kreativen Umgang mit wissenschaftlichen Erkenntnissen oder gar zum Finden neuer Erkenntnisse angeleitet werden sollen.
Was für den ersten Fall gute Lehre ist, wäre für den zweiten Fall extrem schlechte Lehre – und umgekehrt« (Kromrey 1995, S. 105 f.).

Lehrkonzepte kann man »methodische Großformen oder auch Grundformen des Unterrichts nennen« (Meyer 2007, S. 46). Sie legen fest, wie das Seminar grundsätzlich verläuft. So kann es sein, dass Sie sich für ein Seminar entscheiden, in dem Sie den Hauptredeanteil haben, oder für ein interaktives Seminar, in dem Sie sich selbst als Lehrperson zurücknehmen.

Die Entscheidung hängt zum einen von Ihrer Person und Ihren Präferenzen ab, zum anderen natürlich aber von den Seminarinhalten. Im Folgenden werden einige Lehrkonzepte mit ihren Vor- und Nachteilen vorgestellt.

3.1.3.1 | Vorlesungsartiges Seminar

Das Konzept des vorlesungsartigen Seminars zeichnet sich dadurch aus, dass Sie die einzelnen Sitzungen in der Hand haben, gestalten und zudem den größten Redeanteil haben. Im Grund handelt es sich um eine Vorlesung mit relativ geringer Teilnehmerzahl, in der Inhalte hauptsächlich frontal präsentiert werden. Dies kann mithilfe eines Vortrags oder anderer Mittel geschehen.

Es gibt keine oder wenige Phasen der Eigenaktivität seitens der Studierenden, und Sie vermitteln die geplanten Inhalte. Unter Umständen kommt es zu spontanen Diskussionen oder zum sogenannten ›fragendentwickelnden Unterricht‹ (siehe Kap. 3.5.4.1).

Vorteile: sehr genau planbar; Sicherheit über den Verlauf; keine Überraschungen
Nachteile: sehr anstrengend; wenig motivierend für die Studierenden; unter Umständen unpassend für das Konzept eines Seminars
Geeignet für: Bachelor- und Master-Seminare; sehr große Gruppen

3.1.3.2 | Von Referatsgruppen geführtes Seminar

In jeder Sitzung gibt es eine Referatsgruppe, die die Sitzung gestaltet. Diese Gruppe bereitet sich besonders gut vor, präsentiert den anderen dann ihre Erkenntnisse zu einem Thema und gestaltet die Sitzung alleine. Dies entlastet die Lehrkraft, führt aber zu Problemen.

Sie lesen gerade dieses Buch zur Vorbereitung von Veranstaltungen, da erscheint es paradox, dass die Leistung der Seminargestaltung nun einfach von Studierenden erwartet wird. Studierende, selbst wenn sie durch Praktika oder Ähnliches methodisch und didaktisch vorgebildet sind, werden mit der Planung einer kompletten Sitzung überfordert. In den meisten Fällen führt dies zu Sitzungen, die nicht den Anspruch einer Hochschule erfüllen.

Ein weiterer negativer Effekt ist, dass sich die übrigen Studierenden auf diese Gruppe verlassen und sich nicht intensiv mit der zu lesenden Literatur befassen. Das führt dann unter Umständen dazu, dass nur fünf Studierende das Thema durchdringen, während der Rest passiv bleibt.

3.1

To-Do-Liste: Was muss vor der ersten Sitzung erarbeitet werden?

Vorteile: Entlastung
Nachteile: Sitzungen von niedriger Qualität; wenig Beteiligung; Vernachlässigung der Literatur seitens der anderen Studierenden
Geeignet für: Master-Seminare; Forschungsintensive Semester

3.1.3.3 | Hybrides Seminar: Expertengruppen und Lehrkraft

In dieser Konzeption schränken Sie den Handlungsrahmen der Studierenden ein, sowohl zeitlich als auch inhaltlich. Die sogenannte Expertengruppe gestaltet nur einen Teil der Sitzung und dies in einem genau abgesteckten Rahmen. Dieser kann variieren von 15 bis 45 Minuten, je nach Erfahrung der Studierenden. Der Grundgedanke ist, dass die Studierenden sich produktiv mit einem Thema befassen und ihre Gedanken und Interpretationen der Seminargruppe vorstellen. Auf keinen Fall soll ein Referat über den gelesenen Text gehalten werden. Die Literatur wurde ja bereits gelesen (siehe Kap. 3.1.4) und ein Wiederholen bekannter Informationen führt nur dazu, dass die Seminargruppe nicht folgen wird. Deshalb sollten die Studierenden immer etwas Eigenes, vielleicht Provokatives, in der Sitzung vorstellen, das im Idealfall zum Denken und zu Diskussionen anregt:

- eine besondere Textstelle
- eine These zu dem Thema, die mehrere Meinungen erlaubt
- ein Bildimpuls/Karikatur
- eine Verknüpfung mit der angestrebten Berufswelt
- etc.

Die Präsentation der Gruppe soll dazu führen, dass eine produktive Arbeitsphase angeschlossen werden kann. Wie im Kapitel 3.5 zur Methodik noch erläutert wird, sind frontale Methoden für Expertengruppen überfordernd. Sie sollten dem Seminar mit gutem Vorbild vorangehen und zuvor verschiedene Methoden demonstrieren oder den Gruppen an die Hand geben.

Expertengruppen sind zwar im Kernbereich des Seminars sehr gut einzusetzen, die Grundlagen und die Prüfungsvorbereitung sollten jedoch besser von Ihnen präsentiert werden, um sicherzugehen, dass diese Inhalte korrekt vermittelt werden. Dies betrifft vor allem die ersten sowie die letzten Sitzungen eines Seminars.

Da die Experten im restlichen Semester nur den ersten Teil des Seminars gestalten, bleibt noch Zeit, um Fragen zu klären und die Darstellung der Experten zu reflektieren. In dieser Phase können Sie eventuelle Fehler thematisieren oder Fragestellungen aufgreifen, die von den Experten bisher nicht beantwortet werden konnten. Sie sollten auf jeden Fall vermeiden, den Experten ins Wort zu fallen oder generell in irgendeiner Form die Leitung zu übernehmen. Im Idealfall haben Ihnen die Experten vorab einen Plan der Sitzung zukommen lassen.

Eine Einzelsitzung kann in etwa so aussehen:

Phase	Zeit (min)	Leitung	Hinweise
Kurzer **Einstieg** der Expertengruppe	5	Experten	Viele Einstiege sind denkbar: • Kurze Wiederholung der Fachbegriffe • Alltagsverknüpfung • Kontroverse These • etc.
Erarbeitung	15–30	Experten	Hier werden abgesprochene Schwerpunkte thematisiert und gemeinsam in der Gruppe erarbeitet: • Mindmap aus Textstelle • Diskussion • Beispiele zur Theorie finden • etc.
Abschluss	5	Experten	Die Experten geben ein Fazit: • Verteilen eines Handouts • anderweitige Sicherung
Übernahme durch Lehrkraft			
Reflexion und **Sicherung**	5–10	Lehrkraft	• Bewertung der Expertengruppe • Beantwortung aufgekommener Fragen • Problematisierung übergangener Themen
Vertiefung	10–30	Lehrkraft	• Vertiefung des Themas durch die Lehrkraft • anspruchsvollere Aufgaben • Transferaufgaben

Exemplarische Sitzung mit einer Expertengruppe

Sie sehen einige Begriffe, die Sie noch nicht kennen, wie ›Einstieg‹, ›Erarbeitung‹ und ›Sicherung‹. Diese werden im Kapitel 3.2 näher beleuchtet.

Nachdem Sie nun eine Vorstellung davon haben, wie eine Einzelsitzung ablaufen könnte, wird kurz das gesamte Seminar skizziert:

- **1.–3. Sitzung: Nur durch Lehrkraft gestaltet:** Sie legen die Grundlagen fest. Die wichtigste Literatur und die relevanten Fachbegriffe sollten auf jeden Fall in diesem Teil des Seminars vorkommen. In der ersten Sitzung erläutern Sie das Konzept der Expertengruppen und machen die Anforderungen klar.
- **4.–12. Sitzung: Experten:** Die Experten gestalten den ersten Teil der jeweiligen Sitzung, Sie übernehmen, wie oben beschrieben, den zweiten Teil.
- **Vorletzte Sitzung:** Prüfungsvorbereitung. Diese sollte auf keinen Fall in der letzten Sitzung stattfinden, die meist nur eine Woche vor den Prüfungen stattfindet, also viel zu spät. Im letzten Kapitel werden Sie verschiedene Vorschläge lesen, was je nach Art der Prüfung getan werden kann.

- **Letzte Sitzung:** Wieder durch die Experten gehalten, im Zweifel Fragen zu den Prüfungsmodalitäten behandeln.

Vorteile: Entlastung; Kontrolle über den Seminarverlauf
Nachteile: Qualität der Sitzungen stark von den Experten abhängig; vorbereitungsintensiv, wenn Sie sich in die Expertenplanung einbringen
Geeignet für: alle Seminare, die keinen Übungscharakter haben

3.1.3.4 | Direkte Instruktion: Das Einführungs- und Übungsseminar

Es gibt Themen, bei denen die Studierenden selbst wenig aktiv sein können, sei es, weil sie gerade frisch von der Schule kommen oder weil das Thema bisher im Studium keine Rolle gespielt hat. Dies führt zu Seminaren, in denen den Studierenden bestimmte Sachverhalte erläutert werden müssen und die vielleicht von großen Übungsphasen bestimmt werden.

In einem Seminar, das die direkte Instruktion nutzt, sind Sie der Hauptakteur, was aber nicht impliziert, dass Sie ausschließlich vortragen. In Anlehnung an Grell/Grell 2007 lauten die Phasen einer direkten Instruktion:

- **Informierender Einstieg:** Sie machen direkt deutlich, was das Thema der Sitzung sein wird, und geben unter Umständen sogar die wichtigsten Fachbegriffe mit an die Hand.
- **Informationsinput:** Sie informieren als Fachkraft über ein bestimmtes Thema, eine bestimmte Methode der Problemlösung etc. Dafür stellen Sie Beispiele vor oder demonstrieren das Verfahren.
- **Aufgaben:** Sie geben den Studierenden Aufgaben an die Hand, die nach dem Modell, das Sie zuvor erläutert haben, lösbar sind. In dieser Phase arbeiten die Studierenden alleine an den Aufgaben, Sie stehen nur als Berater zur Verfügung.
- **Evaluation der Aufgaben:** Die erarbeiteten Lösungen werden besprochen und evaluiert.

Dieses Konzept sieht sehr rigide aus, ist es aber nicht. Je nach Fachbereich gibt es immer basale Inhalte, die am besten von einem Experten vorgeführt werden. Sehr geeignet sind alle Arten von Übungsseminaren für dieses Konzept. Seien es nun grammatische Übungen, aussagenlogische oder mathematische. Sobald es um das fast handwerkliche Anwenden von bestimmten Methoden geht, ist die direkte Instruktion für die Wissensvermittlung geeignet.

Vorteile: Klarer Sitzungsverlauf; klare Vorbereitung; schneller Lern- und Kompetenzzuwachs bei den Studierenden
Nachteile: nicht für jedes Thema geeignet

3.1.3.5 | Flipped Classroom: Unterricht mal andersrum

In der klassischen Lehre sieht der Alltag so aus, dass die Studierenden sich in das Seminar begeben, dort Inhalte vermittelt bekommen und diese dann zuhause vor- und nachbereiten. Nun könnte man zu Recht sagen, dass die Präsenzzeit verschwendet ist, wenn die Lehrkraft ohnehin nur referiert und die Inhalte des Seminars wie in einer Vorlesung präsentiert. Dagegen ist die Zeit zu Hause anstrengend, da sich die Studierenden alleine und ohne Hilfe der Lehrkraft mit schwierigen Fragen befassen müssen. Der Flipped Classroom dreht dieses Konzept um, indem er die Wissensvermittlung in die Zeit außerhalb des Seminars verlagert und im Seminar die Übungsphasen verortet (vgl. Milman 2012):

	Im Seminar	Zwischen den Seminaren
Traditionell	Wissensvermittlung Studierende passiv	Vor- und Nachbereitung Studierende aktiv
Flipped	Vor- und Nachbereitung Studierende aktiv	Wissensvermittlung Studierende aktiv

Flipped Classroom-Zeiteinteilung

Anstatt dass Sie denselben Einführungskurs in die Grundlagen der Sprachwissenschaft/Literaturwissenschaft/Philosophie/Mathematik etc. immer wieder durchführen, stellen Sie die Inhalte einfach für die Studierenden bereit. Dies kann in Form eines Videos geschehen, eines Buches, eines Skripts, eines Podcasts etc. Kern der Sache ist, dass die Studierenden vorbereitet in die Sitzung kommen und in der Sitzung dann weitere Aufgaben lösen können, die das Grundniveau deutlich überschreiten. Der Flipped Classroom wird in Kapitel 3.7 anhand eines Beispielseminars ausführlich vorgestellt.

Vorteile: Hohe Produktivität in den Sitzungen; Verständnisfragen können nahezu restlos geklärt werden, maximale Nutzung der zeitlichen Ressourcen
Nachteile: hoher Aufwand für das erste Seminar; hoher Aufwand für die Studierenden
Geeignet für: Bachelor-Seminare; Einführungen; übungsintensive Seminare

3.1.3.6 | Fazit der Makroebene

Die aufgezeigten Lehrkonzepte sind keinesfalls eine erschöpfende Darstellung Ihrer Möglichkeiten. Sie sollen Ihnen aufzeigen, welche Arten von Veranstaltungen grundsätzlich existieren und Ihnen Ideen für Ihre eigene Konzeption liefern. Wenn Sie nur Teilaspekte nutzen möchten, ist eine Kombination der Konzepte möglich und sinnvoll. Wichtig ist nur, dass Sie sich für ein Konzept entscheiden und nicht darauf hoffen, dass es sich im Laufe des Seminars ergeben wird.

Nachdem Sie nun grundsätzlich wissen, wie Ihr Seminar aussehen

3.1

To-Do-Liste: Was muss vor der ersten Sitzung erarbeitet werden?

wird, geht es um die inhaltliche Absicherung. Im Kapitel 2.2 haben Sie das zu vermittelnde Thema bereits fachlich erfasst, nun geht es um die Auswahl der passenden Literatur.

3.1.4 | Literatur: Auf den Schultern von Riesen

Fachliteratur ist oftmals die Grundlage eines Studiums. Nur so kann man in kurzer Zeit die Erkenntnisse vieler Jahrzehnte oder Jahrhunderte aufnehmen und verarbeiten. Es ist empfehlenswert, sich anfangs auf Grundlagenliteratur zu berufen.

Sie werden sehen, dass Sie mit zunehmender Erfahrung Texte thematisieren werden, die diametral zum aktuellen Forschungsstand stehen, um Gegenpositionen zu diskutieren oder andere Blickwinkel zu reflektieren. Doch gerade am Anfang ist es empfehlenswert, sich auf Texte zu stützen, von denen Sie zum einen sicher sind, dass sie in Ihrem Fachbereich anerkannt, und zum anderen von Ihnen selbst vollständig durchdrungen wurden. Es gilt, je nach Hochschule, darauf zu achten, dass sie fachlich kongruent zu den anderen Dozenten unterrichten, es sei denn, es ist anders gewünscht und der Lehre zuträglich. Oftmals sind die Abschlussprüfungen im Bachelor/Master-System sehr normiert, was dazu führt, dass Sie sich bezüglich Ihrer Literatur sehr gut mit den Kolleginnen und Kollegen absprechen können.

Die konkrete Literaturauswahl für ein Seminar gestaltet sich dabei aus verschiedenen Gründen nicht ganz trivial. Sie können ein Seminar auf einem einzigen Buch aufbauen, Sie können es aber auf verschiedene Aufsätze aufteilen. Beide Möglichkeiten haben Vor- und Nachteile.

3.1.4.1 | Einzelwerk als Basis

Das Einzelwerk bietet sich für Einführungsveranstaltungen und Vorlesungen an. In der Einführung in die Didaktik Ihres Faches z. B. gibt es sicherlich genügend Werke, die Sie heranziehen können. Sie müssen jedoch beachten, dass Sie nicht einfach das Buch als Grundlage für die Vorlesung nehmen sollten, da dies sehr langweilig für alle Beteiligten werden kann. Sie müssen verschiedene Aspekte vertiefen und vielleicht doch mit dem einen oder anderen Text anreichern, um eine gute und abwechslungsreiche Veranstaltung gestalten zu können.

Monografien oder Sammelwerke zu einem Thema sind grundsätzlich bereits inhaltlich aufeinander abgestimmt und sinnvoll aufgebaut. Es spricht also nichts dagegen, wenn Sie 12 Seminarsitzungen auf beispielsweise sechs Kapitel eines Buches aufteilen und jeweils zwei Sitzungen daran koppeln.

Dabei hat die Monografie den Nachteil, dass sie erstens nur eine bestimmte Sicht der Dinge vermittelt und es zweitens zu Copyright-Problemen kommen kann. Sie können den Studierenden das Buch nicht einfach als Scan zur Verfügung stellen (siehe Kap. 3.6.8) und müssen sich darauf verlassen, dass es alle kaufen, es in der Bibliothek verfügbar oder als E-Book abrufbar ist.

Möglichkeiten der Literaturauswahl

3.1.4.2 | Mehrere Texte als Basis

Wenn Sie sich für Ihre Veranstaltung die besten Texte herauspicken, ist das natürlich eine gute Herangehensweise. Sie können die aktuellsten Texte bezüglich eines Themas zu einem Reader bündeln und für Ihr Seminar benutzen.

Der Nachteil ist der große Aufwand, sowohl was das Auffinden der Texte als auch die Bereitstellung betrifft. Wenn Sie bereits mit dem Thema vertraut sind, vielleicht aufgrund Ihrer Dissertation oder Masterarbeit, dann finden Sie natürlich sehr schnell Texte.

Die Bereitstellung hat Vor- und Nachteile. Der Vorteil ist, dass Sie alles problemlos gescannt oder kopiert zur Verfügung stellen können (siehe Kap. 3.6.8). Der Nachteil aber ist, dass dies aufwändig sein kann und die Studierenden die Texte kaum alle selbst finden können, wenn sie nicht vorab gescannt wurden.

3.1.4.3 | Funktion der Texte

Sie müssen sich überlegen, was der konkrete Zweck der Texte in Ihrer Veranstaltung ist. Unabhängig davon, ob Sie Primär- oder Sekundärliteratur für Ihr Seminar benutzen, gibt es unterschiedliche Ansätze, die vor allem von der Erfahrung der Studierenden beeinflusst werden kann:

- **Texte als Grundlage für die Seminarsitzung:** Das ist wohl die am meisten gewählte Variante in deutschen Hochschulen. Ein vorab zu lesender Text stellt die Grundlage für eine Sitzung dar, das Konglomerat an Texten ist dann am Ende die Grundlage für die Prüfung. Gerade in modulbasierten Seminaren ist die Textbasis oftmals nur bedingt frei, vielmehr beziehen sich alle Lehrenden eines Moduls und damit auch die Studierenden auf ein Textkorpus.
- **Texte als Nachbereitung:** Die Studierenden gehen unvorbereitet in die Sitzung und lesen danach einen vertiefenden Text zum Thema, der Ihre Ausführungen weiter untermauern soll. Im Prinzip verschiebt sich das Lesen der Studierenden um eine Sitzung, da sie nicht den Text für die nächste Sitzung lesen, sondern den Text zu der gerade gehaltenen Sitzung. Der Nachteil ist, dass die Studierenden kein Wissen für die aktuelle Sitzung haben, der Vorteil ist, dass Sie eine recht homogene Wissensausgangslage haben, da keiner einen besonderen Text vorab gelesen hat.

Texte als Nachbereitung lesen zu lassen, hat für Sie nicht die Unsicherheitsfaktoren, ob die Studierenden sich vorbereitet haben oder nicht. Sie brauchen die Texte nicht für die konkrete Sitzung. Wenn die Texte als Vorbereitung gelesen werden, kann dies zu dem Problem führen, dass einige Studierende den Text nicht gelesen haben, andere teilweise und wieder andere gar nicht. So entsteht eine Heterogenität in der Gruppe, die schwer aufzufangen ist und im Zweifel zu einem missglückten Seminar führen kann.

Aber warum ist das so? Lesen nicht immer alle die angegebenen Texte?

3.1

To-Do-Liste: Was muss vor der ersten Sitzung erarbeitet werden?

3.1.4.4 | Lesemotivation und -kompetenz der Studierenden

Grundprobleme

»Also meine Studierenden lesen immer alle ihre Texte!« sagt zumindest der Kollege. Vielleicht stimmt diese Aussage, vielleicht stimmt sie auch nicht. Ein Blick in die Angebote der hochschuldidaktischen Arbeitsstellen in deutschen Universitäten lässt aber kaum einen Zweifel daran, dass die Lesemotivation der Studierenden nicht übermäßig hoch ist.

Wenn Sie bereits Seminare halten, können Sie die Lesemotivation einfach prüfen, indem Sie jeden Studierenden eine kurze Zusammenfassung des Texts schriftlich innerhalb der ersten fünf Minuten des Seminars erstellen lassen und diese dann überprüfen. Nur durch einen solchen oder andere objektive Tests erhalten Sie tatsächlich einen Einblick in das Leseverhalten Ihres Seminars.

In der Vergangenheit habe ich in Seminaren kleine Kontrolltests durchgeführt, die überprüfen, ob die Studierenden die Texte gelesen haben. Am Ende des Semesters evaluierte ich, ob die Studierenden die Texte gelesen hätten, wenn es keine Tests gegeben hätte und überwältigende 75 % haben dies verneint.

Dafür gibt es mehrere Gründe. Vielleicht sind manche Texte nicht nötig, um die Prüfung am Ende zu bestehen, vielleicht sind sie zu schwer oder zu leicht. Studierende müssen je nach Studienfach und eigener Planung pro Woche 5–10 wissenschaftliche Texte lesen und je nach gefordertem Niveau ist dies vielleicht schlicht nicht möglich. Zudem ist die Motivation der Studierenden, sich mit langen, vielleicht schwierigen wissenschaftlichen Texten zu befassen, nicht hoch.

Dazu kommt, dass die Studierenden keine ausgeprägte Lesefähigkeit mitbringen. In vielen Hochschulen Deutschlands werden sogenannte »Arbeitstechniken« als Seminar angeboten. Hierzu gehört das wissenschaftliche Arbeiten, aber auch z. B. der Umgang mit wissenschaftlichen Texten, welche die Studierenden gerade zu Beginn überfordern können. Man kann nicht davon ausgehen, dass Studierende im Bachelor jeden wissenschaftlichen Text, den man für geeignet hält, sofort verstehen, bzw. dass sie ihn richtig vorbereiten. Die Jugendlichen der PISA-Studie von 2003 sind die Studierenden von heute, was sich in der Lesekompetenz bemerkbar macht.

Handlungsmöglichkeiten: Es ist also festzuhalten, dass weder Lesemotivation noch -kompetenz besonders hoch sind, was dazu führt, dass man sich nicht zwingend darauf verlassen kann, dass die Studierenden vorbereitet in das Seminar kommen. Das stellt Sie vor verschiedene Probleme und eröffnet unterschiedliche Szenarios, die Sie je nach Persönlichkeit selbst lösen müssen. Gesetzt den Fall, dass der Großteil Ihrer Studierenden unvorbereitet erscheint und Sie Ihre geplante Sitzung nicht durchführen können, gibt es verschiedene Möglichkeiten, darauf zu reagieren:

- **Ignorieren:** Das Problem zu ignorieren und trotzdem zu unterrichten, ist keine gute Lösung. Ihre Handlungen verändern die Dispositionen der Gruppe (Lerneffekt). Wenn die Studierenden merken, dass sie das

Seminar ohne den gelesenen Text überstehen, dann werden sie das nächste Mal auch unvorbereitet kommen.

- **Den Text gemeinsam wiederholen:** Eine sehr entgegenkommende Idee und ein natürlicher Reflex, aber leider nicht zu empfehlen. Wie beim Ignorieren bieten Sie eine Dienstleistung an, die das Lesen des Textes obsolet macht. Der Lerneffekt ist wieder, dass man den Text eigentlich nicht vorab zu lesen braucht, um im Seminar mitzukommen.
- **Das Seminar nach einer kurzen Erläuterung verlassen:** Eine typabhängige, aber durchaus effektive Reaktion. Abgemildert ist dies möglich, wenn Sie der Gruppe erläutern, dass das Seminar nur funktioniert, wenn die entsprechende Vorbereitung schon geleistet wurde. Wenn Sie z. B. einen Roman besprechen wollen, macht es wenig Sinn, das Seminar zu halten, wenn keiner das Buch gelesen hat. Ein Seminarabbruch ist drastisch, aber der Effekt kann sehr groß sein (wenn auch nur von kurzer Dauer, da die Probleme unter Umständen an anderer Stelle liegen).
- **Nur mit den Studierenden arbeiten, die den Text bearbeitet haben:** Es kommt auf Ihre genauen Studienregularien an. Im Prinzip können Sie aber einfach alle, die sich nicht vorbereitet haben, bitten zu gehen, um mit einem kleinen aber vorbereiteten Teil zu arbeiten.

Keine der gezeigten Reaktionen ist wirklich befriedigend, was daran liegen kann, dass das Problem auf einer anderen Ebene liegt. Der Grund, warum die Studierenden nicht die Grundlagentexte lesen, kann vielfältig sein.

Probleme und Lösungsansätze: Es gibt verschiedene Möglichkeiten, wie Sie Studierende für das Lesen der relevanten Literatur motivieren können. Fehlende Lesemotivation kann verschiedene Gründe haben.

- **Der Text ist für das Verständnis des Seminars nicht notwendig:** Wenn Sie Texte im Seminar einplanen, sollten Sie darauf achten, dass diese Texte entweder die Grundlage für die jeweilige Seminarsitzung darstellen oder stark damit verknüpft werden. Wenn Ihre Texte nur begleitend oder zur Vertiefung gedacht sind, dann sollten Sie vielleicht nicht verlangen, dass diese Texte vor dem Seminar gelesen werden, sondern besser als Nachbereitung. Es kommt ganz auf die Konzeption des Seminars an.
- **Der Text ist für die Prüfung nicht relevant:** Durch den Druck, der auf den Studierenden lastet, wählen sie natürlich hauptsächlich solche Aufgaben aus, die sie einer guten Abschlussnote näher bringen. Wenn Sie Ihr Seminar also mit Texten gestalten, die keinerlei Relevanz für die Prüfung haben, werden Sie es schwer haben, die Studierenden zum Lesen zu bewegen. Andererseits wird es schwierig, Prüfungen konkret auf Texten aufzubauen, wenn das Modul nicht dafür vorgesehen ist.
- **Der Text ist zu schwierig:** Die PISA-Ergebnisse wirken verzögert. Die damals getesteten Kinder und Jugendlichen sind heute um die 20 und studieren. Die damals festgestellten Probleme beim sinnentnehmenden Lesen sind heute noch vorhanden.

3.1

To-Do-Liste: Was muss vor der ersten Sitzung erarbeitet werden?

Lösungsansätze: Es gibt verschiedene Möglichkeiten, die Lesemotivation zu erhöhen. Intrinsisch, also von sich aus motiviert, sind die Studierenden unter Umständen bereits durch die Themenwahl des Seminars. Wenn sie einen Sinn in der Auswahl der Literatur sehen, ist es wahrscheinlich, dass sie auch lesen. Letzen Endes haben Sie aber keinen Einfluss auf die intrinsische Motivation. Extrinsische Motivation, also von außen heran getragene Motivation, zu schaffen, ist zwar wenig elegant, aber wirkungsvoll:

- **Text ist Grundlage für die Prüfung:** Wenn Ihre Texte tatsächlich geprüft werden, dann ist die Motivation natürlich höher, da Noten im Bachelor/Master-System sehr wichtig sind. Wenn Sie also die Texte prüfungsrelevant machen, können Sie sich sicher sein, dass diese gelesen werden. Jedoch nicht unbedingt zur Sitzung. In der Sitzung haben Sie unter Umständen trotzdem sehr viele Studierende, die den Text nicht kennen, ihn aber kurz vor der Prüfung auswendig lernen werden. Das ist ein sehr schlechtes Ausgangsszenario für ein Seminar, deshalb ist es nicht unbedingt immer empfehlenswert.
- **Textzusammenfassung erstellen; Leitfragen formulieren:** Eine sehr gute Möglichkeit ist es, den Studierenden vorab Leitfragen für den Text an die Hand zu geben, die das Verstehen strukturieren. Sie können Schwerpunkte setzen und vorab Verstehensproblemen entgegenwirken.
- **Literaturtests:** Die Holzhammer-Methode. Sehr verschult, nicht elegant, vielleicht sogar unpassend für eine Hochschule, dafür aber effizient. Die Literatur wird entweder direkt im Seminar oder vor dem Seminar in Form eines Online-Tests überprüft. Empfehlenswert sind einfache Multiple-Choice-Fragen, die sicherstellen, dass der Text verstanden wurde. In einem Flipped Classroom-Konzept kann durch Fragen überprüft werden, ob die Studierenden für die Sitzung bereit sind. Die Fragen müssen so konzipiert sein, dass sie ein rudimentäres Verständnis des Textes sicherstellen.

Natürlich gibt es noch andere Methoden, das Lesen der Seminarliteratur zu erreichen, aber die genannten haben sich als sehr bewährt herausgestellt. Nachdem Sie nun eine Vorstellung davon haben, welche Literatur in Ihrem Seminar behandelt wird, können Sie sich dem konkreten Seminaraufbau widmen.

3.1.5 | Seminaraufbau und die ersten drei Sitzungen

Eine Lehrveranstaltung sollte generell aus drei großen Komplexen bestehen:
- Grundlagen
- Kernbereich des Seminars
- Prüfungsvorbereitung

Dabei nimmt der Kernbereich des Seminars den meisten Raum ein. Die Prüfungsvorbereitung wird in der traditionellen Lehre oft vernachlässigt, und die Grundlagen nehmen mehr Raum ein als nötig. Im Folgenden finden Sie Hinweise für alle drei Komplexe.

3.1.5.1 | Grundlagen

In der ersten Sitzung findet oft nicht mehr statt, als die Anwesenheit der Teilnehmer zu notieren und Ihnen das Passwort für die Online-Ressourcen des Kurses mitzuteilen. Bei einem solchen Ablauf verschwendet man aber wertvolle Zeit, denn die erste Sitzung kann entscheidend sein im Hinblick auf die Wahrnehmung von Ihnen als Lehrkraft (Erinnern Sie sich an Kapitel 1.2 »Lehrerpersönlichkeit«).

Der erste Eindruck ist bekanntlich der wichtigste, weshalb Sie nicht ungeplant und nur mit einer Anwesenheitsliste bewaffnet in den Raum kommen sollten.

Beispiel **Zeitverlust durch schlechten Unterricht**

Prof. Dr. Dr. Mueller betritt den Raum, ca. 12.20 Uhr, also bereits 5 Minuten zu spät, selbst wenn man c. t. (cum tempore, also 15 Minuten nach der vollen Stunde) beginnt. Er begrüßt alle Studierenden knapp und teilt einen Seminarplan mit zugehöriger Literatur aus. Daraufhin geht eine weitere Liste durch die Reihen, in die sich Referatsgruppen eintragen sollen, jede Sitzung eine.

Das entstehende Chaos, da jeder sich als erstes eintragen möchte, ignorierend, wartet er zehn Minuten, bis sich aus der Staubwolke der kämpfenden Studierenden eine Liste entnehmen lässt. Der Dozent verabschiedet sich nach insgesamt 30 Minuten und freut sich auf ein Seminar voller Referate und ohne viel Arbeit.

Die Referatsgruppen als Lehrkonzept wurden bereits angesprochen, aber sehen wir uns diese erste Sitzung aus anderen Blickwinkeln an. Erstens verletzt der Dozent den Faktor der Professionalität, da keine Fairness bei dieser Art der Vergabe der Seminarthemen möglich ist. Wer vorne sitzt, beziehungsweise motiviert um die Liste kämpft, bekommt eher das Wunschreferat als andere.

Aber fast noch schlimmer ist die Tatsache, dass er die erste Sitzung einfach verstreichen lässt. Gerade in der ersten Sitzung zeigen Sie, wie der Rest des Seminars in etwa verlaufen wird. Wenn Sie bereits in der ersten Sitzung sehr gut vorbereitet Lehre liefern, wird das die Studierenden ebenfalls motivieren. Folgende Aspekte können Inhalte einer ersten Sitzung sein:

- **Voraussetzungen für die Anerkennung des Seminars:** Sie müssen den Studierenden darstellen, welche Leistungen in Ihrer Veranstaltung zu erbringen sind. Üblicherweise gehören hierzu organisatorische Aspekte wie die Anwesenheit, aber auch Anforderungen, die Sie selbst stellen. Soll es Expertengruppen geben, Protokolle, Probeklausuren etc. Dies alles müssen Sie sowohl aus professionellen als auch juristischen Gründen in der ersten Sitzung transparent machen.
- **Einstieg in das Thema:** Sie sollten den Studierenden einen spielerischen, motivierenden Einstieg in das Seminar anbieten. Das kann mithilfe eines kleinen Textes geschehen oder mit einem Impuls das Thema

3.1

To-Do-Liste: Was muss vor der ersten Sitzung erarbeitet werden?

betreffend. Sie können erste Diskussionen initiieren und die Studierenden darauf vorbereiten, um was es in der Veranstaltung gehen wird und wie Ihr Stil des Unterrichtens generell ist.

- **Vorwissen:** Prüfen Sie zunächst, welche Seminare die Studierenden laut Plan besucht haben. Wenn Sie es mit Studierenden im ersten Semester zu tun haben, überlegen Sie, welches Wissen aus der Schule für Ihr Seminar vorhanden sein sollte und welches eher nicht. Wenn andere bestimmte Seminare besucht wurden, sehen Sie die Prüfungsunterlagen dieser Seminare ein. Das Verbinden von Seminaren ist ein essenzieller Bestandteil des Studiums. Natürlich sollten die Studierenden diese Leistung selbst vollbringen, aber Sie müssen die möglichen oder zumindest die auffälligsten Verknüpfungen kennen. Wenn Sie dieses Vorwissen herausfinden wollen, gibt es verschiedene spielerische Möglichkeiten.

  Ganz analog in Form einer Aufgabe, bei deren Lösung Sie schon erkennen können, was die Studierenden wissen (Concept Maps bieten sich an; siehe Kap. 3.5 »Methodik«). Wenn Sie digital arbeiten, ist ein Online-Quiz zum Thema zu empfehlen, da dies von sich aus schon motivierend wirkt und sie einen schnellen Überblick bekommen (mehr zum Online-Quiz in Kapitel 5).

- **Grundbegriffe:** In den meisten Fächern gibt es eine ganze Batterie an Fachbegriffen, die während einer Veranstaltung auftauchen können. Bezogen auf die zu lesende Literatur kann es hilfreich sein, ein Glossar vorzustellen oder anzulegen, um das Verständnis der wichtigsten Begriffe zu sichern. Verschiedene Autoren nutzen Begriffe unter Umständen mit anderer Bedeutung, und man kann direkt vermeiden, dass im Verlauf des Seminars Unklarheiten entstehen.

3.1.5.2 | Kernbereich des Seminars

Sobald die Grundlagen erläutert sind, geht es um die Hauptthemen des Seminars. Sie sollten sich klarmachen, welche Inhalte und Kompetenzen vermittelt werden sollen. Dies basiert im Optimalfall auf der didaktischen Analyse, die in Kapitel 2.2 behandelt wurde. Hilfen können weiterhin Mindmaps und Glossare sein, um sich selbst einen Überblick zu verschaffen. Folgende Fragen stellen sich nun zusätzlich zu der didaktischen Analyse:

- **Prüfungsrelevanz:** Wie relevant für die Prüfung ist eine jeweilige Einzelsitzung? Es kann durchaus vorkommen, dass Sie ein Seminar halten, das bestimmte Kernbereiche abdecken muss und andere Bereiche, die Sie auswählen und die nicht zwangsläufig in einer Klausur oder anderweitigen Prüfung abgefragt werden. Es ist zu empfehlen, dass hochgradig prüfungsrelevante Grundlagen zu Beginn des Seminars behandelt werden, während die zusätzlichen Themen, die Ihnen besonders am Herz liegen, eher kurz vor die Prüfungszeit rücken.
- **Schwierigkeitsgrad:** Sie haben bereits den didaktischen Grundsatz »Vom Einfachen zum Schwierigen« in Kapitel 2.1 kennengelernt und sollten diesen konsequent im Seminar anwenden. Je schwerer ein

Thema für die Studierenden Ihrer Einschätzung nach ist, desto näher am Ende des Seminars sollte es stattfinden. Die Ausnahme ist natürlich, wenn es prüfungsrelevant ist.

- **Zeitlicher Aufwand:** Der zeitliche Aufwand, den Sie einem Thema beimessen, zeigt etwas über dessen Relevanz. Wenn ein Thema mehrere Sitzungen einnimmt, dann ist völlig transparent, dass dieses Thema ein Kernthema des Seminars sowie der Prüfung ist. Generell können Sie durch die Ausdehnung eines Themas auf mehrere Sitzungen deutlich machen, dass dieses Thema wichtig für das Gesamtseminar ist.

Wenn Sie diesen Grundsätzen folgen, sollte es kein Problem sein, Ihre ausgewählten Texte mit der richtigen Schwerpunktsetzung in der richtigen Reihenfolge anzuordnen.

3.1.5.3 | Prüfungsvorbereitung

Sie sollten gleich zu Beginn einen Teil des Seminars zur Prüfungsvorbereitung vorsehen. Das sollte nicht die letzte Seminarsitzung sein, weil die Prüfung schon direkt vor der Tür steht. Eine Vorbereitung 2 bis 3 Sitzungen vor der Prüfung ist zu empfehlen. Die Studierenden haben meist schon konkrete Fragen zur Thematik, aber gleichzeitig ist noch genug Zeit bis zur Prüfung, um von der Sitzung zu profitieren, noch einmal in die Texte zu sehen, etc.

Unabhängig von Prüfung und Seminar können Sie eine klassische letzte Sitzung halten, in der Fragen gestellt werden können. Eine derartige Sitzung ist aber aus verschiedenen Gründen nicht ohne Weiteres zu empfehlen. Zum einen ist sie nicht planbar. Vielleicht werden so viele Fragen gestellt, dass die Zeit gar nicht reicht oder vielleicht hat niemand welche. Weiter ist die Qualität der Fragen vorab nicht abzuschätzen. Unter Umständen unterfordern sehr einfache Fragen einen Teil der Seminarteilnehmer oder aber das Gegenteil, die Überforderung, ist der Fall. Eine Sitzung für offene Fragen ist prinzipiell keine schlechte Idee, wenn sie gut gestaltet ist. Im Folgenden finden Sie einige Beispiele dafür, was man je nach Prüfungsform machen kann.

- **Klausur:** Der Klassiker unter den Prüfungen im Bachelorbereich an deutschen Hochschulen. Sie können ganz traditionell eine Probeklausur schreiben, die entweder aus Altklausuren besteht, was jedoch aus diversen Gründen nicht zu empfehlen ist, oder eine, die speziell konzipiert wurde (dazu mehr im Kapitel 4.2.4 zum Klausurdesign). Dezidierte Übungssitzungen sind eine gute Idee, gerade in Seminaren, bei denen bestimmte, fast handwerkliche, Aufgaben zum Tragen kommen (denken Sie an grammatische Übungen oder Aussagenlogik). Diese können über das Seminar verteilt oder gegen Ende stattfinden.
- **Mündliche Prüfung:** Die Vorbereitung auf eine mündliche Prüfung sollte der Prüfungsform ähneln. Sie simulieren unter Umständen eine mündliche Prüfung und präsentieren Fragen, die in einer solchen Prüfung gestellt werden könnten.

- **Schriftliche Leistung:** Wenn die Studierenden eine schriftliche Hausarbeit oder Ähnliches erstellen sollen, gibt es verschiedene Dinge zu beachten. Dies wird im Kapitel 4.2.6 zum Thema Betreuung von schriftlichen Arbeiten behandelt.

3.2 | Gestalten der Lernumgebung

»Mit dem Begriff Lernumgebung wird zum Ausdruck gebracht, dass das [...] Lernen auf durchdachte Unterstützung angewiesen ist, um erfolgreich durchgeführt zu werden« (Standop/Jürgens 2015, S. 190).

Die Lernumgebung umfasst alles, was den Studierenden zum Lernen bereitsteht. Dazu gehören neben Raum und Zeit auch die Lehrperson, die ausgewählte Literatur, die Methoden und die eigenen Aufzeichnungen. Als Lehrkraft gestalten Sie diese Umgebung, indem Sie verschiedene Entscheidungen im Prozess der Planung treffen und dann in der Praxis umsetzen. Wichtige Grundlagen haben Sie bereits im letzten Kapitel gesehen. Wenn Sie einen Flipped Classroom planen, liegt natürlich eine ganz andere Lernumgebung vor als bei einem hybriden Seminarkonzept.

Lernumgebungen haben dabei verschiedene Qualitäten, die man bei der Planung anstrebt (zitiert in Standop/Jürgens 2015, S. 193; verweist auf Mandl/Reinmann 2006):

- **Überdeterminiert:** Die Lernumgebung ist breiter aufgestellt als nötig und bietet »vielfältige Medien« (ebd.) und Möglichkeiten der Kombination.
- **Multifunktional nutzbar:** Verschiedene »Lernstile und Lernprozesse« (ebd.) werden angesprochen. Es gibt nicht nur einen Modus, wie gelernt werden kann.
- **Interaktiv:** Studierende und Lernumgebung können interagieren, den Studierenden wird Raum gegeben, um selbst aktiv zu sein.
- **Adaptiv oder adaptierbar:** »[Die Lernumgebung kann] dem Lerner angepasst werden (Adaptierbarkeit) oder sich ihm sogar selbst anpassen (Adaptivität)« (ebd.).
- **Kontrolle:** Die Kontrollmöglichkeiten sind vielfältig und für die Lerner relevant.

All diese Punkte einzuhalten, ist sicherlich nicht immer möglich. Empfehlenswert ist es eher, dass Sie Ihre Lernumgebung nach Abschluss der ersten Planung daraufhin prüfen, ob die Lernumgebung die Punkte ermöglicht oder nicht. Im Folgenden geht es um die konkrete Planung der einzelnen Sitzungen.

3.2.1 | Erstellen eines Verlaufsplans

Erfahrene Lehrkräfte werden Ihnen versichern, dass eine Niederschrift von Stundenplanungen nicht nötig ist. Jedoch gerade am Anfang Ihrer Lehrtätigkeit ist es sehr zu empfehlen, dass Sie sich Notizen und genaue Pläne erstellen. Peterßen formuliert dazu drastischer, aber richtig: »Unterrichtsplanung ohne schriftliche Fixierung scheint mir schlechthin nicht möglich zu sein« (2000, S. 24).

Natürlich sollte der Aufwand bei der Erstellung nicht überhandnehmen und »ökonomisch vertretbar« (ebd.) sein. Ohne eine schriftliche Fixierung ist es außerdem nicht möglich, die Planung relativ objektiv mit dem tatsächlichen Lehrgeschehen zu vergleichen (vgl. ebd.), weshalb ein Verlaufsplan zu empfehlen ist.

Ein solcher Plan besteht aus einer Auflistung sogenannter Phasen, die angeben, was Sie in welcher Reihenfolge in der Sitzung tun (Meyer 2007, S. 37 f.). Dabei ist der Verlaufsplan zunächst ein rudimentäres Hilfsmittel für den Verlauf Ihrer Sitzung. Gerade zu Anfang wird es Ihnen sehr schwerfallen, überhaupt abzuschätzen, wie lange eine Phase dauert. Erfahrene Lehrkräfte erstellen meist keine Verlaufspläne mehr, sollten es aber hin und wieder tun.

Der Verlaufsplan sollte folgende Einträge enthalten (die Methoden sind nur Beispiele, weiter unten finden Sie die jeweiligen Erläuterungen):

Phase	Inhalt	Methode	Dauer
Einstieg	Begrüßung und Vorstellung der Seminarorganisation	Blitzlicht	ca. 5 min
Erarbeitung 1	(Kritische) Auseinandersetzung mit der Thematik	Think-Pair-Share	ca. 30 min
Zwischen-sicherung	Gemeinsamen Konsens schaffen über die Thematik	Vortrag	ca. 10 min
Erarbeitung 2	Weiterführende/anspruchsvollere Auseinandersetzung mit der Thematik	Partnerarbeit + Material	ca. 25 min
Abschließende **Sicherung**	Konsens schaffen für die nächste Sitzung	Plenums-diskussion	ca. 15 min
Sollbruchstelle	Ein mögliches Ende der Sitzung, wenn die Zeit für die Erarbeitungsphase 3 nicht mehr ausreicht		
Erarbeitung 3	Kritisch mit der Thematik auseinandersetzen; Verknüpfen mit vorigen und kommenden Sitzungen	Frei	bis 15 min

Exemplarischer
Verlaufsplan

In dieser Planung sehen Sie, dass nicht genau 90 Minuten erreicht werden. Das ist aber nicht schlimm, da die Zeitplanung ohnehin nur sehr grob möglich ist.

Ein Verlaufsplan besteht, wie oben erwähnt, immer aus Einstieg, Erarbeitung und Sicherung. Doch Sie können variieren. Es gibt z. B. mehrere Erarbeitungsphasen, die von Zwischensicherungen gestützt werden. Dies basiert auf dem Gedanken, dass Sie zwischen den Phasen immer wieder absichern müssen, dass der Kurs verstanden hat, was zu tun ist und um was es geht. Das gibt den Studierenden Sicherheit in ihrem Tun, da sie immer wieder sehen, dass sie auf dem richtigen Weg sind.

Die sogenannte Sollbruchstelle ist als mögliches Ende einer Sitzung gerade zu Beginn der Lehrtätigkeit zu empfehlen, wenn man noch keine Erfahrung hat, wie lange die einzelnen Phasen dauern. An dieser Stelle wird ein Punkt gesetzt, an dem man die Veranstaltung guten Gewissens beenden kann und annimmt, dass man alles Wesentliche erreicht hat. Wenn Sie diese Stelle aber bereits nach 60 Minuten erreichen, dann können Sie weitermachen und vielleicht komplexere Fragestellungen angehen oder die Sitzung mit der vorangegangenen oder kommenden verknüpfen. Besser haben Sie zu viel vorbereitet und nehmen die gestrichenen Phasen mit in die folgende Sitzung, als dass sie plötzlich ganz ohne Plan vor Ihrem Seminar stehen. Im Folgenden werden die Unterrichtsphasen konkret erläutert.

3.2.2 | Die Unterrichtsphasen

Unterricht ist hochindividuell, und jede Lehrkraft unterrichtet ihre Klasse natürlich mit einem ganz eigenen Stil basierend auf den eigenen Fähigkeiten. Dennoch kann man weltweit ein bestimmtes Muster beobachten, das sich in allen Arten von Unterricht wiederfinden lässt, sei es in Deutschland, Japan oder China (vgl. Meyer 2007, S. 70 f.):

- **Der Einstieg** eröffnet das Thema, führt in die Sitzung ein und schafft Konsens darüber, was in der Sitzung passieren wird. Es gibt viele Möglichkeiten, wie man die Studierenden für das Thema motivieren kann.
- **Die Erarbeitung** ist der zeitlich größte Teil der Sitzung, in der das Hauptthema ausgiebig bearbeitet wird. Aufwändige Methoden können zur Anwendung kommen.
- **Die Sicherung** schließlich dient der Verankerung des Gelernten im Gedächtnis der Teilnehmenden, aber auch der Überprüfung der Richtigkeit von z. B. Gruppenaufgaben.

Im Folgenden sollen diese Phasen genauer vorgestellt werden.

3.2.2.1 | Einstieg

Der Einstieg dient der Vorstellung des Themas, der Aktivierung der Lerngruppe und bedeutet den generellen Arbeitsbeginn. Er soll die »Anonymität ab[bauen]«, die »Kommunikationsbereitschaft« der Gruppe fördern und motivieren (Becker 2012, S. 151). Dies sind sehr viele Anforderungen für eine vergleichsweise kurze Phase der Lehre, weshalb eine gute Planung enorm wichtig ist.

Wenn man das Thema zu uninteressant präsentiert, kommt die Gruppe nicht genug in Schwung und ist wenig lernbereit, wenn man jedoch übertreibt, weicht man meist zu weit vom Thema ab. Eine solche Übertreibung wäre es, wenn Sie einen multimodalen Einstieg haben, um den Studierenden am Ende doch nur ein Arbeitsblatt anzubieten.

Bezogen auf den täglichen Lehrbetrieb erscheint die »Auffassung fragwürdig, in der Anfangssituation möglichst rasch ein hohes Motivationsniveau aufzubauen« (ebd.). Stattdessen können Sie in Aussicht stellen, dass erst eine Durchdringung der Thematik zum Spannungsmoment und zu Interesse führen wird, oder zunächst ganz auf eine Motivationsphase verzichten.

Ein guter Einstieg bereitet auf das Thema vor, setzt Impulse, deren Folgen vielleicht schwer abzuschätzen sind, und ist gerade deswegen recht spannend. Eine gute Möglichkeit, das Interesse an einem Thema zu wecken, ist die Erzeugung kognitiver Dissonanz. Dies folgt daraus, dass sich widersprechende Fakten/Thesen oder Ähnliches aufeinandertreffen (siehe Kap. 2.3). Zum Beispiel könnte die Seminargruppe in der vorigen Sitzung eine bestimmte Regel kennengelernt haben und Sie stellen eine Ausnahme vor. Dadurch hat man zwei Informationen, die sich diametral gegenüberstehen, was zur Anregung von Denkprozessen führen kann.

Der Einstieg soll dabei von Anfang an verdeutlichen, um was es geht und im Idealfall für das Thema motivieren oder zumindest einen gemeinsamen Kontext schaffen. Dazu gehört ein kleiner Plan, der präsentiert, was in der jeweiligen Sitzung alles passieren wird.

Es gibt verschiedene Ansätze, wie Sie einen Einstieg gestalten können (vgl. ebd., S. 155; gekürzt und kommentiert):

Einstiege in den Unterricht

- **Den Prozess einfach wiederaufnehmen:** Das Weiterarbeiten an einem Problem ist ein guter Einstieg, was aber natürlich nur im Lauf des Semesters und nicht in der ersten Sitzung funktioniert.
- **Hausaufgaben kontrollieren:** In der Hochschule sollten Sie die Studierenden nicht kontrollieren oder tatsächliche ›Hausaufgaben‹ aufgeben. Aber Sie können durchaus Aufgaben stellen, die in der Zeit zwischen den Seminaren bearbeitet und zu Beginn der Sitzung korrigiert werden.
- **Vorkenntnisse aktualisieren lassen:** Eine kurze Anpassung des Kenntnisstandes an den vielleicht neu gelesenen Text kann dazu führen, sich schnell und aktiv mit Seminarinhalten auseinanderzusetzen.
- **Notwendige Sachinformationen vorausschicken:** Ein Initialvortrag oder das Bereitstellen eines Films, eines Podcasts etc. kann ein guter Einstieg in ein Thema sein.
- **Vorerfahrungen zusammentragen lassen:** Egal, um welches Thema es geht, es ist immer eine gute Idee, die Vorerfahrungen der Lerngruppe zu kennen. Nur so können Sie sinnvoll weiterarbeiten, ohne die Studierenden zu über- oder unterfordern.
- **Fragen zum Thema sammeln lassen:** Es kann ein Einstieg zu Beginn des Semesters sein, um erste Fragen zu sammeln, aber auch in der Mitte oder gegen Ende, im Hinblick auf die Prüfung. Sehr empfehlenswert ist es, die Fragen zu sammeln und am Ende des Semesters zu prüfen, ob die Fragen mittlerweile beantwortet werden können.
- **Frage- oder Problemstellung:** Eine sehr traditionelle Art des Einstiegs ist die Formulierung einer Frage oder eines Problems. Im Sinne der

Aufgabendidaktik sollte dies so gestellt sein, dass keine Unter- oder Überforderung eintritt.

- **Kurzvortrag, Gespräch, Rollenspiel, Provokation:** Diese Mittel können genutzt werden, um recht einfach eine Diskussion anzustoßen.

Lehrkonzepte: Je nach Lehrkonzept haben Sie zudem andere Möglichkeiten des Einstiegs, die im Folgenden kurz beispielhaft vorgestellt werden:

- **Direkte Instruktion:** Ein kleines Warm-Up mit einer Aufgabe, die an die letzte Sitzung anknüpft oder ein kurzes Quiz, das relevante Fachbegriffe wiederholt, sind empfehlenswert, um die Sitzung zu beginnen.
- **Hybrides Seminar:** Eine offene Fragerunde zu den vergangenen Sitzungen oder eine kurze Wiederholung/Aufgabe zur letzten Sitzung kann ein guter Einstieg sein. Auch der Beginn der Expertengruppe kann dies beinhalten, falls diese den Einstieg übernimmt.
- **Flipped Classroom:** Der Flipped Classroom beginnt konzeptionell mit einer Fragerunde zu den erarbeiteten Inhalten oder einem Test, ob die Studierenden ausreichend vorbereitet sind.

3.2.2.2 | Erarbeitung

Nachdem nun alle wissen, um was es in der Sitzung gehen soll, muss das Thema tatsächlich angegangen werden. In der Erarbeitung können verschiedene Methoden genutzt werden (siehe unten). Sie haben sich für jede Sitzung bestimmte Ziele gesetzt, die sie erreichen wollen. In der Erarbeitungsphase geht es nun darum, diese tatsächlich zu erreichen.

Hierfür können Sie, wie oben beschrieben, entweder auf Kompetenzen oder Lernziele zurückgreifen. Die Erarbeitungsphase besteht in den meisten Fällen aus Aufgaben. Diese wurden im vorangegangenen Kapitel vorgestellt. Dabei ist wichtig, dass die Erarbeitungsphase keinesfalls eine reine Abfolge von Aufgaben sein muss, es aber durchaus möglich ist. Ein gut strukturiertes Aufgabenblatt kann exzellent durch eine Sitzung führen, ohne dass die Studierenden das Interesse verlieren.

Je nachdem, welches Lehrkonzept Sie nutzen, gestaltet sich die Erarbeitungsphase anders:

- **Direkte Instruktion:** Instruktion und Bearbeitung von Aufgaben wechseln sich ab. Je nach Thema kann dies kleinschrittig oder ganzheitlich geschehen.
- **Hybrides Seminar:** Die Seminargruppe gestaltet die Erarbeitungsphase vollständig. Hierin geht sie vor wie bei der Direkten Instruktion.
- **Flipped Classroom:** Im Flipped Classroom wird in dieser Phase ausschließlich geübt und nur bei Nachfragen erläutert. Im weiteren Verlauf werden je nach Thema auch Transferaufgaben behandelt.

3.2.2.3 | Sicherung

Die Sicherung kann auf verschiedene Arten geschehen. Zum einen kann es eine Bündelung der erarbeiteten Erkenntnisse sein und zum anderen eine Kontrolle dessen, was die Studierenden erarbeitet haben. Wenn Sie eine Arbeitsphase haben, in der bestimmte Produkte erstellt werden sollen, muss es eine Sicherungsphase geben, in der diese Produkte thematisiert werden. Wenn man nur Aufgaben verteilt, bearbeiten lässt und es keine Möglichkeit gibt, diese zu präsentieren oder zu kontrollieren, dann wird man bei der nächsten Aufgabe Probleme haben, die Studierenden zu motivieren. Sicherung kann auf verschiedene Arten geschehen.

Richtigstellung
von Arbeits-
ergebnissen

- **Lehrkraftorientiert:** Die Lehrkraft präsentiert das richtige Ergebnis. Dies funktioniert natürlich nur, wenn das Thema das überhaupt zulässt. Wenn es kein eindeutiges Ergebnis gibt, präsentiert die Lehrkraft die gesammelten Schlussfolgerungen oder die zulässigen Interpretationen und Analysen. Diese Art der Sicherung lässt sich sehr gut vorbereiten, weicht aber von den in der Sitzung erarbeiteten Ergebnissen der Studierenden zumindest teilweise ab und hat dadurch eine inhärente Problematik: Wenn die Studierenden ohnehin immer am Ende die Lösung von der Lehrkraft präsentiert bekommen, ist die Erarbeitungsphase unter Umständen wenig motivierend. Warum sollten Studierende überhaupt selbst eine Lösung erarbeiten bzw. den Mitstudierenden zuhören, wenn sie einfach warten können, bis am Ende eine Musterlösung präsentiert wird. Aus diesem Grund eignet sich die lehrkraftorientierte Sicherung hauptsächlich für Einführungsseminare, in denen es oftmals tatsächlich eindeutige Lösungen gibt.
- **Teilnehmerorientiert:** Die Teilnehmer dürfen ihre Ergebnisse selbst vorstellen. Dies hat den Nachteil, dass die Gruppen nicht unbedingt immer richtige Ergebnisse erarbeitet haben. Ein Teilnehmer oder eine Gruppe stellt zunächst das Ergebnis vor. An diesem Ergebnis kann man sich abarbeiten. Da die erarbeiteten Ergebnisse meist variieren, führt die Phase oft zu Fragen und Diskussionen, die wiederum in einer Gesamtsicherung münden können.

Natürlich haben die verschiedenen Lehrkonzepte eigene Möglichkeiten der Sicherung:
- **Direkte Instruktion:** Überprüfen des Verfahrens und der Lösungen. Klärung etwaiger Rückfragen.
- **Hybrides Seminar:** Evaluation der Expertengruppe. Aufgreifen von fragwürdigen oder interessanten Stellen, Klären entstandener Fragen.
- **Flipped Classroom:** Der Flipped Classroom hat keine klassische Sicherungsphase, aber man kann sehr gut mit einem kleinen Test abschließen.

Wie auch immer Sie die Sicherung angehen, Sie sollten darauf achten, dass sie essenzieller Teil des Lernprozesses ist und dafür sorgt, dass die Studierenden wissen, worauf es Ihnen inhaltlich ankommt.

Bevor nun methodische Aspekte Ihrer Lehrgestaltung besprochen werden, widmen wir uns kurz der allgemeinen Unterrichtsorganisation und der Motivierung von Studierenden.

3.3 | Allgemeine Unterrichtsorganisation

Es gibt bestimmte Organisationsaspekte, die beim Arbeiten mit Gruppen relevant sind, aber weder in den Bereich der Didaktik noch der Methodik fallen. In der modernen Forschung wird oft von »Classroom-Management« gesprochen (Eichhorn 2014). Der Begriff umfasst z. B. das Aufstellen sogenannter »Klassenregeln« (ebd., Abschnitt 1), die Sie in der Hochschule normalerweise nicht brauchen.

»Guter Unterricht basiert auf einer guten Lehrer-Schüler-Beziehung *plus* der Classroom-Management-Expertise des Lehrers« (Eichhorn 2008, S. 12). Diese Expertise gilt ebenso in der Hochschule, auch wenn der emotionale Aspekt stark in den Hintergrund rückt. Es ist relevant, dass Sie dazu in der Lage sind, große Gruppen zu bestimmten Zielen zu führen.

Die im Folgenden genannten Aspekte sind stark von Ihrer Persönlichkeit abhängig und wie in den Kapiteln zuvor bereits erläutert wurde, muss ihre Unterrichtsorganisation zu Ihrer Person passen. Vor allem die folgenden Punkte sind relevant:

- Seminarregeln
- Rituale
- Geschicktes Zeitmanagement
- Nutzung des Seminarraums

3.3.2.1 | Seminarregeln

Die klassischen Klassenregeln wie »Wir lassen den anderen ausreden« sind in der Hochschule sicherlich nicht relevant, aber Sie sollten über bestimmte Punkte nachdenken:

- **Pünktlichkeit:** Ist es Ihnen wichtig, dass die Studierenden pünktlich erscheinen? Schließen Sie die Tür nach Beginn ab? Nicken Sie Zuspätkommern nur kurz zu oder stellen Sie sie zur Rede? Etikette
  Es gibt zwei Dinge zu beachten. Zum einen gehört es zur Professionalität (siehe Kap. 1.2.1), dass Sie Pünktlichkeit natürlich nur verlangen können, wenn Sie selbst pünktlich sind. Sie können so strikt damit umgehen, wie es für Sie persönlich passt.
  Zweitens müssen Sie bedenken, dass jede Art von Reaktion auf das Zuspätkommen zwei Effekte hat: Wenn Sie jemanden zur Rede stellen, wird er wahrscheinlich nicht noch einmal zu spät kommen. Aber das führt auch zu einer Unterrichtsstörung, die Sie selbst verursachen.
  Sie müssen sich also entscheiden, ob Sie ein Zuspätkommen kommentieren oder nicht, beides hat Vor- und Nachteile. In jedem Fall müssen Sie aber konsequent sein und entweder jedes Zuspätkommen ansprechen oder keines.
- **Essen und Trinken:** Getränke zu verbieten, ist nicht empfehlenswert,

da Durst am Denken hindert. Bei Speisen sieht es anders aus, da es nicht angenehm ist, in 40 kauende Gesichter zu sehen. Sie sollten zu Anfang klar sagen, was Sie erwarten.

- **Smartphones:** Es gibt Lehrende, die Smartphones recht rigoros verbieten und andere, die kein Problem damit haben. Ein Tipp ist, mit Online-Ressourcen wie Kahoot!, PINGO oder einem Kurs-Chat dafür zu sorgen, dass die Smartphones zu einem lernförderlichen Zweck genutzt werden.

Für all diese Regeln kann keine klare Empfehlung ausgesprochen werden, da sie zu Ihrer Person passen müssen. Wenn Sie keine Regeln setzen, können Sie auch nicht erwarten, dass sich ein bestimmtes Verhalten einstellt.

3.3.2.2 | Rituale

Eine wichtige Frage an der Hochschule lautet: Wann fängt die Lehre eigentlich an? In der Schule hatten Sie eine Klingel, die ein Hilfsmittel ist. An der Universität gibt es keine externen Faktoren außer der Zeit:

>»Wann fängt der Unterricht eigentlich an? Fängt der Unterricht an, wenn der Lehrer vor oder im Klassenraum in Interaktion mit einigen Schülern tritt oder erst dann, wenn er etwa die Klasse als Ganze anspricht und mit dem Thema beginnt, das er für die Unterrichtsstunde vorgesehen hat? Hat der Unterricht schon angefangen, wenn der Lehrer zwar die Klasse begrüßt hat und alle Schüler auf ihren Plätzen sitzen, der Lehrer mit den Schülern aber ein Gespräch initiiert oder zulässt, das nichts mit dem Fach zu tun hat? Deutlich wird, dass sowohl die Ordnung des Unterrichts als auch das Unterrichtsthema in dem Moment, in dem der Lehrer auf die Schüler trifft, nicht schon vorhanden sind. Vielmehr steht der Lehrer im Übergang zum Unterricht vor der Aufgabe, für die soziale Organisation und die inhaltlichen Anforderungen des Unterrichts zu sorgen« (Schelle et al. 2010, S. 73).

Die Frage nach dem Beginn einer Lehrveranstaltung ist dabei nicht so einfach zu beantworten. Wenn die Lehrkraft den Raum betritt, kann das Seminar beginnen, das ist aber meist nicht zu realisieren, da Sie im Normalfall noch die Technik bedienen oder Ihre Unterlagen sortieren müssen. Also benötigen Sie ein Ritual, das dafür sorgt, dass Ihnen die Aufmerksamkeit der Gruppe zuteilwird. Das kann eine einfache Begrüßung sein, oder Sie können immer eine bestimmte Stelle im Raum aufsuchen, von der aus Sie von jedem gesehen werden und jeder sofort weiß, dass Sie nun gleich beginnen zu sprechen. Dies kann idealerweise durch eine »nachhaltig[e] Pause« (Matschnig 2012, S. 139) erreicht werden. Da Sie bisher nichts gesagt haben, stellen Sie sich einfach schweigend vor die Gruppe, um sich deren Aufmerksamkeit zu sichern.

>»Stehen Sie locker und aufrecht an Ihrem Platz, blicken Sie – bevor Sie Ihren Vortrag beginnen – ins Publikum, schicken Sie Ihren Zuhörern ein Lächeln und schweigen Sie. Erst wenn Sie das Gefühl haben ›Jetzt sind alle Augen auf mich gerichtet‹ und wenn es mucksmäuschenstill ist, beginnen Sie angemessen laut zu sprechen. Diese Sekunden werden Ihnen wie eine kleine Ewigkeit vorkommen, dem Publikum erscheint die Pause völlig natürlich« (ebd.).

Dieses Ritual ist anstrengend, leitet aber ritualisiert die Lehre ein und sorgt für ein angenehmes Lernklima. Sie sollten geduldig sein und »auf keinen Fall in den Anfangslärm hinein [sprechen]« (Heidemann 2006, S. 87), da dies die Unruhe verstärkt und nur ein Bruchteil der Gruppe Sie verstehen wird.

Wenn Sie kein ritualisiertes Verhalten nutzen, wird es zu Beginn der Veranstaltung schwer sein, die Aufmerksamkeit zu bündeln. Wenn die Gruppe weiß, was auf sie zukommt, gibt das dem Lehrarrangement Sicherheit und Orientierung.

Rituale können aber auch genutzt werden, um Übungen auszuwerten oder Feedback zu geben. Generell sollten Sie bei allen Methoden eine gewisse Ritualisierung einarbeiten. Wenn Sie z. B. immer die gleichen Gruppen bilden, führt dies dazu, dass jeder weiß, mit wem er zusammenarbeitet, wo er das tut und wie die Gruppenchemie ist.

Wenn Sie bestimmte Methoden immer zum Auswerten einer Aufgabe nutzen, wie z. B. Redeketten, wissen die Studierenden sofort, wie die nächsten Minuten der Veranstaltung ablaufen und Sie verlieren keine Zeit für Erklärungen der Methode. Sie können sich durch Ritualisierung also prinzipiell mehr »echte Lernzeit« (Eichinger/Kallmeyer 2004, S. 38) verschaffen.

3.3.2.3 | Geschicktes Zeitmanagement

Die meiste verlorene Zeit in Lehr-Lernsituationen ist auf ungeschickte Planung der Lehrkraft zurückzuführen. Viele Aktivitäten, die Zeit benötigen, können aber aufeinander abgestimmt werden. Im Folgenden werden einige klassische Aktivitäten der Lehrkraft genannt, bei denen Zeit verlorengeht.

Zeitverlust

- **Arbeitsmaterial verteilen:** In vielen Sitzungen werden Sie ein Aufgabenblatt oder einen Text herausgeben. Statt die Blätter zu verteilen oder verteilen zu lassen, machen Sie dies einfach in einer Arbeitsphase davor. Das heißt, dass Sie eine vorbereitende Aufgabe oder Frage zu dem Thema stellen, deren Bearbeitung ca. drei Minuten in Anspruch nimmt, was Ihnen genug Zeit gibt, das Material auszugeben.
- **Gruppensprecher bestimmen:** Geben Sie frühzeitig bekannt, dass bei Gruppenarbeiten eine oder zwei Personen stellvertretend für die Gruppe sprechen werden. Dies führt dazu, dass es bei Präsentationsphasen keine langen Pausen gibt und die Rollenverteilung in der Gruppe von Anfang an klar ist.
- **Visualisieren statt sprechen:** Sie müssen Arbeitsaufträge nicht mündlich erteilen. Sie können auch schriftlich einen Auftrag ausgeben und nur kurz erwähnen, dass der Auftrag auf dem Blatt, der Folie etc. erledigt werden soll. Dadurch vermeiden Sie auch Redundanzen und Wiederholungen der Erklärung.
- **Rituale nutzen:** Alle Aktivitäten, die sich wiederholen, sollten Sie ritualisieren. Die Anweisung, eine Rückmeldung über PINGO (siehe Kap. 3.6.3.1) zu geben, den Kurs-Chat zu nutzen oder Gruppen zu bilden, wird schneller umgesetzt werden, wenn sie bereits oft durchgeführt wurde.

3.3.2.4 | Den Seminarraum optimal nutzen

Der Seminarraum ist ein nicht zu unterschätzender Faktor für Ihren Lehrerfolg. In Schulen, besonders im Primarbereich, wird großer Wert auf eine »lernfördernd[e] Gestaltung« (Menikheim 2000, S. 38) gelegt. Es geht in diesem Kapitel jedoch nicht darum, dass Sie die Wände der Hochschule neu streichen, sondern um die optimale Ausnutzung der Ihnen zur Verfügung stehenden Mittel.

Die Sitzordnung ist in der Schule noch ein elementares Mittel des Klassenmanagements, aber in der Hochschule setzen sich Studierende in der Regel dahin, wo gerade Platz ist. Dies führt zu dem Phänomen, dass, je nach Raum, die ersten Reihen stets leer sind und alle Anwesenden im Raum verteilt sitzen, mal alleine, mal als kleine Gruppen. Dies ist nicht ideal für Ihre Lehre und kann sehr schnell und problemlos verbessert werden. Zum einen können Sie recht früh in der jeweiligen Sitzung eine Methode anwenden, die die Sitzordnung aufbricht. Wenn diese Methode die Organisationsform der Gruppenarbeit nutzt, werden sich alle Studierenden umsetzen und neu sortieren müssen. Dies ist aber nur eine von mehreren Möglichkeiten:

- **Akzeptanz, dass die erste Reihe leer bleibt:** Nicht umsonst sind die ersten Reihen im Theater und Kino oft günstiger. Die wenigsten Menschen sitzen gerne sehr nahe am Geschehen, und Lernende sind keine Ausnahme. Dies hat meist proxemische Gründe. In der ersten Reihe ist die Gefahr, dass ihr Individualabstand unterschritten wird, sehr viel größer als in der letzten (denken Sie auch an das Kapitel zur nonverbalen Kommunikation).
- **Komprimieren der Gruppe:** Bitten Sie einfach die letzten 2 bis 3 Reihen, sich etwas weiter nach vorne zu setzen, damit man sie besser versteht. Dadurch sitzt die Gruppe näher zusammen und Ihre Methoden sind einfacher anzuwenden.
- **Ausnutzen des ganzen Raumes:** Wenn Sie Methoden anwenden, die viel Platz benötigen, dann nutzen Sie wirklich den gesamten zur Verfügung stehenden Raum. Das heißt, dass die Gruppen sich von vorne bis hinten im Raum verteilen dürfen, auch, um ungestörte Diskussionen innerhalb der Gruppe möglich zu machen.

3.4 | Motivierung von Studierenden

Die Studierenden leben heute in einer Gesellschaft, die auf Konsum abzielt und in der viele Informationen jederzeit zugänglich sind. Oftmals führt dies zu Lerngruppen, die sich nur noch berieseln lassen und sich eher wie Kunden als wie Studierende verhalten. Wenn im Modulhandbuch kein Vermerk zu finden ist, dass eine Studienleistung zu erbringen ist, genügt oftmals die bloße körperliche Anwesenheit der Studierenden.

»Wie weit muss man konsumorientierte Verhaltensweisen von Studierenden unterstützen, um im Seminar eine positive Stimmung zu haben oder beispielsweise in der Seminarkritik von Studierenden eine lobende Rückmeldung zu erhalten? Machen wir unsere Lehre nicht abhängig von der Bewertung der Studierenden? Kann man nicht froh sein über diejenigen, die weg bleiben? Können wir nicht mehr von zukünftigen Akademikern erwarten?« (Marks 2016, S. 5)

Tatsächlich ist dieser Hinweis wichtig und nötig, da es bei der Motivierung nicht darum geht, einen Service anzubieten, sondern vielmehr darum, seine Veranstaltung lernförderlich und angenehm für alle Beteiligten zu gestalten. In Kapitel 2.3.6 wurde bereits der Aspekt der intrinsischen und extrinsischen Motivation erläutert. »Motivierung [ist] im Sinne eines gruppendynamischen Prozesses zu verstehen« (ebd., S. 2), der vom Lehrenden ausgeht und die Grundmotivation der Studierenden aktiviert. Ein solcher Unterricht basiert auf folgenden Bereichen (ebd., S. 3):

- der inhaltliche Bereich
- der didaktische Bereich
- der Bereich des Lehrverhaltens
- der Bereich der gruppendynamischen Interaktion

3.4.1 | Inhaltliche Motivierung

Inhaltliche Motivation der Studierenden sollte bereits aus dem Fach selbst entspringen, die »Ausgangsmotivation« (Marks 2016, S. 3) kann dabei höher oder niedriger sein. Es gibt einen »Überschneidungsbereich« (ebd., S. 5) zwischen den Interessen der Studierenden und dem Fachwissen, das vermittelt werden soll. Je größer dieser ist, desto einfacher werden Sie es haben, die Studierenden zu motivieren. Zusätzlich ist es wichtig herauszufinden, warum die Studierenden in Ihrer Veranstaltung sind und welche Vorkenntnisse sie haben.

Wie bereits beim Thema »Literatur« angesprochen (siehe Kap. 3.1.4.4) kann man »institutionell[e] Sanktionsmittel« (ebd.) wie Tests nutzen, die aber zum defensiven Lernverhalten führen. Stattdessen kann man auf verschiedene Weise inhaltlich motivieren:

Möglichkeiten zur Motivierung

- »an Erfahrungen der Studierenden anknüpfen,
- historische oder aktuelle Ereignisse anführen,
- persönliche Interessen am Thema verdeutlichen,
- fachliche Zusammenhänge darstellen bzw. Verbindungen zu anderen Themen aufzeigen,
- einen berufspraktischen Bezug herstellen,
- theoretische Erkenntnisse an exemplarischen Fällen verdeutlichen,
- Schlüsselinformationen herausarbeiten, die das Verständnis für weitere Informationen erleichtern und/oder
- den Studierenden zu Beginn des Kurses die Möglichkeit geben, die sie interessierenden Aspekte am Thema zu benennen bzw. während des Unterrichts selbst geeignete Fälle zu finden oder konstruieren zu lassen« (ebd., S. 6 f.).

3.4.2 | Didaktische Motivierung

Während Ihr Einfluss auf die inhaltliche Motivierung recht begrenzt und durch Maßgaben von außen beschränkt ist, haben Sie bei der didaktischen Motivierung sehr viele Freiheiten. Wichtig sind drei »Planungsaspekte« (ebd., S. 7), die in diesem Buch an verschiedenen Stellen vertieft werden (ebd.):

- **Ausreichende Strukturierung des Seminarverlaufs:** Unterricht ohne Planung wirkt unstrukturiert und wird von Lernenden abgelehnt. Nur wenn Sie die Planung schriftlich vornehmen, ist es möglich, dass Ihre Veranstaltung eine Struktur erhält, die wiederum zur Motivierung beiträgt (vgl. Marks 2016, S. 7).
- **Medieneinsatz:** Die Lehrkraft sollte professionell und geschickt mit Medien umgehen können und für den Lernbereich passende Medien auswählen. Medienvielfalt sowie die Auswahl angemessener Medien wirken motivierend (vgl. ebd.). Der Medieneinsatz wird in Kapitel 3.6 thematisiert.
- **Methodenwechsel:** Wie bereits zu Beginn dieses Kapitels erläutert, sind Methoden sehr wichtig für eine gelungene Lehre. Der Wechsel der Methoden oder auch der Sozialform kann sich sehr positiv auf die Motivation der Studierenden auswirken.

3.4.3 | Motivierendes Lehrverhalten

Dieser Unterpunkt ist besonders schwer zu beeinflussen, da er eng mit der bereits beschriebenen Lehrerpersönlichkeit zusammenhängt. Grundsätzlich sollten sie eine »positiv[e] Grundhaltung« (Marks 2016, S. 8) dem Geschehen gegenüber haben. Dies betrifft die Kooperation mit den Studierenden, die Begeisterung für das Fach und Kritikfähigkeit. Je positiver Sie auftreten, desto motivierender wirken Sie. Dies muss natürlich zu der eigenen Persönlichkeit passen. »Insofern gilt es, persönliche Stärken zu erkennen, zielgerichtet einzusetzen und Schwächen methodisch zu überwinden« (ebd.). Grundsätzlich können folgende Punkte die Motivierung unterstützen (vgl. ebd., S. 9):

- Die Seminargruppe sollte demokratisch geführt werden, die Lernumgebung also offen und förderlich sein.
- »Gute Beiträge« (ebd.) sollten erkannt und honoriert werden.
- Ihr Auftreten sollte authentisch sein.
- Ihre »Begeisterung für den Lerngegenstand« (ebd.) sollte sich im Optimalfall auf die Gruppe übertragen.

Vor allem der zweite Punkt, das Erkennen und Honorieren guter Beiträge, sollte praktiziert werden. Studierende werden eher dazu geneigt sein, Beiträge zu liefern, wenn sie dafür eine positive Rückmeldung erhalten, da diese eine starke extrinsische Motivation darstellt. Das Konzept der Gamification (siehe Kap. 3.6) macht sich diesen Punkt zu nutze.

3.4.4 | Interaktionsbezogene Motivierung

Die Motivierung innerhalb der Gruppe ist ein komplexer Prozess, auf den Sie aber dennoch Einfluss haben. Ein wichtiger Punkt ist die Eigenaktivität der Studierenden (vgl. Marks 2016, S. 9). Wenn diese hoch ist, motiviert sich die Gruppe selbst zu guter Zusammenarbeit und zum Erreichen einer guten Leistung. Folgende Möglichkeiten bieten sich an, um die interaktionsbezogene Motivierung zu fördern (vgl. ebd., S. 10):

- **Erwartungen der Studierenden:** Sowohl die »Ängste« als auch die »Wünsche« (ebd.) der Studierenden bezüglich der Veranstaltungen sollten thematisiert werden. Wenn Sie eine gute Bestandserhebung durchführen, wissen alle Studierenden, dass sie in ihren Ängsten und Zielen ernstgenommen werden, was sich positiv auf die Motivation auswirken kann.

Gemeinschaft erzeugen

- **Angstfreie Lernumgebung:** Die Atmosphäre einer Lehrveranstaltung ist sehr wichtig für die Motivation. Es sollte möglich sein, Fragen zu stellen, ohne bloßgestellt zu werden, und die Gruppe sollte untereinander solidarisch und unterstützend agieren.

- **Gemeinsame Erfolge:** Auch wenn Sie am Ende eine Klausur oder Prüfung konzipieren, sollte im Seminar ein Gemeinschaftsgefühl aufkommen, das durch gemeinsame Erfolge gestärkt werden kann. Dies können Probeklausuren sein oder Zwischentests, die aber nicht zwangsläufig zu Wettbewerb führen müssen. Eine Möglichkeit dafür ist das digitale Quiz, das in Kapitel 3.6.3 vorgestellt wird.

Nachdem Sie nun die Grundlagen zum Klassenmanagement und zur grundsätzlichen Motivierung der Studierenden kennengelernt haben, wenden wir uns der Methodik zu.

3.5 | Crashkurs Methodik

Im letzten Kapitel haben Sie die Didaktik kennengelernt und damit die Frage nach dem, was Sie im Unterricht vermitteln wollen. Die Methodik beantwortet nun die Frage, wie sie dies tun und beschreibt die möglichen Arbeitsformen der Veranstaltung. Eine Methode regelt, wie sich die Studierenden in der Veranstaltung bewegen, verhalten, was sie erarbeiten und präsentieren. Hierbei gilt nach Klafki das Primat der Didaktik, welches besagt, dass die Didaktik die Methodik bestimmt und nicht umgekehrt:

»Unterrichtsmethoden [sind] überhaupt nur begründbar im Hinblick auf didaktische Vorentscheidungen. [...] Der Satz vom Primat der Didaktik ist gerade deshalb bis in die alltägliche Unterrichtspraxis hinein von so großer Bedeutung, weil eine unangemessene Methode Lernziele und entsprechende Inhalte verfälschen kann, vielleicht sogar, ohne dass der Unterrichtende es merkt« (Klafki 1970, S. 53 ff.).

Primat der Didaktik: Sie sollten also zunächst wissen, welche Kompetenzen und Lernzielen in Ihrer Veranstaltung erreicht werden soll, bevor Sie sich für eine Methode entscheiden.

Sozialformen: Wenn Sie an das ›Wie‹ des Unterrichts denken, fallen Ihnen vermutlich Begriffe wie ›Gruppenarbeit‹, ›Partnerarbeit‹ und ›Einzelarbeit‹ ein. Dies sind jedoch keine Methoden, sondern Organisationsformen oder nach Meyer »Sozialformen« (vgl. Meyer 2007, S. 42). Sie regeln nur, wie das Grundarrangement der Gruppe ist. Methoden, oder Aktionsformen, wie sie bei Klafki genannt werden, gehen ein Stück weiter, basieren auf verschiedenen Verfahren und Prinzipien und sind meist nur für bestimmte Thematiken passend. Hierbei wird im Folgenden darauf geachtet, dass Sie einen großen Pool an Methoden kennenlernen, der aber nicht das Fassungsvermögen, gerade Ihrer Anfangsplanung, übersteigt. Sie werden zu jeder Methode Hinweise bekommen, bei welcher Art von Thema sie sich am besten einsetzen lässt.

»Allein die Vielzahl der beschriebenen Artikulationsschemata macht deutlich, dass es niemals eine Einigung und Festlegung auf ein bestimmtes Schema geben kann und darf. Wer sich auf ein Schema festlegt, also immer wieder denselben Weg beschreitet, endet in Methodenmonotonie. [...] Lernmotivation und das Aktivitätsniveau [sinken]« (Becker 2012, S. 138).

»Stattdessen ist Methodenvielfalt angesagt« (ebd.), um die Lehre abwechslungsreich und motivierend zu gestalten.

Methodenvielfalt: Ein Methodenwechsel führt zu Aktivierung und regt das Interesse am Thema unter Umständen neu an (vgl. ebd.). So befinden empirische Untersuchungen, dass die übermäßige Wiederholung von Methoden zur Ablehnung der Methode führt und den Lernerfolg damit beeinträchtigen kann (vgl. z. B. Stead 2005). Sie sollten es dennoch nicht übertreiben mit der Methodenvielfalt. Schlimmer als ein monomethodisches Seminar ist nur eines, das in jeder Sitzung zwei neue Methoden einführt.

Sie sollten Methoden stattdessen maßvoll wiederholen. Ein Fehler wäre es, das Seminar in jeder Sitzung mit neuen Methoden zu überfluten, weil Sie viel Zeit damit verlieren, die Methode zu erläutern, durchzuführen etc. Suchen Sie sich zu Beginn einfach einige Methoden heraus, die Ihnen für Ihr Thema sowie für Ihren Lehrtyp sinnvoll erscheinen, und wechseln Sie dann ab. Wichtig ist, dass Sie »effiziente Methoden von weniger effizienten unterscheiden« (ebd.) und diese in der Lerngruppe ritualisieren. Wenn die Gruppe eine Methode kennt, wird diese, selbst wenn sie prinzipiell recht aufwändig ist, sehr schnell von der Hand gehen. In die andere Richtung besteht die Gefahr, dass die Gruppe von einer Methode gelangweilt ist, wenn sie zu oft durchgeführt wird. Versuchen Sie also stets ein gutes Maß an Methoden zu finden.

Wichtig ist Ihre Grundhaltung bei der Durchführung Ihrer Methoden. Jede Unsicherheit wird sich auf die Gruppe übertragen, weshalb es wichtig ist, dass Sie bei allen Methoden eine direktive Haltung einnehmen, also klar sagen, was zu tun ist:

»Wenn Sie eine [Methode] in Ihrer Lehrveranstaltung durchführen, so ist es hilfreich, wenn Sie dies bestimmt und entschlossen tun. Leiten Sie Ihre Studierenden direktiv und nachdrücklich zu der gewählten Arbeitsform an und verfallen Sie dabei nicht in einen fragenden Gestus. Lassen Sie sich auch nicht ohne Not auf eine Methodendiskussion ein, denn die Einleitung in eine Arbeitsform ist (von wenigen Ausnahmen abgesehen) nicht der Zeitpunkt, um über Wahl- und Alternativmöglichkeiten zu diskutieren. Stellen Sie (auch innerlich) nicht erst die Frage, ob nach Ihrem Konzept gearbeitet wird, sondern betrachten Sie dies als Voraussetzung. Es ist Ihre Aufgabe als Lehrperson, ein Veranstaltungskonzept auszuarbeiten und die passenden Arbeitsformen einzuplanen. Sie haben die Sitzung gut vorbereitet und leiten nun die Durchführung des Konzepts ein, nicht seine Diskussion« (Wörner 2016, S. 7).

Selbstsicher auftreten

Der richtige Platz für eine Diskussion Ihrer Methoden ist in der Phase der Evaluation, die sich an das Semester anschließt. Vermeiden Sie deshalb Formulierungen im Konjunktiv und Wörter wie ›vielleicht‹ und ›eigentlich‹ (vgl. ebd.). Das bedeutet nicht, dass Sie nicht genau erklären, wie die Methode funktioniert und auch prinzipiell offen für Kritik sind. Dies sollte nur nicht während der Durchführung der Methode erfolgen (vgl. ebd.).

3.5.1 | Organisationsformen

Methodik beschreibt die Arbeitsform einer Lerngruppe. Man muss hierbei zwischen Methode und Organisationsform unterscheiden. Organisationsformen können sein:

- Frontalunterricht
- Einzelarbeit
- Partnerarbeit
- Gruppenarbeit

Diese Organisationsformen beschreiben nur die Anordnung der Personen im Raum. Dies ist zunächst wertfrei und objektiv feststellbar. Keine der Organisationsformen ist der anderen prinzipiell vorzuziehen. Die moderne Didaktik legt zwar einen ausgeprägten Fokus auf Gruppenaktivitäten, aber der Frontalunterricht ist nicht prinzipiell zu verteufeln. Gerade im hochschuldidaktischen Bereich ist es wichtig, bestimmte Sachverhalte anschaulich und prägnant zu erläutern. Die einzelnen Organisationsformen sollen zunächst kurz vorgestellt werden, bevor Sie im nächsten Kapitel (3.5.2) einen kleinen Test durchführen können, um zu erfahren, was für Sie am besten geeignet ist.

3.5.1.1 | Frontalunterricht

*Frontal*unterricht. Allein der Ausdruck legt nahe, dass die Lernenden in Wortgewittern untergehen werden, sozusagen frontal beschossen mit Wissen aus der Professoren-Kanone. Die Organisationsform ›Frontalunterricht‹ ist jedoch wertfrei zunächst an der räumlichen Position aller

Akteure orientiert. Das heißt, dass sich im Frontalunterricht eine oder mehrere Personen frontal vor der Gruppe befinden und man sich gegenseitig wahrnehmen kann. Im prototypischen Fall übernimmt die Lehrkraft den größten Teil des Gesprächs und erläutert einen bestimmten Sachverhalt. Die Partizipation der Gruppe beschränkt sich auf Rückfragen.

Die Vorteile liegen auf der Hand. Die Lehrkraft kann mit ihrem ›Stoff‹ gut durchkommen und abhaken, was sie erledigt hat. Wenn Sie also vorhaben, den Studierenden den Unterschied zwischen einer Wortart und einem Satzglied zu erläutern, können Sie dies innerhalb kurzer Zeit tun und sich sicher sein, dass dies erledigt ist. Aber ist das wirklich so?

Der offensichtliche Vorteil des Frontalunterrichts, seinen Stoff oder den Lehrplan zügig durchzubringen, täuscht. Nur weil Sie etwas gesagt haben, kommt es noch lange nicht bei den Lernenden an. Wenn dies so wäre, bräuchte man überhaupt keinen Präsenzunterricht, Sie könnten einfach ein Video aufnehmen, in dem alles gesagt wird (siehe Kap. 3.7.2). Merksätze oder auf einer Folie gezeigte Definitionen werden nicht zwangsläufig durchdrungen, nur weil Sie diese präsentieren. Zudem »lernen [die Studierenden] fast ausschließlich rezeptiv und können kaum Selbständigkeit entwickeln« (Nuhn 2000, S. 10), da die Lehrkraft den größten Redeanteil hat und selten Phasen der Interaktion vorgesehen sind.

Dennoch kann der Frontalunterricht nützlich sein. Wenn Sie z. B. einen sehr fundamentalen Sachverhalt erläutern wollen, bei dem ein falsches Verständnis das ganze Weiterkommen im Seminar behindern würde, können Sie dies durchaus mittels direkter Instruktion tun. Hierbei ist allerdings zu beachten, dass gerade beim Frontalunterricht der Erfolg zu 100 % von den Fähigkeiten der Lehrkraft abhängt.

Wenn Sie gut und anschaulich erklären und vielleicht sogar Ihre Leidenschaft für das Thema transportieren können, ist diese Unterrichtsform für Sie geeignet. Der Frontalunterricht verlangt schauspielerisches Können, theatralisches Grundverständnis und eine große Empathie. »Schule ist Theater« (Kramer 2008). Im Prinzip stehen Sie auf einer Bühne und das Unterrichten wird zum Schauspiel (vgl. Schwarz 2013). Dies ist der Grund, warum viele junge Lehrende zu Beginn scheitern, wenn sie diese Unterrichtsform wählen. Man entscheidet sich für den Frontalunterricht, da dieser vermeintlich die einfachste Form des Unterrichts ist, aber am Ende stellt es eine der anspruchsvollsten Formen dar. Sie müssen genau wissen, was Sie wann wie sagen und sich daran gewöhnen, im Rampenlicht zu stehen. Andere Unterrichtsformen sind sehr viel weniger fordernd.

Dabei hat der Frontalunterricht oft eine begleitende und assistierende Funktion. Die Methoden, die im nächsten Kapitel behandelt werden, müssen oftmals eingeleitet und abgeschlossen werden, was am einfachsten im Frontalunterricht geht:

»So wenig Frontalunterricht wie möglich – so viel Frontalunterricht wie nötig. Ohne Frontalunterricht sind Gruppen- oder Projektarbeit nicht möglich. Sie müssen durch ihn eingeleitet, begleitet und aufgefangen werden« (Nuhn 2000, S. 10 f.).

Geeignet für: Einführungsthemen; Themen mit vielen Fachbegriffen;
                     einfachste Grundlagen; Definitionen; Erläuterung von
                     Methoden
Ungeeignet für: Transferleistungen; komplexe Aufgaben

3.5.1.2 | Einzelarbeit

»Hefte raus, Seite 13 komplett durcharbeiten, am Ende der Stunde gibt es
die Lösung.«

»Einzelarbeit – auch als Allein- oder Stillarbeit bezeichnet – meint das selbstän-
dige und selbsttätige Arbeiten der [Studierenden], das nicht unter der unmittel-
baren Lenkung und Leitung [der Lehrkraft] steht. Unterrichtsinhalte werden anhand von Büchern, Arbeitsblättern oder anderen Materialien erarbeitet« (Nuhn
2000, S. 13).

Einzelarbeit hat nicht den besten Ruf, geht sie doch Hand in Hand mit
dem Frontalunterricht. Mit diesen beiden Organisationsformen können
Sie den schulischen und universitären Unterricht der letzten 100 Jahre
nachvollziehen. Zunächst wird erklärt, danach wird einzeln gearbeitet.
Die Einzelarbeit hat dabei einige Nachteile. Neben der nichtvorhandenen
Möglichkeit, sich auszutauschen, müssen die Lernenden wie beim Frontalunterricht eigentlich nicht ins Seminar kommen, da sie ja alleine arbeiten. Diese Arbeit wäre auch zu Hause möglich, die Lösungen kann
man bereitstellen.

Vorteile einer Einzel- oder Stillarbeit: Vor allem längere Texte sollten
alleine und konzentriert bearbeitet werden, da Kommunikation zunächst
keine große Hilfe ist. Es ergibt sich eine ruhige, konzentrierte Arbeits-
atmosphäre, in der vor allem differenziertes Arbeit möglich ist. So können die Aufgaben durchaus in mehreren Schwierigkeitsgraden angeboten
werden und die Lernenden entscheiden selbst, welche Aufgaben sie in
welcher Reihenfolge und mit welcher Schwierigkeit lösen.

Geeignet für: längere Texte und Aufgaben; Aufbau von Vorwissen
Ungeeignet für: Transferleistungen; kommunikative Aufgaben

3.5.1.3 | Partnerarbeit

»Und das diskutieren Sie bitte mit dem Partner!« – Die Sozialform der
Partnerarbeit ist sehr beliebt bei Lehrkräften, da diese Form sehr wenig
Planung vorsieht und fast keine Vorbereitung benötigt. Im Zweifel kön-
nen Sie stets Partnerarbeit nutzen, aus methodischer Sicht ist dies jedoch
nicht immer sinnvoll. Partnerarbeit ist dann angebracht, wenn Sie einen
Diskurs brauchen. Wenn die Aufgabe also mehr verlangt als das bloße
Bearbeiten oder Textarbeit. Sie geht dabei nicht so weit wie die Gruppen-
arbeit und erlaubt nur den Austausch von zwei Personen. Best Practice-
Beispiele wären die Vorbereitung eines kurzen Vortrags zu einem Thema,
der natürlich idealerweise zu zweit entwickelt, aber in jedem Fall zu

zweit vorgetragen wird. Die wechselseitige Kontrolle von Ergebnissen kann sehr sinnvoll sein.

»Sie hat dort ihre Grenze, wo [die Lehrkraft] die Vielzahl der Gruppen, ihr unterschiedliches Leistungsvermögen und Arbeitstempo nicht mehr überschauen und die verschiedenartigen Vorhaben nicht alle kontrollieren kann. Deshalb findet Partnerarbeit in der Regel in arbeits- und themengleicher Form statt« (Nuhn 2000, S. 12 f.).

Geeignet für: kürzere Texte und Aufgaben; Aufgaben, die ein Gespräch erfordern
Ungeeignet für: Transferleistungen; komplexe Aufgaben

3.5.1.4 | Gruppenarbeit

Während Gruppenarbeit Anfang des 20. Jahrhunderts sehr selten durchgeführt wurde, ist sie heute »in aller Munde« (Wessner et al. 2000, S. 9) und wird für den Unterricht häufig empfohlen (vgl. Klippert 2002; Meyer 2007), was aber nicht zwangsläufig dazu führt, dass sie tatsächlich zum Unterrichtsalltag wird (vgl. Nuhn 2000, S. 11). Auch in der Hochschule kann »kaum auf Gruppenarbeit verzichtet werden« (Wörner 2016, S. 1).

Dabei wird Unterricht durch Gruppenarbeit nicht automatisch modern oder besser. Gerade schlecht konzipierte Gruppenarbeit ist kaum mehr als Beschäftigungstherapie und führt auf Seite der Studierenden und der Lehrkräfte »zu einer für beide Seiten unbefriedigenden Gruppenarbeitspraxis, die trotz ihrer Nachteile und nicht wegen ihrer Vorteile durchgeführt wird« (ebd.). Auch andere Faktoren können für eine Abneigung gegen die Arbeit in Gruppen sprechen:

Abneigung gegen Gruppenarbeit

1. »Es ist generell möglich, dass bestimmte Personen die gemeinsame Arbeit mit anderen als unangenehm empfinden und lieber allein arbeiten.
2. Man kann nur entweder allein oder in Gruppen arbeiten, was in der Hochschullehre sehr häufig Gruppenarbeit bedingt.
3. ›Gruppenarbeit‹ ist ›Arbeit‹. Sie ist häufig die einzige Form, in der die Studierenden in der Lehre (als solche wahrgenommene) Arbeit leisten müssen.
4. Nur eine Minderheit der Lehrpersonen ist ausreichend auf die Einleitung und Durchführung von Gruppenarbeiten vorbereitet. Dies führt immer wieder zu ungünstigen Verläufen und Ablehnung« (Wörner 2016, S. 4).

Dem ersten Faktor sollte man aktiv entgegenarbeiten. Im Sinne des erweiterten Lernbegriffes sollten alle Studierenden dazu in der Lage sein, mit anderen produktiv zusammenzuarbeiten. Der zweite Faktor ist bedingt durch die Lehre allgemein. Die Studierenden sind eine Gruppe und lernen, sie befinden sich im Prinzip immer in einer Situation der Gruppenarbeit (vgl. ebd.).

Der dritte Faktor äußert sich in Ausrufen wie »Schon wieder Gruppenarbeit!« (ebd., S. 8). Diese Kritik bezieht sich allerdings nicht auf die Organisationsform der Gruppe, sondern auf die Arbeit an sich. Während die Studierenden in anderen Formen relativ passiv sein können, müssen sie in der Gruppe miteinander agieren und arbeiten (vgl. ebd.). Wie sich die

Lehrenden auf Gruppenarbeit vorbereiten können, ist das Thema dieses Kapitels.

Wenn Sie Gruppenarbeit in Erwägung ziehen, dann nur, wenn es für die Aufgabe sinnvoll ist, sich mit anderen auszutauschen, da die Gruppenarbeit zwar eine sehr gewinnbringende Erfahrung sein kann, sie aber sehr viel Zeit kostet und die Studierenden nicht unbedingt zu einem schnellen oder richtigen Ergebnis kommen. Deshalb sollten verschiedene Faktoren berücksichtigt werden, wenn Sie in Gruppen arbeiten möchten:

- **Transparenz:** Weisen Sie am besten bereits im Veranstaltungsverzeichnis darauf hin, dass kooperative Gruppenarbeiten stattfinden werden. Und wiederholen Sie diese Ankündigung auch noch einmal in der ersten Sitzung (vgl. ebd., S. 5). Die Studierenden haben oft die Wahl, welche Veranstaltungen sie besuchen und wenn Sie relativ früh auf Ihre Arbeitsweise hinweisen, haben Sie tendenziell ein positiver gestimmtes Plenum.

- **Voraussetzungen der Studierenden:** Je nach Fachbereich und Erfahrung der Studierenden kann es einfacher oder schwieriger sein, Gruppenarbeiten durchzuführen. Wenn die Studierenden bisher nur Vorlesungen besucht haben, kann eine Gruppenarbeit verwirrend sein (vgl. ebd., S. 6).

- **Inhaltlich anleiten:** Sie sollten eine Gruppenarbeit nicht mit dem Satz »Wir machen jetzt eine Gruppenarbeit« beginnen, da dies die oben bereits erwähnten Widerstände auslöst. Weiter führt dies dazu, dass Sie »systematisch die Aufmerksamkeit von sich abziehen« (ebd., S. 8). Die Studierenden werden Ihnen nach diesem Satz nicht mehr richtig zuhören, da sie versuchen, sich in der Situation zu orientieren und im Geiste schon Gruppen bilden. Stattdessen sollten Sie eine inhaltliche Anleitung geben.

  »»Wir befassen uns heute mit der Fragestellung XY und wollen besonders die Aspekte H, I und J näher betrachten. Hierzu bitte ich Sie (Personen zuteilen), Aspekt H, I, J für uns zu erarbeiten und anschließend Ihre Ergebnisse zu präsentieren‹. Das Wort ›Gruppenarbeit‹ kommt darin gar nicht vor und das ist auch gut so« (Wörner 2016, S. 8).

- **Visualisierung:** Wie bereits im Kapitel zu Aufgaben (siehe Kap. 2.5) angesprochen wurde, sollten Aufgaben mitsamt ihrem Auftrag visualisiert werden. Neben dieser visuellen Hilfe sollte auch die Arbeitszeit genau angegeben und stets einsehbar sein. Im Optimalfall geben Sie aber nicht die Zeitdauer der Aufgabe an, sondern die konkrete Uhrzeit, wann die Aufgabe erledigt sein sollte (vgl. ebd., S. 9). Es ist dabei zu empfehlen, sich selbst ein Bild über den Fortschritt der Aufgabe zu machen und nicht ins Plenum zu fragen, »ob noch jemand Zeit braucht«. Entweder die Studierenden brauchen noch Zeit und bejahen oder sie sind fertig und bejahen trotzdem, da sie dann etwas Freizeit haben.

- **Gruppengröße:** Sie sollten sich »an der Zahl fünf als Richtgröße [...] orientieren« (ebd., S. 11) und keinesfalls mehr Teilnehmer zusammenfassen. Diese Gruppengröße ist ideal, um Diskussionen zu führen und das Arbeitsergebnis zu optimieren. Eine größere Gruppe erschwert die Gesprächsführung und es treten Effekte wie »Verantwortungsdiffusion und das Trittbrettfahren« (ebd.) auf, es ist also unklar, wer für was verantwortlich ist und Einzelne können sich zurückziehen. Auch fällt es großen Gruppen schwer, »in kurzer Zeit zu einem einheitlichen Ergebnis zu kommen« (ebd.).

- **Gruppenzuweisung:** Es gibt sehr viele schöne methodische Ideen, wie man ein Seminar in Gruppen einteilt, wie z. B. Spielkarten, Aufgaben- und Lösungskarten, Familiennamen etc. Auf jeden Fall zu vermeiden ist ein einfaches Durchzählen, da sich die Teilnehmer die Zahl oft nicht merken, es viel Unruhe bringen kann und sehr »anonym« (ebd., S. 9) ist. Wenn es schnell gehen muss, können Sie einfach die Anweisung geben, sich zu dritt oder viert zusammenzufinden. Durch diese Varianz vermeiden Sie es, dass Einzelpersonen an verschiedenen Stellen im Raum übrigbleiben und Sie nutzen bereits bestehende soziale Strukturen. Dies kann aber dazu führen, dass sich nur Freundesgruppen zusammenfinden und Studierende ohne Kontakte übrigbleiben.

Im Kasten sehen Sie einige Methoden, um Gruppen zusammenzuführen. »Ihrer Kreativität sind dabei (fast) keine Grenzen gesetzt, Sie sollten nur jeweils den erforderlichen Zeitaufwand berücksichtigen« (ebd., S. 12). Prinzipiell kann das Erstellen von Gruppen gerade am Anfang eines Seminars sehr zum Lernklima beitragen. Die Teilnehmer lernen sich recht ungezwungen kennen, was die Bildung des sozialen Gefüges im Seminar fördert.

Beispiel **Gruppen bilden**

1. »verschiedenfarbige Papierschnipsel verteilen (Anzahl der Farben = Anzahl der Gruppen)
2. verschiedene Bonbons austeilen (Anzahl der Bonbontypen = Anzahl der Gruppen) [...]
3. verschiedene Postkarten zerschneiden und dann als Puzzle zusammenfügen lassen (Anzahl der Postkarten = Anzahl der Gruppen; Anzahl der Stücke je Postkarte = Gruppengröße)« (Wörner 2016, S. 12)
4. Spielkarten: es müssen sich alle Damen, Könige, Buben etc. zusammenfinden
5. Familiennamen: Schmitt, Schmidt, Schmid, Schmied, so kommen die Studierenden auch ins Gespräch miteinander
6. Karten, auf denen bestimmte Begrüßungsformen stehen: Hand schütteln, abklatschen, umarmen etc.
7. Tierlaute, wenn es besonders albern werden soll

- **Aufgabenstellung und Material:** Gruppenarbeit spart Redezeit, aber nicht unbedingt Material. Achten Sie darauf, dass ausreichend Texte, Aufgaben etc. zur Verfügung stehen. Im schlimmsten Fall gibt es jedes Material nur einmal und alle wollen am liebsten die gleiche Aufgabe bearbeiten, was zu Passivität und Motivationsverlust führen wird.

- **Rolle der Lehrkraft:** Die Lehrkraft sollte sich in der Gruppenarbeit zurücknehmen. Sie können prinzipiell einzelnen Gruppen helfen, wenn konkrete Fragen oder Probleme auftreten, aber Sie sollten es vermeiden, gehetzt zwischen den Gruppen zu pendeln und quasi mitzuarbeiten. Dies ist vor allem zu Anfang wichtig, damit die Gruppen wissen, dass es sich um eine eigenverantwortliche Arbeit handelt und nicht um Intervallunterricht.

  »Im Allgemeinen haben Lehrende gar nicht genug Phantasie, sich vorzustellen, wie unterschiedlich Gruppen vorgehen und [Studierende] lernen. Es stört beträchtlich, wenn [die Lehrkraft] die Klasse zwischendurch immer wieder frontal anspricht. Stattdessen lassen sich bei längeren Phasen von Gruppenarbeit Zwischenkontrollen bzw. -tests einschieben« (Nuhn 2000, S. 12).

- **Einleitung der Sicherung:** Machen Sie sich selbst ein Bild davon, wie weit Ihre Gruppen mit der Fragestellung sind. Auch ist es sinnvoll und möglich, bei längeren Phasen eine Zwischensicherung durchzuführen, damit alle Gruppen ein Gefühl dafür bekommen, ob sie auf dem richtigen Weg sind (vgl. Wörner 2016, S. 14). Sie sollten ca. fünf Minuten vor Ende einer Gruppenarbeit darauf hinweisen, dass nur noch fünf Minuten Zeit sind und die Gruppen genügen Zeit haben, sich zu organisieren und auf einen eventuellen Vortrag vorzubereiten.

- **Ergebnispräsentation:** Bei der »Ergebnispräsentation ist es empfehlenswert, konsequent darauf zu achten, dass die jeweiligen Präsentatoren tatsächlich auch ›nach vorn‹ kommen und ihre Ergebnisse nicht ›vom Platz aus‹ vorstellen« (Wörner 2016, S. 15). Dies hat den Vorteil, dass die anderen Studierenden wissen, wer jetzt gerade das Sagen hat. Am Ende einer, wenn auch kurzen, Präsentation sollten Sie einen kleinen Applaus geben, um zu zeigen, dass die Arbeit anerkannt wird. Dies trägt weiter zu einer angstfreien und lernförderlichen Lernumgebung bei und zeigt den Studierenden, dass Sie ihre Ergebnisse schätzen (vgl. ebd.).

Geeignet für: aufwändige Aufgaben; Transferleistungen; Präsentationsvorbereitung
Ungeeignet für: schreibintensive Aufgaben; leseintensive Aufgaben

3.5.1.5 | Übersicht über die Organisationsformen

Die Organisationsformen sollen in aller Kürze mit ihrem idealen Anwendungsgebiet erläutert werden:

Sozialform	Vorteile	Nachteile	bevorzugte Anwendung
Frontal-unterricht	• lehrkraftgesteuert • schnell • präzise	• Lehrinhalt entspricht nicht zwingend dem, was die Lernenden mitnehmen • passives Lernen • Förderung von Unselbstständigkeit • Förderung des allwissenden Dozenten	• Einführungen ins Thema • Erläuterung von sehr komplexen Themen • Input vor selbstgesteuertem Lernen • Erläuterung einfacher Methoden
Einzelarbeit	• ruhige Arbeitsform • sehr fokussiert	• kein Austausch möglich • wenig motivierend	• Lösung von Aufgaben • Analysen • Textarbeit
Partnerarbeit	• relativ ruhige Arbeitsform • Austausch möglich • methodische Entlastung	• weniger fokussiert • Partner müssen harmonieren	• Textarbeit • Meinungsaustausch • Erstellen von Arbeitsergebnissen
Gruppenarbeit	• guter Austausch möglich • viele Meinungen werden gebündelt • Ergebnis tendenziell am besten	• laut • Gruppe muss harmonieren • nicht jeder arbeitet mit	• komplexe Aufgaben • bewertende Aufgaben • kreative Aufgaben • Aufgaben, die in einen Vortrag münden

Übersicht über die Organisations-formen

Nachdem Sie nun die verschiedenen Sozialformen kennengelernt haben, soll es im Folgenden zunächst um Sie als Lehrkraft gehen und im Anschluss um die Vorstellung konkreter Methoden.

3.5.2 | Lehrtyp

Nehmen Sie sich einen Augenblick Zeit, um folgende Fragen mit Ja oder Nein zu beantworten:

Test

Kleiner Selbsttest

1. Ich spreche gerne mit fremden Leuten.
2. Ich spreche gerne vor Publikum.
3. Ich kann mir viel auswendig merken.
4. Ich habe schon Theater gespielt.
5. Ich kann sehr laut sprechen.
6. Ich ziehe gerne die Aufmerksamkeit auf mich.
7. Ich bin schlagfertig.

Wenn Sie nicht mindestens drei dieser Fragen mit Ja beantworten können, dann ist der klassische, frontale Unterricht für Sie eher nicht geeignet. Aber selbst wenn Sie einige der Fragen mit Ja beantwortet haben,
muss das nicht genügen. Der Frontalunterricht verlangt Ihnen nämlich in
allen sieben Punkten etwas ab (siehe oben).

Um sich vom Frontalunterricht zu lösen, müssen Sie Methoden in Ihre
Lehre integrieren. Im Folgenden soll mit einfachen, sogenannten Mikromethoden begonnen werden, die sich sehr einfach nutzen lassen und den
frontalen Vortrag konstruktiv durchbrechen.

Durchbrechen
des Vortrags

3.5.3 | Mikromethoden

Sie kennen die Situation sicherlich aus dem Studium oder aus ihren ersten
Lehrerfahrungen. Die Lehrkraft stellt eine Frage und zwei Finger gehen in
die Höhe. Immer dieselben zwei Finger, darauf ist Verlass, werden sich
zeigen. Das wenig zielführende Verhalten, wahllos Fragen in ein Plenum
zu werfen, haben sich Lehrende aus ihrem eigenen Unterricht erhalten.
Wo jedoch in der Schule die blanke Angst vor regelmäßiger Benotung
Finger in die Luft treibt, hat die Hochschule keine extrinsisch motivierenden Mittel. Sie sind also auf die Teilnehmerinnen und Teilnehmer angewiesen, die Sie aus der Stille erlösen, wenn die Frage im Raum steht.

Sie können aber verschiedene Mikromethoden nutzen, die erfahrungs-
gemäß zu einer größeren Beteiligung führen. Sie alle basieren darauf,
dass sie nur wenig Zeit in Anspruch nehmen und die Beteiligung am
Unterricht stark verbessern. Den Namen der Methoden sollten Sie nicht
allzu viel Gewicht beimessen, da Methoden in der Literatur nicht stan-
dardisiert sind. Das heißt, Sie können viele Methoden unter verschiedenen Namen finden, wenn Sie sich in diesem Bereich weiterbilden.

3.5.3.1 | Murmelphase

Die sogenannte Murmelphase beschreibt mit ihrem Namen genau das,
was sie bezwecken möchte. Sie können diese Methode jederzeit geplant
und ungeplant einsetzen, wenn Sie das Gefühl haben, dass Ihre Frage
etwas Bedenkzeit benötigt. Hierzu stellen Sie die Frage zunächst ganz
klassisch, z. B. »Welches Werk war denn besonders relevant für die deutsche Klassik?«. Statt nun aber eine der drei erhobenen Hände direkt auf-
zurufen, fordern Sie die Gruppe auf, genau eine Minute mit dem Nach-
barn darüber zu sprechen. Durch diese kurze Möglichkeit, den ersten
Impuls prüfen zu können, erhalten die Studierenden mehr Sicherheit und
sind eher bereit, die Antwort im Plenum zu vertreten. Die Studierenden
haben ein kleines Probepublikum, dem sie die Antwort im Gespräch vorstellen können. Wenn Studierende sich ihrer Antwort recht sicher sind,
werden sie sich eher beteiligen.

Die Minute sollten Sie übrigens genau stoppen, denn vor Gruppen ver-
geht die Zeit sehr viel langsamer. Dadurch entwickeln Sie ein besseres
Zeitgefühl für Ihre Lehre.

Ziel: Qualitative Verbesserung der Antworten
Organisationsform: Frontalunterricht

3.5.3.2 | Bienenkorb/Buzzgroup

Die Buzzgroup ist die Großform der Murmelphase. Anstelle von Partner-gesprächen sollen größere Gruppen gebildet werden. In diesen Gruppen unterhalten sich die Studierenden dementsprechend etwas länger (ca. 5–15 Minuten) über ein bestimmtes Thema bzw. bearbeiten eine kon-krete Aufgabe. Die Methode ist »sogar in Massenveranstaltungen mit fester Bestuhlung anwendbar: Jeweils 3 Studierende arbeiten mit den hinter ihnen sitzenden Studierenden zusammen« (Berendt 2016, S. 1).

Die Vorteile sind die gleichen wie bei der Murmelphase. Es sollte aber betont werden, dass sich durch eine derart offene Aufgabe zwar durchaus die Beteiligung erhöht, aber nicht zwangsläufig die Qualität der Antwor-ten (vgl. Faulhaber/Kroath 2012, S. 14). Hierfür eignen sich komplexere Methoden besser.

Ziel: Qualitative Verbesserung der Antworten
Organisationsform: Frontalunterricht

3.5.3.3 | Blitzlicht

Das Blitzlicht ist eine extrem einfache Methode, die sich vor allem zur Meinungsgewinnung eignet. Hierbei geben Sie der Gruppe eine These, ein Beispiel oder einen irgendwie gearteten Impuls, der sie im Thema weiterbringt. Das könnte z. B. sein »Glauben Sie, dass es Hausaufgaben in der Schule geben muss?«.

Die Studierenden können sich »zu bestimmten Fragestellungen mög-lichst spontan äußern, ohne dass sie Kritik oder Widerspruch zu fürchten haben« (Klippert 2002, S. 93). Hierfür geben Sie im Idealfall einen kleinen Gegenstand durch die Reihen (was aber kein Muss ist) und jeder, der den Gegenstand erhält, bzw. an der Reihe ist, sagt in einem Wort oder einem sehr kurzen Satz etwas zu dem Impuls. Wichtig ist, dass die Äußerungen wirklich kurz und prägnant sind. So erhalten Sie bei einer Gruppengröße von 40 Teilnehmer/innen innerhalb von ca. 120 Sekunden alle Meinun-gen zu einem Impuls.

Es ist darauf zu achten, dass die Gruppe erstens eine kurze Bedenkzeit bekommt, bevor sie antwortet und zweitens die Methode verstanden hat. Je häufiger sie jedoch darauf zurückgreifen, desto routinierter ist der Ver-lauf und desto besser das Ergebnis.

Ziel: Schneller Überblick über die Meinungen in einer Gruppe
Organisationsform: Frontalunterricht

3.5.3.4 | Brainstorming

Die Studierenden »sollen anhand einer vorgegebenen Problem- bzw. Fragestellung möglichst viele Gedanken/Ideen zusammentragen bzw. ›verbal sprudeln lassen‹« (Klippert 2002, S. 115). Dies sollte auf folgende Weise stattfinden:

- Einzelarbeit: Die Studierenden denken kurz selbst über das Problem nach.
- Gruppenarbeit: Die Studierenden tauschen sich aus und entwickeln Ideen weiter.
- Frontalunterricht: Das Plenum trägt zwanglos alle Ideen zusammen und »kommentiert, diskutiert und [fasst zusammen]« (ebd.).

Das Brainstorming kann zu Beginn der Behandlung eines Themas stehen, da Sie hier sehr schnell einen Überblick über das Vorwissen der Studierenden erhalten. Auch eignet es sich, wenn Fachbegriffe wiederholt werden sollen.

Ziel: Schnelles Abrufen von Vorwissen
Organisationsform: Frontalunterricht

3.5.3.5 | Schreibgespräch

Beim Schreibgespräch sollte ebenfalls ein Impuls vorausgegangen sein, der die Gruppe in irgendeiner Form zum Denken anregt. Im Idealfall sollten die Studierenden eine These formulieren können, die sich auf diese Überlegungen stützt. Nun nimmt jeder Teilnehmer ein Blatt Papier und notiert diese These. Wenn alle eine These auf dem Papier haben, wird das Papier durch die Reihe weitergegeben. Nun hat man eine These vor sich liegen und versucht, diese zu bewerten und zu verändern, indem man Wörter ändert, Anmerkungen anbringt oder ein schlichtes + oder – auf das Blatt malt. Dieses Vorgehen wird Talking-to-the-text genannt und ist in der Lesedidaktik verbreitet.

Der Vorgang wird dann einige Male wiederholt, bis schließlich das Produkt vor den Studierenden zum Thema gemacht werden kann. Hier können exemplarische Texte gezeigt und besprochen werden.

Ziel: Komplexer Überblick über Meinungen zu einem Impuls
Organisationsform: Frontalunterricht

3.5.3.6 | Konvergent organisierte Redekette

In dieser Methode kommen alle Studierenden der Reihe nach dran. Als Lerner weiß man, dass man sehr sicher einmal etwas beitragen muss und wann dies genau geschieht. Am besten geeignet ist diese Art von Redekette, um Übungsergebnisse zusammenzutragen. Ein Teilnehmer in der ersten Reihe beginnt damit, die Lösung einer Übung oder Aufgabe zu beschreiben und der Banknachbar übernimmt die nächste Aufgabe, bis schließlich alle Aufgaben behandelt wurden.

Da dies eine sehr schnelle und effiziente Weise ist, Ergebnisse zu sammeln, sollte man den Studierenden die Möglichkeit geben, zu passen, also die Aufgabe weiterzugeben. So ist sichergestellt, dass es schnell vorangeht.

Es ist dabei empfehlenswert auf die Korrektur eventuell auftretender Fehler zunächst zu verzichten und mitzuschreiben oder zu visualisieren, um danach im Plenum Fehler und Fragen zu klären oder Vertiefungen zu geben.

Ziel: Schneller Überblick oder schnelle Rückmeldung zu Aufgaben

Organisationsform: Frontalunterricht

3.5.3.7 | Divergent organisierte Redekette

Man gibt eine Frage, Aufgabe oder einen Impuls in das Plenum und ruft den ersten Studierenden noch selbst auf. Danach geben sich die Studierenden untereinander das Wort weiter. Am besten organisiert sich die Gruppe hierbei selbst und die Studierenden rufen sich gegenseitig in einer nicht bestimmten Reihenfolge auf.

Diese Methode ist besonders bei offenen Fragestellungen hilfreich, da diese Antworten, Gegenthesen und Fragen provozieren.

Die Lehrkraft nimmt sich bei dieser Methode sehr zurück und greift nur wenn es nötig wird ein, um zum Beispiel eine Frage zu klären.

Ziel: Studierendenorientierte Diskussion

Organisationsform: Frontalunterricht

3.5.3.8 | One-Minute-Paper

»Mit Hilfe des One-Minute-Papers erfahren Sie von den Lernenden, wo diese gerade stehen und was gegebenenfalls noch zu tun ist. Gleichsam setzen sich die Lernenden aktiv mit den gerade vorgetragenen Inhalten auseinander« (Lehner 2009, S. 176).

Am Ende der Sitzung bitten Sie die Studierenden, zwei Fragen schriftlich zu beantworten:

- »Welche wichtigen Erkenntnisse haben Sie heute gewonnen?« (ebd.)
- »Welche Frage ist offen geblieben?« (ebd.)

Sie erhalten so Einblick in das Denken der Gruppe. Es ist möglich, dass Sie die Antworten nach der Sitzung durchsehen oder direkt in der Sitzung. Das One-Minute-Paper hat dabei den Vorteil, dass es extrem schnell durchzuführen ist und einen guten Einblick in die Kompetenzen der Studierenden gibt. Es ist aber nicht zu empfehlen, es in jeder Sitzung einzusetzen, da sich dann, wie bei jeder zu häufig angewandten Methode, Monotonie einstellt (vgl. Stead 2005).

Das One-Minute-Paper kann sehr effizient mit elektronischen Feedbackmethoden, wie z. B. PINGO gekoppelt werden (siehe Kap. 3.6.3.1).

Ziel: Sicherung
Organisationsform: Frontalunterricht

3.5.3.9 | Clustering

Beim Clustering schreiben die Studierenden Begriffe zu einem Reizwort oder einem Impuls auf und assoziieren diese weiter. Dadurch entsteht ein Netz aus spontanen Assoziationen:

1. »Als Kern des Clusters wird ein Wort, ein Satz oder eine metaphorische Redewendung in die Mitte eines leeren Papiers geschrieben und eingekreist.
2. Spontane Eingebungen schreibt man nun, ohne sie zu zensieren oder über sie lange nachzudenken, um den Kern herum, kreist sie abermals ein und verbindet sie mit dem Kern oder untereinander.
3. Jedes neue Wort lässt so einen neuen Kern entstehen, der weitere Assoziationen zulässt. Auf diese Weise entstehen Assoziationsketten und -netze.
4. Man beendet das Ganze, wenn einem nichts mehr einfällt. Beim Betrachten der Skizze gewinnt ein Teil oder ein bestimmtes Wort besondere Bedeutung und eröffnet einem ein Thema.
5. Aufgrund dieses Themas beginnt man einen Fließtext zu schreiben, bei dem keine bestimmte Textsorte vorgegeben ist« (Reich 2012).

Im Gegensatz zum Mindmapping ist das Ziel aber keine hierarchische Organisation, sondern einzig das Aktivieren von Wissen. Das Clustering kann dabei zu Anfang einer Sitzung oder eines Seminars stehen, um das Vorwissen der Studierenden zu ermitteln. Auf das Schreiben eines Textes kann verzichtet werden, wenn die Methode insgesamt schneller gehen soll.

Ziel: Aktivieren von Vorwissen
Organisationsform: Frontalunterricht

3.5.3.10 | Stimmungsbarometer

Das Stimmungsbarometer dient dazu, Meinungen und Befindlichkeiten einzuholen und Diskussionen anzuregen (vgl. Klippert 2002, S. 94). Hierfür bestimmen Sie einfach zwei Pole im Seminarraum. Zum Beispiel könnte die hintere Wand ›Zustimmung‹ bedeuten und die Tafel vorne ›Ablehnung‹. Nun geben Sie der Gruppe eine These und diese verteilt sich im Raum je nach eigener Meinung. Je näher man an der hinteren Wand steht, desto eher stimmt man zu, je näher man an der Tafel steht, desto eher lehnt man ab.

Diese Methode kann zu Beginn des Semesters eingesetzt werden, um Vorerfahrungen abzurufen, aber auch um inhaltliche Thesen zu diskutieren. Auch eignet sie sich als Beginn einer Diskussion, da die Meinungsfronten direkt offensichtlich sind und sich die Gruppen z. B. zunächst untereinander austauschen können, um dann mit der anderen Gruppe zu diskutieren.

Ziel: Vorbereitung einer Diskussion
Organisationsform: Frontalunterricht

3.5.4 | Einzel-, Partner- und Gruppenaktivierungen

Die folgenden Methoden stellen keinesfalls eine umfassende Sammlung aller bekannten Methoden dar. Stattdessen sollen einige grundlegende Typen des Arbeitens im Seminarraum erläutert werden, aus denen Sie problemlos unzählige Varianten entwickeln können.

3.5.4.1 | Fragend-entwickelnder Unterricht / Unterrichtsgespräch

Beispiel   **Zäher Unterricht**

»Und um was handelt es sich nun hier?«, der Dozent schaut auffordernd in die Runde und klopft auf das Wort an der Tafel. Die Studierenden aber weichen seinem Blick aus und starren an Boden, Decke und in die Dunkelheit des Wintersemesters morgens um acht Uhr.
»Ist die Frage zu schwer oder zu leicht?«, schiebt der Dozent nach dreißig Sekunden nach, keine Reaktion.
»Also, welches **Satzglied** ist das nun?«, langsam wird er nervös oder genervt, von außen schwer zu interpretieren.
Eine einsame Hand erhebt sich.
»Ja, Sie dort hinten.«
»Ein Adverb?«
»Fast ... fast.«, der Dozent schreibt *Adverb* an die Tafel. »Aber noch nicht ganz genau, da es sich ja um ein **Satzglied** handelt, nicht wahr?«
Stille.
»Also, Adverb ist ja auch irgendwie richtig, aber wir suchen ja hier keine Wortarten. Es handelt sich mehr um ein ... eine ... na«, der Dozent sucht nach den richtigen Worten, ohne die Lösung zu verraten.
Eine Hand hebt sich.
»Adverbiale Bestimmung?«, fragt eine schüchterne Stimme.
»Adverbiale Bestimmung, genau. Sie wissen es ja doch!«

Das sogenannte Unterrichtsgespräch oder der fragend-entwickelnde Unterricht kommt Ihnen sicher aus Schule und Studium bekannt vor. Sokrates nannte dies noch ›Mäeutik‹, die sogenannte Hebammenkunst, Werner

Sternberg nennt es »Quizveranstaltung ohne Preise« (Grell/Grell 2007, S. 56). Die Grundannahme ist, dass das Wissen bereits in den Studierenden vorhanden sei und man es nur noch ans Licht der Welt bringen müsse. Dies ist eine wundervolle Annahme, und diese Form funktioniert sicher im Zwiegespräch zwischen Sokrates und seinen Gesprächspartnern, aber angewendet auf große Gruppen ist es eine der zähesten und ineffektivsten Unterrichtsmethoden überhaupt.

Das Problem ist vielschichtig, und es kommt darauf an, was Sie genau erfragen wollen. Zunächst einmal betrachtet man in dieser Methode das Seminar als eine Person. Wenn keine Antwort auf eine Frage kommt, stellt man solange Fragen, bis jemand antwortet. Und diese Antwort übergeneralisiert man dann auf das gesamte Seminar. Weiß es einer, weiß es jeder (»Sie wissen es ja doch!«). Es gibt zwei Arten von Fragen, die auf diese Weise gestellt werden können und beide sind problematisch:

- **Einfache Fragen mit eindeutiger Lösung:** Einige Studierende werden unterfordert sein, andere überfordert und Sie verbringen sehr viel Zeit damit, die Lösung aus der Gruppe herauszukitzeln. Was aber machen Sie mit der genannten Lösung? Und warum verbringen Sie so viel Zeit damit?
- **Komplexe Fragen mit mehreren Lösungen:** Das Unterrichtsgespräch wird zum Ratespiel. Nehmen wir einmal an, Sie wollen zu einer recht offenen Frage eine ganz bestimmte Lösung hören, da diese in der Prüfung gefragt sein wird. Dann werden Sie im Gespräch, insofern jemand daran teilnimmt, viele richtige oder fast richtige Lösungen abstrafen müssen, nur um zu *Ihrer* Lösung zu kommen. Dies ist dann ein Ratespiel, frei nach dem Motto: »Was möchte die Lehrkraft denn jetzt hören?«.

Es ist nicht möglich, ein ›Unterrichtsgespräch‹ mit einer großen Gruppe zu führen und dabei noch Inhalte zu vermitteln. Es gibt sehr viele bessere Methoden, die klarer und sinnhafter regeln, wer wann etwas beiträgt. Während Konzepte wie die direkte Instruktion dies sehr zielstrebig tun, ist der fragend-entwickelnde Unterricht nur als letzte Möglichkeit in Betracht zu ziehen, wenn Ihnen absolut nichts mehr sonst einfällt.

3.5.4.2 | Think-Pair-Share

Think-Pair-Share ist eine sehr effiziente Großmethode, die zum Ziel hat, das Ergebnis einer Sitzung zu optimieren und den Lernerfolg bestmöglich zu gestalten. Dabei wird eine komplexe Aufgabe in mehrere Phasen aufgeteilt, die sich ganz unterschiedlich gestalten. Nehmen wir als Beispiel folgende Frage: »Ist die Integrationspolitik in Deutschland gescheitert?«.

Ineffizienz von schlechter Gruppenarbeit

Die Dozentin schreibt die Frage an die Tafel und schaut auffordernd in die Runde. »So, jetzt gehen Sie bitte in Gruppen zusammen und beantworten das. Ich gebe Ihnen die Texte.«
Unruhe bricht im Raum aus. Es bilden sich recht schnell erste Gruppen mit Teilnehmerzahlen von zwei bis sechs, während ein Drittel des Seminars niemanden kennt und abwartet. Nach ca. fünf Minuten kehrt langsam Ruhe ein. Die kleinste Gruppe ist ein Zweierteam, die größte hat sieben Teilnehmer.
Alle beginnen miteinander zu sprechen, während die Dozentin die Texte austeilt. Manche Studierende lesen sie, andere beginnen bereits mit der Beantwortung der Frage. Nach zehn Minuten sind die ersten Gruppen fertig, während andere noch die Texte lesen. Wieder kehrt Unruhe ein, die Dozentin hilft den langsamen Gruppen.
Nach insgesamt 30 Minuten werden die Ergebnisse vorgestellt. Sie sind fragwürdig und qualitativ sehr unterschiedlich.

Um eine solche unkontrollierbare Situation zu vermeiden, teilen Sie die Aufgabe in drei Teilbereiche ein, mit dem Ziel, das Endergebnis für alle zu verbessern.

- **Think (Einzelarbeit):** In dieser Phase beschäftigen sich die Studierenden alleine mit der Fragestellung. Hier kann ein weiterer Input in Form eines Textes, Videos, Podcasts etc. erfolgen. Es werden keine Gruppen gebildet und jeder erhält seinen Input alleine. Es ist möglich, diese Phase auszulagern auf eine Zeit vor der Sitzung. Das heißt, die Studierenden sollen z. B. einen Text vorbereiten (was etwas Anderes ist, als ihn bloß zu lesen) und in der Sitzung verfügbar haben. Diese Phase sichert ab, dass alle auf dem gleichen Stand sind und wissen, worum es geht. In der klassischen Gruppenarbeit ist das Wissensniveau sehr heterogen.

Integrationspolitik (Think)

»Lesen Sie bitte den Text zur Integrationspolitik und bereiten Sie ihn bis zur nächsten Sitzung vor. Überlegen Sie schon einmal, welche Aspekte wir bereits im Seminar dazu behandelt haben und lassen Sie dieses Wissen miteinfließen.«

- **Pair (Partner- oder Gruppenarbeit):** Nachdem alle den Input durchdacht und sich vorbereitet haben, beginnt die Phase, in der man sich mit anderen bespricht. Empfehlenswert ist es, zunächst Partnerarbeit folgen zu lassen, um die Gedanken zu sortieren und zu einer ersten Lösung zu kommen. Wenn beide Partner sich einig sind, sollten Vierergruppen gebildet werden, die sich dann wiederum absprechen. So erhält man in jedem Schritt eine Verbesserung der Ergebnisse. Bei einer ungeraden Anzahl an Studierenden bilden Sie eine einzelne Dreiergruppe.

Integrationspolitik (Pair 1)

»Ist die Integrationspolitik in Deutschland gescheitert? – lautet unsere heutige Frage. Bitte diskutieren Sie mit dem Partner darüber, was Ihre Meinung ist. Entwerfen Sie eine kurze Antwort, vielleicht in Form eines Concept Maps.«

Integrationspolitik (Pair 2):

»Ich denke, dass Sie nun schon eine gute Vorstellung davon haben, was Sie antworten würden. Tun Sie sich nun mit einer zweiten Gruppe zusammen und entscheiden Sie sich für eine gemeinsame Lösung.«

- **Share (Frontalunterricht):** In dieser Phase werden die Ergebnisse nun präsentiert. Es ist wichtig, dass Sie dies den Studierenden zu Beginn mitteilen, damit das Material entsprechend vorbereitet wird. Sie sollten zwei Gruppensprecher/innen bestimmen lassen, die den Vortrag am Ende übernehmen. In den meisten Fällen sind Seminare zu groß, als dass alle Gruppen vortragen können, aber es genügt meist, wenn eine oder zwei Gruppen ihre Ergebnisse vorstellen und die anderen Teilnehmer Ergänzungen beitragen.

Integrationspolitik

»Bestimmen Sie bitte zwei Gruppensprecher, die das Ergebnis vorstellen. Achten Sie darauf, dass Ihre Materialien lesbar und verständlich sind. Sie haben noch einmal 3 Minuten Zeit, die kurze Präsentation vorzubereiten.«

Ziel: Durchdringung komplexer Fragestellungen
Organisationsform: alle

3.5.4.3 | Der Vortrag

»Ein guter Lehrervortrag ist wie mein Lieblingsbadeanzug: knapp, ansprechend und das Wesentliche abdeckend« (Grell/Grell 2007, S. 208, inspiriert von Brown 1975, S. 98, inspiriert von Churchill). Wie bereits dargestellt, ist der Vortrag eine alte Methode, aber dennoch nicht immer eine falsche Entscheidung. Problematisch ist es, wenn die Lehrkraft Vorträge hält, ohne dies zu realisieren. Objektiv lässt sich kaum beobachten, wie viel Redezeit Sie einnehmen, doch das lässt sich schnell herausfinden. Legen Sie das Smartphone auf ihr Pult und erstellen Sie eine Audioaufnahme. Schätzen Sie zuvor ab, wie viel Zeit Sie vermutlich sprechen und vergleichen Sie diese mit der tatsächlichen Menge. In jedem Fall werden Sie feststellen, dass der tatsächliche Wert um einiges höher ist als der von Ihnen angenommene.

Nachdem Sie nun wissen, dass Sie vielleicht recht viel sprechen, können wir das Thema ›Vortrag‹ konstruktiv angehen, denn er erfüllt einige wichtige Zwecke:

- **Informierender Einstieg:** Bei vielen Themen ist es angebracht, dass Sie informierend in die Sitzung einsteigen. Sie nennen die wichtigsten Fakten und Begriffe, damit die Studierenden dazu in der Lage sind, dem Rest der Sitzung zu folgen (vgl. Grell/Grell 2007).
- **(Zwischen-)Sicherung:** Nach einer Arbeitsphase fassen Sie alles noch einmal knapp zusammen, um dann mit einem möglichst homogenen Wissensstand der Studierenden weiterzuarbeiten.
- **Organisation:** Die meisten Methoden benötigen kurze Erläuterungen und Erklärungen, die im Idealfall in Form eines Vortrages gegeben werden.
- **Direkte Instruktion:** Wenn Sie etwas erläutern wollen, kann dies an jedem Punkt in der Sitzung passieren. Sie sollten aber darauf achten, dass die Sitzung nicht ausschließlich aus direkter Instruktion besteht.

Ziel: Direkte Instruktion; Erläuterung eines Sachverhaltes
Organisationsform: Frontalunterricht

3.5.4.4 | Kugellager-Methode

Die Kugellager-Methode ist eine Art Speed-Dating in der Klasse. In kürzester Zeit vermitteln oder erläutern die Studierenden einem Zufallspartner einen bestimmten Inhalt.

Kugellager-
Methode
(http://teaching
englishmf.weebly.
com/uploads/1/
0/3/4/10340840/
3364614_orig.jpg)

»Die [Studierenden] sollen Zufallspartnern gegenüber in freier Rede zu einem eng abgesteckten Thema berichten bzw. erzählen und zwar so, dass jeweils die Hälfte der Klasse für kurze Zeit gleichzeitig spricht« (Klippert 2002, S. 89).

Die Studierenden bereiten sich mithilfe von Material auf ein Thema vor, das sie danach einem Gesprächspartner vorstellen können. Die Methode kann lernzieltaxonomisch (siehe Kap. 2.4.3.1) jedes Niveau verlangen, ist oftmals aber zunächst zur Reproduktion von Wissen geeignet. Nach einer ausreichenden Vorbereitungsphase von ca. zehn Minuten werden zwei Stuhlkreise gebildet, ein Innen- und ein Außenkreis. Die Studierenden im Innenkreis erhalten nun zwei Minuten Zeit, ihrem jeweiligen Gegenüber den erarbeiteten Sachverhalt zu erläutern. Sie können dabei alleine sprechen, aber auch Rückfragen zulassen. Nach diesen zwei Minuten rücken die Studierenden im Außenkreis einen Platz weiter und erklären nun ihrerseits ihren gelesenen Sachverhalt. So wechseln die Studierenden stets zwischen Sprecher und Zuhörer.

Dies ist die prototypische Variante, die in der Hochschule durchaus abgewandelt werden kann und muss. Inhaltlich ist es z. B.

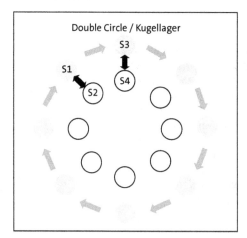

Double Circle / Kugellager

möglich, Prüfungssimulationen durchzuführen oder beiden Gruppen unterschiedliche, vielleicht sogar sich widersprechende Texte zu geben. Das Ziel der Methode ist es, zwangfreie Dialoge und Diskussionen unter den Studierenden auszulösen, ohne dass die Lehrkraft lenkend eingreift.

Organisatorisch ist es meist nicht möglich, zwei Stuhlkreise im Raum zu bilden, aber das ist unproblematisch. In Hochschulen sitzen die Studierenden meist in Reihen hintereinander. Demnach lassen sich mehrere Kugellager in einem Raum schaffen, indem Sie die Studierenden bitten, dass sich, beginnend mit der ersten Reihe, jede ungerade Sitzreihe zu der Reihe dahinter umdreht. Dadurch entstehen mehrere Kleingruppen, in denen Sie das Kugellager durchführen können. Die einzige Schwierigkeit ist, dass einige Studierende ein Stück laufen müssen.

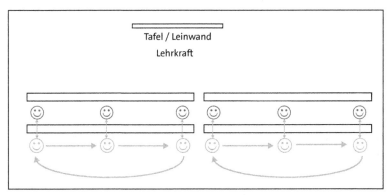

Kugellager-
Methode im
Seminarraum

Ziel: Studierendenzentrierte Durchdringung eines komplexen Themas
Organisationsform: Gruppenarbeit

3.5.4.5 | Fishbowl

Mithilfe »eines exemplarisch inszenierten Innenkreisgesprächs zu einem bestimmten Thema« (Klippert 2002, S. 152) können Gespräche analysiert werden. Hierfür bildet man eine Kleingruppe aus Studierenden, die eine bestimmte Aufgabe erledigen, jedoch unter Beobachtung der restlichen Studierenden, was an ein Aquarium (Fishbowl) erinnert. Die Studierenden führen z. B. eine Diskussion oder simulieren eine mündliche Prüfung. Die Außenstehenden notieren sich, was ihnen auffällt, entweder mithilfe eines Beobachtungsbogens oder frei.

So können zum einen Verläufe von Gesprächen zugänglich gemacht und zum anderen auch inhaltliche Diskussionen fokussiert werden. In einer Evaluationsphase kommen die Außenstehenden zu Wort, was auch das Fremd- und Selbstbild der Studierenden, die im Aquarium waren, schulen kann.

Ziel: Analyse einer Diskussion
Organisationsform: Gruppenarbeit

3.5.4.6 | Gruppenpuzzle

»Die [Studierenden] sollen zunächst arbeitsteilig in mehreren Spezialistengruppen bestimmte Spezialaufgaben besprechen und klären und dann in ihren Stammgruppen als Sachverständige alle anderen informieren sowie etwaige Fragen beantworten« (Klippert 2002, S. 151).

Diese Spezialaufgaben können Texte oder Probleme und Fragen zu bestimmten Gebieten sein. Sie können als Einstieg genutzt werden oder zur Vertiefung. Zum besseren Verständnis folgt ein Beispiel aus der Literaturwissenschaft für ein Seminar von 25 Studierenden:

Beispiel | **Gruppenpuzzle Literatur**

Phase 1: Sie teilen fünf verschiedene Texte über fünf Epochen aus. Jeder Text ist fünfmal vorhanden:
A: Romantik
B: Klassik
C: Impressionismus
D: Aufklärung
E: Sturm und Drang

Die Studierenden erhalten nun genügend Zeit, den Text zu lesen und sich Anmerkungen zu machen. Sobald alle sich vorbereitet haben, werden Expertengruppen gebildet. Es setzen sich also alle Studierenden zusammen, die den gleichen Text gelesen haben. Dadurch entstehen fünf Gruppen mit je fünf Studierenden:

   AAAAA   BBBBB   CCCCC   DDDDD   EEEEE

Diese Gruppen erhalten nun den Auftrag, sich auf eine Präsentation zu ihrem Thema vorzubereiten. Idealerweise sollen z. B. drei bestimmte Leitfragen beantwortet werden:
1. Was sind die Charakteristika der Epoche?
2. Spielt die Epoche heute noch eine Rolle?
3. Welche Ideen der Epoche finden Sie in der heutigen Zeit wieder?

Wenn die Gruppen sich besprochen haben, werden sie neu verteilt. Hierfür bietet es sich an, auf jedem Arbeitsblatt zu dem Buchstaben eine Zahl von 1–5 zu vermerken. Wenn die Studierenden sich nun nicht nach Buchstaben in Gruppen zusammenfinden, sondern nach Zahlen, sitzen sie so zusammen, dass jedes Themengebiet einmal vertreten ist:

   ABCDE   ABCDE   ABCDE   ABCDE   ABCDE

Die Studierenden haben die Aufgabe, dass jeder Vertreter eines Themengebietes den anderen seine Inhalte erläutert und eventuelle Fragen beantwortet. Jeder Sprecher sollte dafür ca. 2–3 Minuten Zeit bekommen.

Der Ablauf sieht also so aus:
- Austeilen der Expertentexte; jeder erhält genug Zeit, sich damit zu befassen.

- Zusammenfinden in der Expertengruppe, um sich auf den Vortrag vorzubereiten.
- Zusammenfinden in der Sicherungsgruppe, um den anderen die Inhalte mitzuteilen.

Methodisch geschickt ist es, wenn jedes Blatt klar beschriftet ist: ein Buchstabe für die erste Gruppenbildung in den Expertenrunden, in denen jeder denselben Text gelesen hat, und eine Zahl für die zweite Gruppenbildung. Für das obere Beispiel hätten Ihre 25 Blätter also die Bezeichnungen A1–A5, B1–B5, C1–C5, D1–D5 und E1–E5. In der ersten Phase geben Sie einfach die Anweisung, sich mit den gleichen Buchstaben zusammenzufinden, in der zweiten mit den gleichen Zahlen.

Das Gruppenpuzzle funktioniert auch mit anderen Personenzahlen, wobei 25 ideal ist (wie jede Quadratzahl). Wenn Sie mehr Personen im Seminar haben, können auch zwei Studierende als eine Person angesehen werden, wenn es zur Gruppenzusammensetzung kommt. Beide zählen also beispielsweise als A2 und machen alles gemeinsam. Sie sollten immer versuchen, nicht zu viele dieser Partnerteams zu haben.

Teilnehmerzahlen beachten

Wichtig ist, dass die Sicherungsgruppen für die Sicherung der Inhalte verantwortlich sind. Wenn Sie selbst noch eine weitere, frontale Sicherung anhängen, führt dies zu Redundanz und wenig Motivation. Besser planen Sie eine letzte Fragerunde, falls bestimmte Teilaspekte immer noch unklar sein sollten.

Diese Methode wirkt auf den ersten Blick recht aufwändig, aber mit guter Vorbereitung ist sie sehr einfach durchzuführen und führt zu guten, eigenverantwortlichen Lernerfolgen.

Ziel: Studierendenorientierte Durchdringung eines umfangreichen Themas
Organisationsform: Gruppenarbeit

3.5.4.7 | Rollenspiel

Die Studierenden sollen sich »im jeweiligen fachlichen Kontext als Rollenspieler versuchen. Sie sollen die vorgegebenen Rollen fachlich vorbereiten und durchspielen« (Klippert 2002, S. 200). Hierfür müssen Sie ihr Fachwissen auf simulierte Situationen anwenden, was sowohl fachlich als auch kommunikativ sehr anspruchsvoll ist, aber zu einem vertieften Verständnis der Sache führen kann.

Idealerweise erhalten die Studierenden Karten mit Anweisungen dazu, welchen fachlichen Standpunkt sie einnehmen und wie sie sich in ihrer Rolle zu verhalten haben. Der Ausgangspunkt sollte ein komplexes Problem oder eine Situation sein. So könnte man in der Lehrersausbildung Elterngespräche mit bestimmten problematischen Hintergründen simulieren, die zuvor Thema des Seminars waren. Das Rollenspiel lässt sich methodisch ideal mit dem Gruppenpuzzle kombinieren. Die Expertengruppen sind dann die verschiedenen möglichen Rollen, auf die sich die einzelnen Studierenden vorbereiten. Innerhalb der Expertengruppe kann

man ein Verhalten herausarbeiten und die Rollenanweisungen besprechen. In der Sicherungsgruppe kann das Rollenspiel dann durchgeführt
werden. Die Lehrkraft kann in dieser Zeit beobachten und eine Gruppe
auswählen, die die Aufgabe besonders gut erfüllt, um diese vor dem Plenum auftreten zu lassen.

Das Rollenspiel sollte vor der Durchführung gut durchdacht und vorbereitet sein. Die Rollenkarten sollten neben einfachen Verhaltenshinwei-
sen wie ›laut‹, ›wütend‹ etc. auch fachliche Hinweise haben, z. B. auf
welche Theorien sich die Figur bezieht, um ihren Standpunkt klarzuma-
chen.

Ziel:	Anwendung von theoretischem Wissen auf simu-lierte Praxis
Organisationsform:	Frontalunterricht, Gruppenarbeit

3.5.4.8 | Pro-und-Kontra-Debatte

Die Studierenden »sollen Pro-Argumente und/oder Kontra-Argumente zusammentragen sowie als Anwälte oder als Experten in der einen oder
anderen Weise Stellung beziehen« (Klippert 2002, S. 204). Wichtig ist
hierbei, dass die Pro- und Kontraseite den Studierenden zugeteilt werden,
so dass diese sich in eine bestimmte Position versetzen müssen. Bei dieser Art der Debatte gibt es mehrere Rollen:

- Pro-Anwälte: Bereiten Strategien der Pro-Seite vor. Erhalten kein Zu-
satzmaterial.
- Kontra-Anwälte: Bereiten Strategien der Kontra-Seite vor. Erhalten kein
Zusatzmaterial.
- Pro-Experten A: Erhalten einen Text A, bereiten Pro-Argumente vor.
- Pro Experten B: Erhalten einen Text B, bereiten Pro-Argumente vor.
- Kontra-Experten C: Erhalten einen Text C, bereiten Kontra-Argumente
vor.
- Kontra-Experten D: Erhalten einen Text D, bereiten Kontra-Argumente
vor.

»Das Material der Expertengruppen sollte grundsätzlich so beschaffen sein, dass
sich unterschiedliche Argumentationsschwerpunkte ergeben [...]. Nach Abschluss der Vorbereitungsphase legen die beiden Anwälte ihre Sichtweisen dar.
Dann befragen sie im Wechsel die Vertreter der vier Expertengruppen. Zum Abschluss halten sie ihre Plädoyers, an die sich eine Abstimmung der zuhörenden
Schüler anschließt. Abgerundet wird die Debatte durch ein gezieltes Feedback«
(ebd.).

Idealerweise wird die Debatte durch einen Richter oder Vorsitz gesteuert,
der dafür sorgt, dass die Anwälte in etwa die gleiche Redezeit in Anspruch nehmen und dass die Beiträge abwechselnd stattfinden.

Ziel:	Bewertung eines Sachverhaltes
Organisationsform:	Gruppenarbeit, Frontalunterricht

3.5.4.9 | Freie Diskussion

In vielen Ratgebern wird darauf verwiesen, Diskussionen zuzulassen und die Studierenden zum Diskutieren einzuladen. Dies sollte aber keinesfalls ungeplant und spontan geschehen, denn auf die Anregung: »Diskutieren Sie doch einmal!« werden Sie nur sehr wenig Reaktionen bekommen. Im Optimalfall unterhalten sich zwei bis vier Studierende über das Thema, aber der Großteil der Gruppe wird passiv bleiben. Wenn Sie eine richtige Diskussion wollen, dann müssen Sie einige Grundsätze beachten (vgl. Winteler 2004, S. 134 f.):

- **Legen Sie fest, wann die Diskussion beginnt:** Das bedeutet, dass Sie transparent mitteilen, dass Sie nun eine Diskussion erwarten und sich dementsprechend auch zurücknehmen.
- **Bereiten Sie sich auf die Diskussion vor:** Den Entschluss, eine Diskussion zu führen, sollten Sie bereits in der Planungsphase treffen und sich entsprechend vorbereiten. Dazu gehört auch die Konzeption anregender Probleme oder Fragen, zu denen tatsächlich diskutiert werden kann.
- **Schaffen Sie die räumlichen Voraussetzungen:** Ein durchschnittlicher Seminar- oder Vorlesungsraum ist nicht für Diskussionen geeignet. Sie müssen dafür sorgen, dass die Studierenden einander ansehen und sich auch gut hören können.
- **Entlasten Sie kognitiv:** Eine Diskussion aus dem Stegreif ist schier unmöglich. Sie erhalten eine sehr viel größere Beteiligung, wenn alle Studierenden die Möglichkeit bekommen, sich in Ruhe Gedanken zu der Frage oder zu dem Problem zu machen und dieses vielleicht auch kurz mit anderen Studierenden besprechen können. Die Think-Pair-Share-Methode ist sehr gut geeignet, um eine Diskussion vorzubereiten.
- **Verschriftlichung:** Bei komplexen Problemen sollte die Ausgangsfrage oder -these schriftlich verfügbar sein. Auch die Diskussion an sich sollten Sie schriftlich begleiten und Schlagwörter mitnotieren, um darauf Bezug nehmen zu können.
- **Gesprächsregeln:** Die Diskussion sollte Regeln folgen. Am besten definieren die Studierenden diese selbst und setzen diese auch selbst durch, indem sie einen oder zwei Diskussionsleiter bestimmen.
- **Ende der Diskussion:** Diskussionen haben sehr dynamische Verläufe, weshalb es wichtig ist, dass Sie an einem bestimmten Punkt bestimmen, dass die Diskussion nun beendet ist und die Evaluation beginnen kann.
- **Evaluieren Sie die Diskussion:** Sowohl inhaltlich als auch methodisch sollte man evaluieren und sichern. Beantworten Sie offene Fragen und klären Sie entstandene Probleme.
- **Animieren Sie passive Studierende, bremsen Sie überaktive Studierende:** Diskussionen werden oftmals von Einzelpersonen geführt, die sehr redegewandt sind. Überlegen Sie sich Anreize, Impulse oder Regeln, die dazu führen, dass auch passivere Studierende teilnehmen. Dies kann z. B. erreicht werden, wenn Sie ein Blitzlicht an die Diskussion koppeln.

Regeln für gute
Diskussionen

Diskussionen sind die höchste Stufe der Kommunikation, die in der Hochschule möglich ist und wissenschaftspropädeutisch bereitet sie auf Konferenzen vor, bei denen Diskussionen zum Alltag gehören. Fundiert diskutieren zu können, erfordert neben einigem Vorwissen auch methodische Fähigkeiten und sollte nicht vorausgesetzt werden. Bevor Sie sich an Diskussionen wagen, üben Sie zunächst vorbereitende Methoden ein, wie das Blitzlicht, Think-Pair-Share etc. Sowohl die Studierenden als auch Sie als Lehrkraft werden von der Diskussion stark gefordert werden.

Ziel: Bewertung eines Sachverhaltes
Organisationsform: Gruppenarbeit, Frontalunterricht

3.5.5 | Großgruppenaktivierung

Unter ›Großgruppenaktivierungen‹ sind Aktivierungen zu verstehen, die eine Gruppe von deutlich mehr als 40 Personen betreffen. Dies kann in Vorlesungen, aber auch in großen Seminaren der Fall sein. Die meisten dieser Aktivierungen können digital und analog durchgeführt werden, je nach Stil der Lehrkraft, wobei die digitalen Methoden um einiges einfacher zu steuern und durchzuführen sind, wenn man sie einmal getestet hat.

3.5.5.1 | Meinungsumfrage

Dies ist eine extrem einfache Aktivierung und kann in verschiedenen Komplexitätsgraden durchgespielt werden. Im Prinzip äußern Sie eine These und fragen, wer dieser zustimmt. Diejenigen heben dann die Hand und Sie haben einen schnellen Überblick über das Stimmungsbild. Nun kann dies durchaus noch verbessert und ritualisiert werden. Wie bereits oben beschrieben, hilft es sehr, wenn Sie Methoden regelmäßig wiederholen, damit jeder weiß, was auf ihn zukommt. Die Abstimmung bei der Meinungsumfrage kann z. B. mit farbigen Karten unterstützt werden, was die Skala vergrößert. Zum Beispiel rot für Ablehnung, gelb für Unsicherheit und grün für Zustimmung.

Ziel: Schneller Überblick über die Meinungen in der Gruppe
Organisationsform: Frontalunterricht

3.5.5.2 | Konkretere Meinungsumfrage (digital)

Es gibt verschiedene Internetseiten, die schnelle Meinungsumfragen erlauben. Eine sehr empfehlenswerte ist PINGO (https://pingo.upb.de), der Universität Paderborn, die sogar didaktische Hinweise bietet. So können Sie in einem sehr zugänglichen Online-Portal Fragen aller Art erstellen, auf die die Studierenden im Seminar mit jedem Smartphone ohne Anmeldung zugreifen können. Die Fragen reichen von Meinungsumfragen, wie oben beschrieben, bis hin zu längeren Freitexten. In Kapitel 3.6.3 wird diese Methode genauer erläutert und Anwendungshinweise gegeben, in welchen methodischen Szenarien sich eine digitale Variante der Meinungsumfrage anbietet.

Ziel: Bewertung eines Sachverhaltes
Organisationsform: Frontalunterricht

3.5.5.3 | Quiz

Auch ein Quiz kann zur Aktivierung einer großen Gruppe genutzt werden. Wenn Sie ausschließlich analog arbeiten wollen, dann sollten Sie die Antwortmöglichkeiten auf zwei beschränken. So könnte man für die Antwort a) stimmen, indem man die Hand hebt. Dies ist jedoch auf wenige Antwortmöglichkeiten beschränkt, da die Methode nur in einer Kurzform effizient genutzt werden kann. In Kapitel 3.6.3.2 erhalten Sie mit Kahoot! eine digitale Methode, um mit beliebig vielen Teilnehmern ein Quiz durchzuführen.

Ziel: Evaluieren der Gruppe
Organisationsform: Frontalunterricht

3.5.5.4 | Der Kurs-Chat

Ein Chat kann sehr hilfreich sein, um sich in Vorlesungen einen Überblick über das Verständnis in der Gruppe zu verschaffen. Auf die konkrete Umsetzung wird in Kapitel 3.6.3 eingegangen, an dieser Stelle soll nur der methodische Mehrwert erläutert werden.

Ein Chat-System bietet die Möglichkeit, anonym Fragen zu stellen, da viele Studierende es als unangenehm empfinden, sich in Großveranstaltungen zu melden. Dies ist nachvollziehbar, denn teilweise ist es nicht erwünscht oder technisch nicht machbar. In einem Raum mit 300 Personen kann nicht einfach eine Einzelperson sprechen und erwarten, dass man sie versteht. Eine digitale Möglichkeit, Fragen zu stellen, vielleicht sogar anonym, kann zu einer höheren Beteiligung führen. Die Vorteile sind dabei:

- **Eine hohe Aktivität zeigt, dass man Ihnen zuhört:** Wenn viele Fragen und Kommentare im Chat auftauchen, ist das zunächst ein gutes Zeichen, denn man hört Ihnen zu.
- **Sie müssen nicht darauf eingehen:** Der Chat kann eine sinnvolle Ergänzung sein, aber Sie müssen ihn nicht beachten. Wenn Sie gerade einen Vortrag halten, können Sie das auch ankündigen.
- **Quantitative Auswertung:** Wenn eine Frage häufig gestellt wird, dann lohnt es sicherlich, sie zu beantworten. Einzelfragen können Sie auswählen, wenn sie Ihnen persönlich wichtig erscheinen, aber gehäufte Fragen deuten auf ein Verständnisproblem hin.

Vorteile eines Chats

Daneben ist der Chat sehr gut geeignet, um Mikromethoden zu integrieren. Ein Blitzlicht ist in einer Großvorlesung undenkbar, im Chat aber kein Problem und der Erkenntnisgewinn ist der Gleiche.

Ziel: Begleitung und damit Entlastung der Veranstaltung
Organisationsform: alle

3.6 | Medieneinsatz

»If we teach today's students as we taught yesterday's, we rob them of tomorrow« (Dewey 1944, S. 167; zitiert in Handke 2015, S. 7). Die Studierenden, die heute eine Hochschule besuchen, sind sogenannte Digital Natives, also bereits mit dem Smartphone aufgewachsen und daran gewöhnt, mit dem Internet und Technik allgemein umzugehen (vgl. Handke 2015, S. 7). Medieneinsatz ist heutzutage selbstverständlich. Wichtig ist, dass Medieneinsatz niemals nur Selbstzweck sein darf und immer zielgerichtet stattfinden muss. Der Gegenstand, den Sie vermitteln wollen, sollte Vorrang haben vor dem wahllosen Einsatz von Medien. So kann es passend sein, Filmschnipsel zu einem Buch zu analysieren, aber ebenso kann ein Film auch ablenken. In diesem Kapitel werden alle Aspekte des Medieneinsatzes, die für Sie in der Lehre relevant sind, besprochen.

Diese Thesen zum Medieneinsatz gelten als bewiesen oder zumindest als sehr valide in der empirischen Forschung zum Medieneinsatz in der Hochschullehre (vgl. ebd., S. 13 f.):

- **Digitalisierung ist zum Normalfall geworden:** Studierende erscheinen mit Smartphone und Laptop im Seminar, ihr Platz wurde in einem digitalen System verlost und Sie als Lehrkraft stellen viele Inhalte digital bereit. Zudem wird auch das private Leben zunehmend digital bestimmt, und diese Veränderung gilt es zunächst zu akzeptieren.
- **Digitale Lehr- und Lernszenarien verbessern die Hochschullehre:** Es gibt sehr viele Möglichkeiten, die eine Digitalisierung der Lehre bietet, die ohne technische Hilfsmittel nicht möglich wäre. Viele davon werden in diesem Kapitel besprochen.
- **Learning is not just video:** Einfach Videos bereitzustellen, kann gute Lehre nicht ersetzen. Die digitale Hochschullehre profitiert zwar stark von Lernvideos, aber ohne eine Präsenzveranstaltung oder zumindest eine digitale Lernumgebung, in der ein Austausch stattfindet, kann man nicht von guter Lehre sprechen.
- **Didactics/Pedagogy must drive technology and not vice versa:** Der Einsatz technischer Mittel sollte niemals Selbstzweck sein. Vielmehr geht es darum, dass Sie Ihre geplante Lernumgebung durch gezielten Medieneinsatz verbessern. Die Frage lautet z. B. nicht »Was könnte ich mit diesem Lernvideo machen?«, sondern »Kann ein Lernvideo den Lernerfolg an einer bestimmten Stelle vielleicht verbessern?«.
- **Entwickeln Sie eine neue Wertschätzung für die Lehre:** Die Digitalisierung sowie sinnvoller Medieneinsatz erfordern viel Einsatz, was eine hohe Wertschätzung der Lehre an sich voraussetzt.

- **Verteilen Sie die Lasten auf viele Schultern:** Medieneinsatz bedeutet viel Arbeit, also kollaborieren Sie mit anderen Lehrenden. Durch eine sinnvolle Absprache können Lernmedien so sehr zeit- und ressourcensparend geschaffen werden.
- **Sorgen Sie für mehr Lehr-/Lerneffizienz durch neue Präsenzformate:** Der bereits beschriebene Flipped Classroom ist eine neue Art der Präsenz, aber es gibt noch viele weitere Möglichkeiten, die Präsenzzeit der Studierenden sinnvoller zu nutzen. Keinesfalls sollten Sie sie zu rein passiven Zuhörern machen.
- **Haben Sie keine Angst vor neuen Lehr- und Lerntechnologien:** Gerade zu Anfang kann es erschlagend wirken, welche Möglichkeiten Sie haben, Medien in Ihren Veranstaltungen einzusetzen. Aber gehen Sie die Sache gelassen an und lassen Sie sich nicht von eventuellen Rückschlägen demotivieren. Seien Sie offen Neuem gegenüber, ohne kritiklos jede neue Idee anzunehmen. Nur wenn Sie es probiert haben, können Sie mitsprechen und eine klare Bewertung der Ideen vornehmen.

3.6.1 | Vorbehalte gegen neue Medien

»Die ›neuen Medien‹ können auch als Medien ›mit Stecker‹ bezeichnet werden, während alles andere als ›alte Medien‹ (dazu gehören aber auch das Epidiaskop und der Diaprojektor) zusammengefasst werden kann« (Winteler 2004, S. 46).

Diese Verallgemeinerung hilft nicht dabei, tatsächlich zu erfassen, was unter neuen Medien zu verstehen ist. Der Topos von »effektüberladene[n] Medienshow[s]« (ebd.) ist aber noch in den Köpfen vieler Lehrender. Als Vorbehalte gegen die neuen Medien können folgende Aspekte gelten:

- **Einarbeitungszeit:** »Es fehlt Know-How für die digitale Umsetzung [von] Ideen« (Handke/Schäfer 2012, S. 7). Viele Lehrende scheuen den Umgang mit den neuen Medien, da sie privat kaum damit in Kontakt kommen. Abhilfe schaffen könnten »Kompetenzteams« (ebd.), die bei der Umsetzung helfen, aber diese fehlen oft aus finanziellen Gründen. Die Folge ist, dass sich Lehrende selbst einarbeiten müssen. Gekoppelt mit dem Aufwand, den die Lehre ohnehin darstellt, führt dies dazu, dass die neuen Medien in der Lehre oft überhaupt nicht genutzt werden.
- **Abhängigkeit der Technik:** Lehrende haben Angst davor, dass die Technik versagt oder aus anderen Gründen Probleme bereitet, die sich in der Veranstaltung nicht lösen lassen. Bei einem einfachen Tafelanschrieb kann dies nicht passieren.
- **Keine Verbesserung des Lernerfolgs bei höherem Aufwand:** Man muss relativ viel Zeit investieren, um neue Medien in seine Lehre zu integrieren, ohne die Garantie zu haben, dass der Lernerfolg verbessert wird.

Die Nachteile werden im Folgenden an verschiedenen Stellen besprochen. Nach Lektüre dieses Kapitels werden Sie allerdings sehen, dass sie kaum die Vorteile überwiegen.

3.6.2 | Digital Natives?

Die Generation, die zwischen 1984 und 1994 geboren wurde, wird in der Literatur gerne als ›Digital Natives‹ bezeichnet, mittlerweile mit dem Zusatz der ersten Generation und dem Hinweis, dass die zweite Generation etwa bei 1990 beginnt (Helsper/Eynon 2010, S. 9). Sie soll anders sein als alle Generationen davor, da sie mit Technologie wie Smartphones, digitalen Musikgeräten, Videospielen und allen anderen Spielzeugen des digitalen Zeitalters aufgewachsen ist (vgl. Bennett et al. 2008). Diese »next ›great generation«« (ebd., S. 777) soll Team-Orientierung schätzen und eine große Sicherheit im Umgang mit Technologie haben (vgl. ebd.).

»Schaut man sich heute in einem Hörsaal einer Hochschule um, lässt sich eindeutig konstatieren: Die ›Digital Natives‹, die Studenten, die mit dem Smartphone groß geworden sind, sind keine Zukunftsmusik mehr, nein, sie sind bereits im Hochschulalltag angekommen« (Handke 2015, S. 19 f.).

Neue Studien haben allerdings ergeben, dass diese junge Technologie-Generation ihr Wissen zu neuen Medien scheinbar nicht in das eigene Lernen einbringen kann, was unter Umständen auf die Lehre zurückzuführen ist (vgl. Wang et al. 2014).

Viel wichtiger als das Alter sind andere Faktoren, die eine sehr große Rolle spielen, ob eine Person als ›Digital Native‹ bezeichnet werden kann. Dies kann mit dem Wohnort, dem verfügbaren Internet und der generellen Affinität seitens der Eltern zu Technologie zusammenhängen: »Contrary to the argument put forward by proponents of the digital native concept, generation alone does not adequately define if someone is a digital native or not« (Helsper/Eynon 2010, S. 14).

Neben dieser Einschränkung gibt es weitere Problematiken, die mit der Digitalisierung zusammenhängen. Den Digital Natives wird nachgesagt, dass sie besser multitasken können, jedoch ohne dies als positiv oder negativ einzuschätzen. Und nur, weil sie zum Internet als erste Informationsquelle greifen, bedeutet dies noch lange nicht, dass sie wissen, wie man tatsächlich an verlässliche Informationen herankommt (vgl. ebd.). Junge Nutzer in den USA vertrauen laut einer Studie mittlerweile sehr auf ›User Generated Content‹, also auf Inhalte, deren Vertrauenswürdigkeit von keinem Dritten gesichert ist und »nicht zuletzt [ist] die Wikipedia [...] bei Schülern und oft auch Studenten die erste Anlaufstelle für Informationen [...]« (http://www.netzpiloten.de/digital-natives-uber-die-naiv-kompetenten-web-youngsters/).

Für die Lehre hat dies verschiedene Folgen, die Sie sich bewusst machen sollten:

Folgen für die Lehre

- Die Studierenden haben Ihnen unter Umständen nicht allzu viel voraus. Mit ein wenig Einarbeitung in das hochschulinterne E-Learning-System wissen Sie wahrscheinlich mehr als die Studierenden.
- Allzu komplexe E-Learning-Aufgaben benötigen Betreuung. Wenn Sie z. B. ein komplexes Gamification-System nutzen wollen (siehe Kap. 3.6.6), können Sie nicht erwarten, dass dies sofort reibungslos funktioniert.

- Integrieren Sie neue Medien in Ihre Lehre, um zu demonstrieren, dass Smartphones nicht ausschließlich zur Unterhaltung und Kommunikation genutzt werden müssen, sondern auch zum Lernen geeignet sind.

Für den letzten Punkt folgen einige Vorschläge, wie Sie mit sehr modernen Methoden Ihre Lehre bereichern können.

3.6.3 | Digitale Inhalte zur Unterrichtsoptimierung

Es gilt, wie oben geschrieben: »Didactics/Pedagogy must drive technology and not vice versa!« (Handke 2015, S. 14). Die vorgestellten Tools sollten nur genutzt werden, wenn Sie ein bestimmtes didaktisches Ziel erreichen wollen, das mit traditionellen Mitteln entweder gar nicht oder nur schwer erreicht wird.

3.6.3.1 | Digitales Feedback mit PINGO

»PINGO steht für ›peer instruction for very large groups‹ und ist insbesondere für die Verwendung an Hochschulen entwickelt worden« (http://trypingo.com/de/). Es handelt sich um ein Feedback-Tool, mit dem man schnell und einfach Meinungen von mehreren Dutzend oder sogar Hunderten von Studierenden einholen kann.

Prinzipiell ist das Tool so gestaltet, dass Sie aus der Lehrkraft-Sicht eine Frage erstellen, die einen Freitext ermöglicht oder mehrere Antwortmöglichkeiten hat (Multiple Choice). Die Studierenden haben die Möglichkeit, mit ihrem Smartphone oder ihrem Laptop eine bestimmte Internetadresse anzusteuern. Dort können sie ihre Antwort abgeben. Der Ablauf ist dabei sehr einfach:

1. Sie loggen sich auf http://pingo.upb.de/ ein.
2. Sie erstellen mit wenigen Klicks eine Frage für die Studierenden.
3. Die Studierenden rufen einen bestimmten Link mit dem Smartphone auf.
4. Sie geben eine Zeit vor, z. B. 2 Minuten, dann rufen Sie die Antworten ab.
5. Sie arbeiten mit dem Feedback der Studierenden, das Ihnen angezeigt wird (siehe unten).

Möglichkeiten durch PINGO: Dieses Feedback ist in vielerlei Hinsicht eine große Bereicherung für jede Lehrveranstaltung, da es sehr viele Möglichkeiten bietet, die Sie rein analog nicht haben:

- **Überblick über Meinungen im Seminar:** Am besten erstellen Sie eine PINGO-Umfrage mit Freitexten und geben den Studierenden eine Frage als Input. In etwa zwei Minuten haben Sie einen sehr guten Überblick über die verschiedenen Meinungen in der Gruppe. Sie können diese Methode einschränken und nur ein Wort als Antwort zulassen, was in PINGO als Wortwolke dargestellt werden kann, also als grafische Darstellung der Häufigkeit der Antworten:

Seminar 854207

Zur Zeit verbunden: **0**

Was erwarten Sie von dem Seminar? 💬

Dies ist eine Freitext-Frage.

Teilnehmer: **48**

Ansicht ändern ▾

Antwort	Häufigkeit
Gute vorbereitung auf die klausur	⓵
Praxisorientiertes arbeiten	⓶
Eine gute vorbereitung für die klausur, vertiefung, praxis	⓵
Vorbereitung auf klausur	⓵
Anregungen für unterschiedliche schularten	⓵
Ich erwarte vom seminar, dass ich danach eine bessere vorstellung davon habe, wie ich anderen menschen grammatik und leseverständnis besser beibringen kann.	⓵
Leitfaden für die stoffvermittlung im unterricht	⓵

Screenshot aus
einer PINGO
Umfrage
(pingo.upb.de)

- **Schnelles Feedback:** Wie hat Ihnen der Vortrag gefallen? – Gerade bei Fragen, die Studierende lieber anonym beantworten, kann PINGO sehr gut eingesetzt werden. Normalerweise verzichten die Studierenden entweder auf Peer-Feedback oder sie sind tendenziell sehr milde. Im Schutz der Anonymität kann die Bewertung allerdings ehrlich und objektiv erfolgen, ohne dass man sich vor seinen Mitstudierenden direkt verantworten muss.

3.6.3.2 | Digitales Quiz mit Kahoot!

Kahoot! ist eine Lernplattform (http://www.kahoot.it), die dezidiert Lernumgebungen im Blick hat.

»Make learning awesome! Kahoot! brings fun into learning, for any subject, for all ages. Create, play and share learning games for free!« (http://www.kahoot.com).

Auf dieser Plattform können Sie ein Quiz erstellen, es mit der ganzen Welt teilen und in Ihrer Veranstaltung verwenden. Das funktioniert so, dass Sie zunächst Multiple-Choice-Fragen direkt auf der Seite erstellen und dem Quiz einen Namen geben. Wenn Sie fertig sind, können Sie das Quiz in Ihrer Veranstaltung durchführen. Hierfür benötigen Sie und die Studierenden nur ein mobiles Endgerät. Wenn Sie das Quiz starten, erscheint ein Zahlencode, den die Studierenden auf ihrem Smartphone oder Laptop eingeben, um an dem Quiz teilzunehmen (siehe Abb. S. 127).

Das Quiz zeigt die Frage und bis zu vier Antwortmöglichkeiten auf Ihrem Gerät an (am besten ein Laptop über einen Beamer). Auf den Geräten der Studierenden befinden sich dann die vier Antwortmöglichkeiten, die grafisch dargestellt sind. Je schneller die Studierenden antworten, desto mehr Punkte gibt es. Am Ende werden die besten Studierenden

Kahoot! Quiz
(http://www.
kahoot.com)

genannt und während des Quiz wird den Studierenden rückgemeldet, wie gut sie gerade im Vergleich zum Rest des Seminars sind.

Möglichkeiten durch Kahoot!: Diese Art von Quiz bietet mehrere Möglichkeiten, die auf der Internetseite von Kahoot! erläutert werden (vgl. http://www.kahoot.com/how-to-play-kahoot/).

- »**Review, revise and reinforce**«: Ein schnelles Kahoot! am Ende einer Sitzung verstärkt noch einmal den Lerneffekt und Sie bekommen sofort ein Feedback dazu, wie gut das Thema durchdrungen wurde.
- »**Re-energize and reward**«: Gerade zu Anfang eines Seminars ist Kahoot! sehr gut geeignet, um die Gruppe aufzulockern oder ein Thema spielerisch einzuführen.
- »**Get classroom insights**«: Ein wichtiger Punkt z. B. vor einer Prüfungsphase. Mit einem elaborierten Kahoot! erhalten Sie einen sehr guten Einblick in die Leistungsfähigkeit der Seminarteilnehmer/innen. Wenn Sie beispielsweise im Flipped Classroom unterrichten, dann sind Mastery Tests sehr wichtig, die gut über Kahoot! durchgeführt werden können.

- »**Gather opinions**«: Kahoot! muss nicht unbedingt als Quiz genutzt werden. Ohne Punktevergabe können Sie sich gut einen Meinungsüberblick verschaffen, um eine Diskussion anzuregen.
- »**Motivate Teamwork**«: Das Quiz bietet einen Team-Modus, in dem sich Gruppen über Antworten absprechen müssen. Kombiniert mit einer Vorbereitungsphase können Teamarbeit und kommunikative Kompetenzen gefördert werden.
- »**Challenge past results**«: Es ist möglich, gegen frühere Punktestände zu spielen. So wäre es zum Beispiel motivierend, zu Beginn und am Ende eines Semesters die Leistungen der Gruppe zu vergleichen. Übungen können in einem Quiz bearbeitet werden, denn Wiederholung trägt maßgeblich zum Lernerfolg bei (siehe Kap. 2.5.8).
- »**Introduce new topics**«: Mit sogenannten »Blind Kahoots« können Sie in ein Thema einführen. Hierfür werden Fragen gestellt, die die Studierenden noch nicht beantworten können, um eine Diskussion über mögliche Antworten zu beginnen und so in das Thema einzusteigen.
- »**Turn learners into leaders**«: Kahoot! ist sehr einfach zu benutzen und in Lehrkonzepten, die eine studentische Beteiligung vorsehen, können die Studierenden selbst ein Quiz für die Gruppe erstellen. In hybriden Lehrkonzepten ist dies besonders funktional, da die Expertengruppe so sicherstellen kann, dass alle den Text gelesen bzw. verstanden haben.

Kahoot! ist eine einfache Möglichkeit, die Studierenden zur Mitarbeit zu motivieren, da es sich einer spielerischen Komponente bedient. Dieser Ansatz wird in der Didaktik auch Gamification genannt (siehe Kap. 3.6.6).

3.6.3.3 | Kurs-Chat

Im letzten Kapitel wurde der Kurs-Chat bereits angedeutet, hier soll es um die konkrete Umsetzung gehen. Sie haben mehrere Möglichkeiten, mit den Studierenden zu kommunizieren:
- **Universitätsinterner Chat:** Viele Lernsysteme, wie z. B. Open OLAT, haben bereits Chat-Systeme integriert, die Sie nutzen können. Meist sind diese aber unkomfortabel.
- **Twitter:** Sie können sich über Twitter Fragen stellen lassen. Der Nachteil ist aber, dass Sie alle Nichtnutzer von vornerein ausschließen. Das Gleiche gilt für Facebook.
- **Slack** ist ein Chat-System für Firmen und Teams. Ideal für eine Vorlesung, aber leider mit Anmeldung. Eine App erleichtert die Kommunikation (https://slack.com/).
- **Freie Chaträume:** Chat-Räume wie https://bloochat.com/ erlauben es, ohne Anmeldung miteinander zu chatten. Sie können z. B. einen Raum eröffnen mit dem Namen »Vorlesung 1« und dort Fragen ansehen.

Sie sehen, dass die technische Seite recht unproblematisch ist. Die didaktische Seite wurde bereits ausführlich erläutert. Probieren Sie es einfach aus. Gerade in Großveranstaltungen werden Sie sehr von dem direkten Feedback profitieren.

3.6.3.4 | Lernvideos

Lernvideos werden hier nur der Vollständigkeit halber erwähnt, da sie Teil eines Flipped Classroom-Konzeptes sind. Dennoch ist es sinnvoll, Lernvideos in seine Veranstaltungen zu integrieren, da man so repetitive Inhalte reduzieren kann. Gerade bei Themen, die ohnehin abgehandelt werden müssen und Grundlagen der Veranstaltung darstellen, kann es eine Erleichterung sein, ein Lernvideo bereitzustellen. Bei sehr populären Themen finden Sie vermutlich sogar Videos auf Plattformen wie YouTube, die Sie nur sichten und auf ihre fachliche Korrektheit prüfen müssen. Sie können aber auch einen Schritt weitergehen und die Videos selbst erstellen.

In Kapitel 3.6.5 wird kurz erläutert, wie man einfach mit PowerPoint Videos produziert. Dabei ist zu beachten, dass die Erstellung von Lernvideos zunächst sehr viel Arbeit bedeutet und einige Stunden Zeit kosten wird. Dies wird sich aber über mehrere Semester hin schnell amortisieren. Ein einmal erstelltes Lernvideo kann in mehreren Seminaren genutzt werden, und Sie können die Videos auch mehrere Semester hintereinander bereitstellen. Diese einmal investierte Zeit kann sich also dutzende Male auszahlen. Mehr über die konkrete Videoerstellung bietet Handke (2015).

3.6.4 | Präsentationsmethoden

»Käme der letzte deutsche Kaiser in einen heutigen Hörsaal, würde er außer PowerPoint keinen großen Unterschied zur damaligen Lehre feststellen können« (Handke 2014, S. 139). Die klassische Präsentation mithilfe von Tafel und Overhead-Projektor ist in Hochschulen zwar immer noch möglich, dominiert wird die Lehre jedoch von digitalen Darstellungen aller Art. Es gibt unzählige Möglichkeiten, die Sie für Ihre Präsentationen nutzen können, und sie alle haben Vor- und Nachteile.

- **Klassische Tafel / Whiteboard:** Die Tafel ist immer noch ein gern genutztes Mittel, aber Tafelgestaltung hat auch Tücken. Es beginnt damit, dass bei den heutigen Seminar- und Vorlesungsgrößen ein Tafelanschrieb nicht mehr von allen gelesen werden kann. Für einzelne Phasen ist die Tafel sicher nutzbar, aber als Hauptmedium überholt.
- **Overhead-Projektoren:** Der klassische Overhead-Projektor ist in den meisten Hochschulen noch vorhanden. Der Vorteil ist, dass man auf den Folien z. B. auch Schreiben kann. Wenn Sie Overhead-Folien benutzen, sind aber einige Dinge zu beachten. So sind einfache Kopien aus Büchern oder Texte im klassischen A4-Format zu schwer lesbar und man sollte auf eine Schriftgröße von mind. 20 pt zurückgreifen, wenn man sichergehen will, dass auch die letzte Reihe die Folie lesen kann (vgl. Winteler 2004, S. 43).
- **Digitale Präsentationen:** Hier haben Sie eine Auswahl von vielen verschiedenen Programmen, und es soll kein abschließendes Urteil gefällt werden, da diese Entscheidung auch stark von Ihrer persönlichen Präferenz abhängt. Die wichtigsten und für die Lehre geeigneten Programme sind:

Beispiele **Präsentationen digital**

1. **Prezi:** Eine sehr gute Alternative zu PowerPoint, da auf eine völlig andere Art präsentiert wird. Sehen Sie sich Beispiele auf https://prezi.com/ an.
2. **PDFs:** Sie können auch einfach PDFs Ihrer Inhalte erstellen, die Sie aus Textdokumenten oder einem Präsentationsprogramm gewinnen. Der Vorteil des PDFs ist, dass es sich nicht verändert und Sie seltener mit Darstellungsproblemen zu kämpfen haben. Gerade, wenn Sie mit einem Präsentationsrechner arbeiten, der nicht Ihr eigener ist, kann es sinnvoll sein, PDFs zu nutzen.
3. **Google Slides:** Eine kostenlose Alternative zu PowerPoint. Google Slides kann direkt im Browser über Google aufgerufen werden, Sie brauchen nur einen Account. Hier finden Sie auch eine komplette Office-Lösung.
4. **Open Office:** Eine weitere kostenlose Alternative, die Microsoft Office sehr ähnelt, aber auf Open-Source-Basis entwickelt wird.
5. **PowerPoint:** Das klassische Präsentationsprogramm, auf das wir im Folgenden detaillierter eingehen. Zum einen ist es für die Lehre durch seine Funktionen sehr gut geeignet und zum anderen ist es für die meisten Lehrkräfte verfügbar, da die Hochschulen oft Microsoft Office besitzen. Auch gibt es Möglichkeiten, das Office Paket vergünstigt zu erstehen, wenn Sie angeben, dass Sie Lehrkraft sind.

3.6.5 | PowerPoint optimal nutzen

Es gibt natürlich Bücher und Tutorials, die sich einzig auf die Verwendung von PowerPoint konzentrieren, aber dennoch sollten einmal die didaktischen Aspekte beleuchtet werden, die oftmals außer Acht gelassen werden. Grundsätzlich ersetzen Folien nicht die Lehrkraft. Das bedeutet, dass Ihre Folien nicht losgelöst von Ihrer Lehre nutzbar sein sollten. In der Nachbereitung können sie jedoch sinnvoll sein.

3.6.5.1 | Unarten von PowerPoint-Vorträgen

Es gibt sogenannte »Todsünden« (Plasa 2010, S. 16) im Umgang mit PowerPoint, die es bei der Konzeption auf jeden Fall zu vermeiden gilt (vgl. ebd.):

- **Vorlesen lassen einer Folie:** Lehrkräfte lassen gerne vorlesen. Das Vorlesen von Folieninhalten ist jedoch ohne fachlichen, didaktischen oder methodischen Wert. Es trägt nichts zum Seminar bei. Es schafft lediglich die vermeintliche Sicherheit, dass dadurch jeder den Inhalt erfasst.
- **Überflüssige Folien:** »Wann ist eine Folie nötig oder hilfreich? Wenn sie einen Mehrwert zu dem liefert, was der Präsentierende sagt. [...] Neun von zehn Textfolien sind überflüssig« (ebd., S. 16 f.), da sie nur wiederholen, was der Vortragende ohnehin sagen möchte. Wenn Sie eine Folie also selbst vorlesen, benötigen Sie entweder die Folie oder Ihren Redebeitrag nicht.
- **Zu viele Informationen insgesamt:** Die Aufmerksamkeitsspanne Ihres Publikums ist begrenzt. »20 Minuten sind ideal« (ebd., S. 20), spätes-

tens dann sollte ein Methodenwechsel erfolgen. Zu diesem Zweck sollten Sie auch Folien vorsehen, auf denen nur eine einfache Arbeitsanweisung steht wie »Jetzt bitte Gruppen bilden«.

- **Zu viele Informationen pro Folie:** »Der Zuhörer sollte jede neue Folie in 2–5 Sekunden ›scannen‹ können: Einmal kurz von oben links unten rechts überfliegen – fertig ist der erste Eindruck« (Plasa 2010, S. 21). Das bedeutet, dass Sie auf Ihren Folien nur das Notwendigste unterbringen: »Weniger ist mehr! Kerninformationen auf die Folie, Zusatzinformationen in den Vortrag und das Handout« (ebd., S. 22).
- **Zu viele Informationen als Text** ist auf jeden Fall zu vermeiden. Sie könnten den Text vorlesen, aber dann wäre die Folie überflüssig. Hinzu kommt, dass »die Mitlese-Geschwindigkeit der Zuhörer und die Vorlese-Geschwindigkeit des Präsentierenden niemals identisch sein werden« (ebd.). Sie könnten den Inhalt auch paraphrasieren, aber dann stellen sich die Studierenden zu Recht die Frage, welcher Text nun wichtiger sei: der gesprochene oder der geschriebene auf der Folie. Dies gilt vor allem, wenn Sie sehr weit von der Folie abweichen. Die letzte Alternative ist das Schweigen. Aber das führt dazu, dass Sie derartige Folien einige Sekunden zeigen, warten, ob jemand Fragen hat und weiterklicken. Sie als Lehrkraft werden dann kaum benötigt.
- **Informationen nicht lesbar:** Vermeiden Sie Texte und Grafiken, auf denen nicht alles auch aus der letzten Reihe erkennbar ist. Im Zweifel testen Sie selbst, indem Sie einmal in die letzte Reihe gehen und versuchen, Ihre Folie zu lesen.
- **Illustration statt Visualisierung:** »Visualisierungen verdeutlichen Informationen. Illustrationen sind nur schmückendes Beiwerk [...] ohne Informationsgehalt« (ebd., S. 24). Aus Sicht des Copyrights können Sie eigentlich nur Visualisierungen verwenden, da es Ihnen nicht erlaubt ist, z. B. fremde Bilder rein zu Illustrationszwecken einzusetzen. Auch didaktisch gesehen ist es ebenso wenig sinnvoll.
- **Animation als Spielerei:** Nutzen Sie Animationen spärlich und nur, wenn Sie einen Punkt verdeutlichen wollen. Auch das Mischen von Animationen sollte vermieden werden. Schaffen Sie Kohärenz in der Optik, indem Sie nur eine Art von Animation nutzen, wenn überhaupt.

»Auch wenn es viele Vortragende schockieren wird: Die ideale Folie hat maximal 7 Zeilen und besteht aus maximal 5 Items (Informationseinheiten) pro Zeile. Ein altes chinesisches Sprichwort besagt, dass etwas dann vollständig ist, wenn man nichts mehr weglassen kann (Kiefer 2002). Für unsere Folien heißt das: weniger ist besser und mehr!« (Winteler 2004, S. 59).

Auch wenn man heutzutage nicht mehr ganz so sklavisch reduziert, ist dieser Grundsatz noch immer gültig. Die meisten »Todsünden« lassen sich durch aufgeräumte und weniger gefüllte Folien vermeiden.

3.6.5.2 | PowerPoint-Folien in der Lehre

Wenn Sie die oben genannten Fehler vermeiden, werden Ihre Folien bereits sehr sinnvoll aussehen, die Frage ist jedoch, warum Sie überhaupt eine digitale Folie verwenden. »Der Präsentierende ist Mittelpunkt, die

Technik Mittel. Punkt« (Plasa 2010, S. 28). Das soll heißen, dass Sie Folien und Technik allgemein nur zur Unterstützung Ihrer Methodik und Didaktik nutzen. Dies führt zu folgenden Gründen für den Einsatz einer Folie:

- **Informationsvermittlung:** Auf der Folie stehen wichtige Informationen. Sei es nun für die anstehende Prüfung, eine Definition oder den Ablauf der jeweiligen Seminarsitzung. Die Informationen sollten klar und knapp dargestellt sein.
- **Aufgaben:** Wenn die Studierenden eine Aufgabe bearbeiten sollen, muss diese visualisiert werden. Eine verbale Aufgabenstellung kann dazu führen, dass viele Studierende den Wortlaut der Aufgabe vergessen oder falsch verstehen oder dazu, dass Sie unter Umständen mehrere Formulierungen einer Aufgabe anbieten.
- **Aufgabenlösungen:** Wenn es Aufgaben zu erledigen gab, zeigen Sie auf Folien unterschiedliche Lösungen und besprechen diese.
- **Methodische Organisation:** Wenn Sie wollen, dass die Studierenden z. B. Gruppen bilden, bietet es sich an, dass die Anweisung zur Gruppenbildung auf einer Folie dargestellt ist. Auch für Zeitangaben hat sich das sehr bewährt. Wenn Sie für eine Aufgabe z. B. zehn Minuten vorsehen, dann lassen Sie vorne einen Timer laufen, damit die Studierenden stets wissen, wie viel Zeit sie noch zur Bearbeitung haben.

3.6.5.3 | Tipps für den didaktischen Einsatz

PowerPoint wird oft auf seine grundsätzliche Funktion, das Anzeigen von Informationen, reduziert und zu Recht dafür kritisiert. Mittlerweile beinhaltet das Programm aber auch Funktionen, die gerade in der Lehre sehr nützlich sind, die aber oft übersehen werden:

Notizen in PowerPoint

Notizen: Unter der aktuellen Folie finden Sie ein weiteres Feld, in das Sie Notizen einfügen können, die für die Studierenden nicht sichtbar sind.

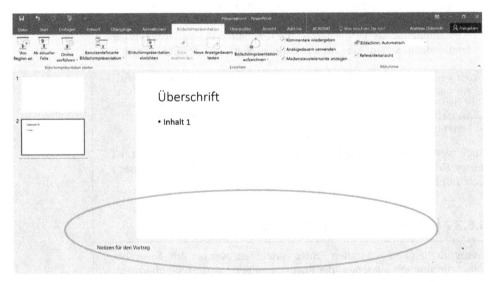

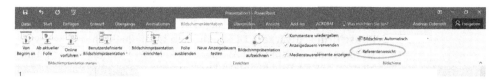

Das können methodische Hinweise sein, aber auch Schlagwörter, die Sie in Ihrer Erklärung benutzen wollen. Das Notizenfeld sorgt dafür, dass Ihre Folien nicht überladen werden, Sie aber gleichzeitig nichts vergessen.

Referentenansicht aktivieren

Die Referentenansicht: Im Reiter »Bildschirmpräsentation« finden Sie die »Referentenansicht«. Diese sorgt dafür, dass Sie auf Ihrem Laptop nicht nur die aktuelle Folie, sondern auch die nächste Folie sehen und die Möglichkeit haben, zwischen den Folien zu navigieren. Zusätzlich werden Ihnen Ihre Notizen angezeigt, es besteht also kein Bedarf mehr an handschriftlichen Zetteln.

Diese Referentenansicht sieht dann so aus und bietet weitere, für Lehrkräfte interessante Möglichkeiten:

1. **Anzeige der vergangenen Zeit:** Hier sehen Sie, wie lange Ihre Präsentation bereits läuft.
2. **Anzeige der Uhrzeit:** Hier sehen Sie die aktuelle Uhrzeit.
3. **Stift:** Diese Funktion ist für Sie am wichtigsten. Sie können hier verschiedene Stifte einblenden, um direkt in die Präsentation zu schreiben: Der Laserpointer ist ein einfacher roter Punkt, um die Aufmerksamkeit zu lenken. Der Stift ist geeignet, um neue Inhalte aufzuschreiben, und der Textmarker kann genutzt werden, um Dinge auf der Folie hervorzuheben. Sie können diese Funktion rudimentär nutzen oder mithilfe eines Tablets und Stiftunterstützung. Ihre Präsentation wird sehr viel nachvollziehbarer, wenn Sie auch visuell in ihr arbeiten.
4. **Übersicht:** Ein Klick hierauf öffnet alle Folien, wenn Sie eine frühere Folie suchen wollen.

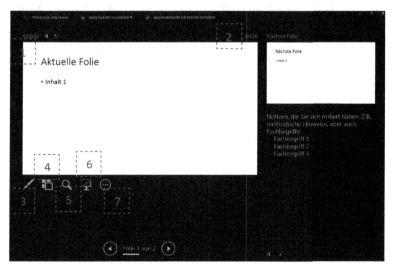

Referentenansicht

5. **Zoom:** Wenn Ihre Inhalte wider Erwarten zu klein sind, können Sie hiermit Bildausschnitte vergrößern.
6. **Bildschirm schwärzen:** Diese Funktion ist methodisch sehr wertvoll. Wenn Sie die vollständige Aufmerksamkeit des Plenums wollen, dann blenden Sie die Folien einfach kurz aus.
7. **Optionen:** Hier können Sie den Bildschirm auch komplett weiß stellen, die Präsentation beenden etc.

Aufzeichnung der Präsentation: Im Reiter ›Bildschirmpräsentation‹ finden Sie den Button ›Bildschirmpräsentation aufzeichnen‹:

Präsentation aufzeichnen
Diese Funktion erlaubt Ihnen das Halten und Aufzeichnen von Präsentationen. Sobald Sie die Aufzeichnung starten, wird alles, was Sie sagen aufgenommen somit auch die Folien, die Sie vor sich sehen. Sie können einzelne Folien hintereinander aufnehmen oder die gesamte Präsentation. Diese Funktion erlaubt das sehr leichte Erstellen von Lernvideos ohne technisches Know-How, da Sie die Aufnahme einfach als mp4-Video abspeichern und weitergeben können (Speichern unter → Speichern als mp4-Datei).

Die oben genannten Funktionen wurden genutzt, um zur Illustration einen Flipped Classroom zu erstellen, der auch in den Beispielplanungen vorgestellt wurde. Sie können sich die Videos unter https://tinyurl.com/gmwcvvr oder mithilfe des QR-Codes ansehen.

3.6.5.4 | Unterstützung des Lernens durch PowerPoint-Folien

»Können Sie die Folien hochladen?« wird eine der ersten Fragen der Studierenden sein. Sie können mit dieser Frage unterschiedlich umgehen, aber im Kern wird Sie durch Ihr Lehr- und Vortragskonzept beantwortet.

Sie sehen, dass es niemals sinnvoll ist, den Studierenden überhaupt nichts hochzuladen. Dies führt nur dazu, dass Smartphones genutzt werden, um schnell Fotos der Folien zu machen (und nebenbei Ihre Persönlichkeitsrechte zu verletzen) bzw. dass keiner zuhört, weil alle mit hektischem Abschreiben beschäftigt sind.

Wenn Ihre Folien mehr sind als bloße methodische Hilfsmittel, gehört es zur Transparenz, dass Sie diese zugänglich machen – mit einigen Ausnahmen. Wenn Ihre Folien z. B. Lösungen anbieten, von denen Sie nicht wollen, dass sich diese sehr schnell über die Semester hinweg verbreiten oder wenn Sie Lückentexte bearbeiten, können Sie von den Studierenden durchaus erwarten, dass diese mitschreiben. Eine starke Entlastung Ihrer Lehre ist, wie man bereits in der Tabelle sieht, das Anpassen einer Handoutfolie bzw. das Erstellen eines Worksheets für die Sitzung.

	Vor der Sitzung hochladen	Nach der Sitzung hochladen	Nicht hochladen
Folien mit allen Inhalten	Niemand wird Ihnen zuhören, warum auch?	Das Zuhören wird schwerer, es wird viel unnötig mitgeschrieben	Ihre Veranstaltung wird eine reine Abschreiborgie
Folien mit Schlagwörtern und methodischen Hinweisen	Die Studierenden können die Folien mitbringen und selbst ergänzen – gute Lösung	Das Zuhören wird schwerer, es wird viel unnötig mitgeschrieben	Ihre Veranstaltung wird eine reine Abschreiborgie
Folien mit Schlagwörtern und methodischen Hinweisen, die durch ein Handout gestützt werden	Die Studierenden werden das Handout ausdrucken und müssen nicht mitschreiben – optimale Lösung	Folien als Ergänzung hochladen; nicht nötig	Handout muss vorher verfügbar sein
Angepasste Folien mit Lücken	Die Studierenden werden die Folien ausdrucken und können ergänzen – gute Lösung	Nicht sinnvoll	Nicht sinnvoll

Verfügbarkeit und Beschaffenheit von PowerPoint-Folien

3.6.5.5 | Worksheets und Handouts

Ein Worksheet ist ein die Sitzung begleitendes Arbeitsblatt, das den Studierenden vorab zur Verfügung steht. Es kann auf zwei Arten konzipiert werden. Eine einfache Methode ist es, dass Sie einfach Kernpunkte aus Ihren Folien entfernen, die dann während der jeweiligen Sitzung ergänzt werden müssen. So sind die Studierenden motiviert, Ihnen zuzuhören, um ihre Folien richtig zu ergänzen. Dies ist eine sehr rudimentäre und einfache Variante des Worksheets, lässt sich aber sehr schnell erstellen. Auch die Frage, ob die Folien hochgeladen werden, erübrigt sich sofort, da sie vorab, wenn auch unvollständig, verfügbar sind.

Die zweite Variante ist das Erstellen eines didaktisch sinnvoll aufgebauten Arbeitsblattes, das durch die Sitzung begleitet. Sie können auf einem solchen Worksheet auch vorbereitende und nachbereitende Aufgaben unterbringen. In einem Flipped Classroom wird es z. B. so sein, dass es bestimmte Aufgaben gibt, die man vorab erledigen muss, in anderen Seminarkonzepten sind es dagegen Hausaufgaben. Wichtig sind aber vor allem der begleitende Präsenzteil, den die Studierenden mit Ihnen verbringen sowie die diesen Teil begleitenden Inhalte auf dem Worksheet.

- **Wichtige Definitionen und Merksätze:** Erstellen Sie Leerkästen oder Lückentexte, um die wichtigsten Inhalte noch einmal verschriftlichen zu lassen. Dies lässt sich sehr gut mit der One-Minute-Paper-Methode verknüpfen (siehe Kap. 3.5.3.8).
- **Aufgaben:** Gerade Aufgaben mit einem größeren Input, wie z. B. ein Text oder ein Bild, aber auch aufwändigere Analyseaufgaben lassen sich besser auf einem Blatt Papier unterbringen als auf einer Folie. Auf

Was gehört auf das Worksheet?

Ihrer Folie wird sich nur der Hinweis finden: »Bearbeiten Sie nun bitte Aufgabe 3 auf Ihrem Worksheet in Partnerarbeit«.

- **Gliederung und roter Faden:** Zwischenüberschriften wie »Vor der Sitzung zu erledigen«, »In der Sitzung zu erledigen«, »Abschluss« etc. machen den Verlauf der Sitzung transparent. Auch haben die Studierenden eine klare Progression, wenn sie sich dem Ende des Worksheets nähern. Insgesamt strukturiert ein Worksheet die Sitzung zusätzlich.

Das Worksheet entlastet Ihren gesamten Vortrag, da Sie immer wieder darauf verweisen können und Ihre Folien generell verständlicher werden. Daneben sind die Studierenden zwangsläufig besser vorbereitet, da sie das Worksheet ausdrucken oder digital verfügbar haben müssen, wenn sie der Sitzung folgen wollen. Ein letzter Vorteil ist das Feedback, das Sie innerhalb von Sekunden erhalten. Wenn ein Großteil der Studierenden das Worksheet dabeihat, ist das immer auch ein Zeichen dafür, dass sie sich vorbereitet haben. Wenn es zu wenige mitgebracht haben, wissen Sie bereits zu Beginn, dass diese Sitzung schwierig wird.

3.6.6 | Gamification

In der Pädagogik sind Lernspiele, also Spiele, die entworfen wurden, um bestimmte Lerninhalte zu vermitteln, seit langem bekannt. Mit Gamification sind jedoch nicht z. B. Memoryspiele zum Vokabellernen gemeint, sondern komplexere Lehrkonzepte:

»Im Gegensatz zu einem Lernspiel soll bei Gamification im Bildungswesen aber nicht ein Spiel durch ein externes pädagogisches Ziel angereichert werden, sondern im Gegenteil ein pädagogischer Kontext durch spieltypische Elemente« (Stöcklin et al. 2014, S. 1).

Bestimmte Elemente aus Videospielen werden in die Lehre integriert, um das Lernen zu unterstützen. Dies beinhaltet zum Beispiel »Punkte, Ranglisten, Badges« (ebd.). Diese sogenannte »strukturelle« (ebd.) Gamification entlehnt diese Elemente, um einen Motivationsmoment zu schaffen. Die Studierenden werden sich eher anstrengen, wenn sie mit Auszeichnungen belohnt werden.

Durch verschiedene Aktivitäten ist es den Studierenden innerhalb aber auch außerhalb des Seminars möglich, Punkte zu erhalten. Diese Punkte werden anschließend zusammengerechnet und führen zum einen zur Rangliste und zum anderen zu den Badges. Die Rangliste, die entweder vollständig oder teilweise öffentlich ist, soll motivieren, aber auch der Lehrkraft Einblick geben, welcher Lerner noch nicht richtig mitkommt.

Die zweite Belohnungsoption sind Badges, also Auszeichnungen. So kann derjenige, der die Aufgabe am besten oder schnellsten löst einen Titel dafür erhalten. Studierende, die z. B. die Hälfte der möglichen Punkte bereits erreicht haben, könnten ausgezeichnet werden.

Die Anwendungsmöglichkeiten für Gamification sind dabei sehr vielfältig. Empirisch haben sich folgende Elemente für die Hochschullehre als besonders sinnvoll erwiesen (Rohr/Fischer 2014, leicht gekürzt):

- »Interesse wecken durch ansprechende Kommunikation bzw. Begrüßung/Empfang, Sichtbarkeit von Angebot und Nutzen, Einführungstour und Imagefilm
- Punkte sammeln und für andere Inhalte einlösen bzw. Bonus erhalten
- Vergabe von Badges für Zwischenleistungen und Zusatzqualifikationen
- Visualisierung des Lernfortschritts durch Fortschrittsanzeigen
- Sammeln von Leistungsnachweisen/Zertifikaten
- Zwischentests zur Prüfungsvorbereitung
- Avatar zur Darstellung des eigenen Status/der eigenen Rolle
- Individuelle Gestaltung der Benutzeroberfläche
- Interaktive Elemente wie Online-Quiz, Zwischentests oder selbst erstellbare Lernkarteien (Flashcards)
- Bewertungs-/Feedbacksymbole wie »Gefällt-mir«-Daumen oder Sterne
- Feedback über Lernerfolge durch interaktive Elemente, Zwischentests, Bewertungs-/Feedbacksymbole und Badges
- Öffentlich sichtbarer Status zur sozialen Interaktion und Vernetzung
- Group Quests/Gruppenaufgaben mit entsprechenden Tools zur gemeinsamen Bearbeitung von Aufgaben (Etherpad) und der Möglichkeit, eigene Arbeitsgruppen zu erstellen
- Mentorship/Erfahrungsaustausch ermöglicht durch entsprechende Kommunikations-Tools wie Foren, Gruppen und Chats
- Glowing Choice und Crossmarketing-Mechanismen zum Wecken von Interesse an neuen/weiteren Kursangeboten
- Lernwegsteuerung bzw. Levelling, das »Freispielen« von Inhalten, aber nur unter Vorbehalt«

Gamification kann modular in Ihre Lehre integriert werden. Vielleicht beginnen Sie mit einfachen Leitfragen vor der Sitzung, die einen Wettbewerbscharakter haben und einige Semester später nutzen Sie die Welt von Harry Potter, um Ihre Seminare zu organisieren, wie es z. B. Michael Lenz der Universität Koblenz-Landau macht. Die Aufgaben für die Studierenden werden dabei von ihm in ein Narrativ eingebettet und gruppenweise erhalten sie Punkte für Slytherin, Gryffindor usw. Dieses durch einen Lehrpreis ausgezeichnete Konzept sorgt für eine große Motivation innerhalb der Lehrveranstaltung.

3.6.7 | Hinweise zur digitalen Lehre

Die meisten Lehrkräfte scheitern traditionell am Medieneinsatz. Tatsächlich lassen sich die meisten technischen Probleme lösen, wenn man vor dem Seminar eine Generalprobe durchführt und Folgendes beachtet:

- »Machen Sie sich mit der Projektionsanlage vertraut und testen Sie zur Sicherheit das Zusammenspiel Notebook-Beamer.

Technische
Generalprobe

- Falls die Präsentation nicht vom eigenen Notebook gezeigt wird, lassen Sie die Präsentation vorab auf dem Vorführrechner laufen. [...]
- Alle anderen Programme auf dem Rechner schließen, um Arbeitsspeicher zu sparen.
- Häufigen Projektionswechsel vermeiden, große Helligkeitsunterschiede blenden und ermüden.
- Ablesen von Notebook unbedingt vermeiden, verwenden Sie Manuskript und Fernbedienung für die Interaktion!
- Es beruhigt, wenn man den technischen Betreuer des Vortragsraumes kennt und weiß, wo er im Falle einer technischen Panne erreichbar wäre. [...]« (Winteler 2004, S. 68).

Eine solche Generalprobe gibt Ihnen Sicherheit, so wissen Sie, wo sich eventuelle Stolperfallen befinden.

»Zu einer perfekten Präsentation gehört der spielerisch sichere Umgang mit der Technik, der eine Vertrautheit mit den technischen Einrichtungen des Vortragsraumes voraussetzt; Unsicherheiten beim Umgang mit der technischen Präsentationsausstattung übertragen sich in hohem Maße auf die Zuhörer. [...] Intensives Üben an den Geräten ist daher essentiell wichtig für den erfolgreichen Medieneinsatz« (ebd., S. 47).

3.6.8 | Exkurs: Copyright und Urheberrecht in der Lehre

Die rechtliche Grundlage zum Urheberrecht befindet sich gerade in der Diskussion und kann sich stets verändern. Die aktuelle Version vom 1.3. 2018 für den neuen Paragrafen 60a des Urheberrechtsgesetzes (https://www.gesetze-im-internet.de/urhg/) lautet folgendermaßen:

§ 60a Unterricht und Lehre
(1) Zur Veranschaulichung des Unterrichts und der Lehre an Bildungseinrichtungen dürfen zu nicht-kommerziellen Zwecken bis zu 15 Prozent eines veröffentlichten Werkes vervielfältigt, verbreitet, öffentlich zugänglich gemacht und in sonstiger Weise öffentlich wiedergegeben werden
1. für Lehrende und Teilnehmer der jeweiligen Veranstaltung,
2. für Lehrende und Prüfer an derselben Bildungseinrichtung sowie
3. für Dritte, soweit dies der Präsentation des Unterrichts, von Unterrichts- oder Lernergebnissen an der Bildungseinrichtung dient.

(2) Abbildungen, einzelne Beiträge aus derselben Fachzeitschrift oder wissenschaftlichen Zeitschrift, sonstige Werke geringen Umfangs und vergriffene Werke dürfen abweichend von Absatz 1 vollständig genutzt werden.

Dieses Gesetz kann sich im Laufe der kommenden Jahre durchaus verändern, aber einige grundsätzliche Hinweise werden weiterhin gültig sein. Zunächst einmal ist jede Bereitstellung eines Werkes zu prüfen. Am einfachsten haben Sie es mit Aufsätzen aus wissenschaftlichen (!) Zeitschriften oder Fachzeitschriften, da diese stets vollständig verwendet werden können. Schwieriger ist es, ganze Bücher zu verwenden und bereitzustellen, da hier stets eine Umfangsgrenze gilt. Diese liegt momentan bei 15 % des Werkes, was sich aber ändern kann. Generell ist es rechtlich am einfachsten, wenn Studierende sich das Werk selbst besorgen.

Die Verwendung von Abbildungen ist möglich und schon seit Jahren durch das sogenannte Zitatrecht gedeckt. Didaktisch gesehen, sollte es sich dabei stets um Visualisierungen handeln, also Abbildungen mit erklärendem Charakter und nicht um reine Illustrationen. Im oben genannten Paragrafen lautet die entscheidende Stelle »Zur Veranschaulichung des Unterrichts«. Das bedeutet, dass die Nutzung der Abbildung einen unterrichtlichen Zweck haben muss und nicht einfach zur reinen Verschönerung Ihrer Folien genutzt werden darf. Natürlich müssen Sie bei allen Zitaten die Quelle angeben.

Wenn Sie diese Hinweise beherzigen, müssen Sie nur noch darauf achten, dass tatsächlich nur »Lehrende und Teilnehmer der jeweiligen Veranstaltung« (§ 60a UrhG) Zugriff auf die Inhalte haben. Dies lässt sich am einfachsten mit einem digitalen Lernsystem erreichen, bei dem die Ressourcen mit einem Passwort versehen sind, das nur die Studierenden kennen.

Bevor Sie also Inhalte zur Verfügung stellen, prüfen Sie, wie es um das aktuelle Urheberrecht bestellt ist. Einige Hochschulen haben auch Möglichkeiten, kommerzielle Bilder zu nutzen. Sie können aber zur Anreicherung Ihrer Lehre mit Bildern stets auf gemeinfreie Werke zurückgreifen, die z. B. auf http://www.pixabay.com angeboten werden.

3.7 | Beispielplanungen

Die folgenden Beispielplanungen geben Ihnen eine grundsätzliche Vorstellung davon, was Sie erarbeiten müssen, bevor Sie das Seminar beginnen. Aufgrund unterschiedlicher Anforderungen in einzelnen Fächern wird nicht an jeder Stelle alles bis ins Detail dargestellt und nur angedeutet, was vorzubereiten ist.

3.7.1 | Direkte Instruktion: Anfängerseminar

Ein Anfängerseminar ist ein Seminar für Studierende der ersten Semester, in dem bestimmte Grundlagen des Faches erläutert werden. Es geht um Fachbegriffe und grundsätzliche Arbeitsweisen. Als Beispielseminar soll eine Einführung in die Sprachwissenschaft geplant werden. Anhand der To-Do-Liste wird die Planung für das Seminar skizziert (siehe Kap. 3.1):

Kompetenzen: Die Studierenden können sprachwissenschaftlich arbeiten.

Lernziele für das Seminar:

- Die Studierenden können mit der Grammatik des Deutschen umgehen.
- Die Studierenden können sprachliche Beispiele grammatisch analysieren.
- Die Studierenden können ihr grammatisches Wissen auf Zweifelsfälle übertragen.

Das Lehrkonzept wird die direkte Instruktion sein, da in dem Seminar sehr viele Übungen durchgeführt werden, nachdem bestimmte Analyseverfahren erläutert wurden.

Literaturauswahl und Implementierung in das Seminar: Die Literatur wird Standardliteratur sein, die grundlegende grammatische Analysen thematisiert. Die Autoren sind im Fachbereich anerkannt und viel rezipiert. Die Studierenden lesen zu jeder Sitzung vorab einen Text zu dem aktuellen Thema.

Der Medieneinsatz wird ein einfacher Mix aus Folien über den Beamer sein, auf denen Inhalte und Beispiele zu sehen sind sowie handschriftlichen Aufgaben an der Tafel. Durch den Übungscharakter des Seminars wird die Lehrkraft oft etwas an die Tafel schreiben.

Die Sachanalyse ist am besten grafisch darzustellen. Selbst wenn Sie nicht mit der Thematik vertraut sind, können Sie die folgende Darstellung wahrscheinlich nachvollziehen:

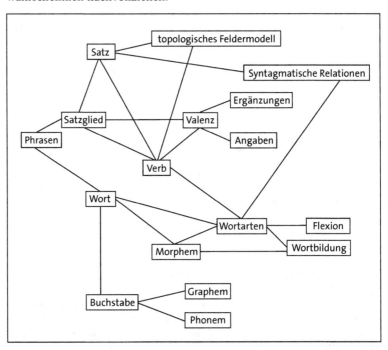

Sachanalyse zur Einführung in die Sprachwissenschaft

Die Darstellung ist keinesfalls vollständig, es sollte aber klar sein, welche innere Ordnung bei einem Thema besteht. Die Sachanalyse macht deutlich, dass Sie, um zu erläutern, was eine Phrase ist, zunächst erklären müssen, was ein Wort und schlussendlich auch ein Buchstabe ist. Diese Analyse kann später zur Konzipierung einer Prüfung wieder herangezogen werden.

Seminaraufbau und die erste Sitzung: Die Empfehlung lautet, die ersten drei Sitzungen lehrkraftzentriert zu gestalten und bereits vor dem Semester vorzubereiten. Sie beinhalten vor allem Grundlagen, die nötig sind, damit die Studierenden dem Rest des Seminares folgen können. Für dieses Beispielseminar wird nur die erste Sitzung skizziert, da ab der zweiten Sitzung fachwissenschaftliche Besonderheiten nötig sind und es nicht mehr möglich ist, die allgemeine Planung anzugeben.

Sitzung	Inhalt
1	Organisation; kleiner Test über den Lernstand zur Grammatik danach Einführung in das Thema und Vorstellung der ersten Fachbegriffe und kleiner Analysen
2	Lektion 1: Wortbildung
3	Lektion 2: Wortarten
4	Lektion 3: Flexionsmorphologie
5	Lektion 4: Syntagmatische Relationen
6	Lektion 5: Phrasen und Konstituenten
7	Übungssitzung
8	Lektion 6: Valenz; Ergänzungen und Angaben
9	Lektion 7: Syntaktische Funktionen (Satzglieder)
10	Übungsklausur
11	Lektion 8: Satzstruktur und Stellungsfelder
12	Abschlusssitzung
13	Prüfungswoche (keine Seminarsitzung)

Seminarplan:
Direkte Instruktion

Diesen Seminarplan müssen Sie noch mit konkreten Daten versehen und den Studierenden zu Beginn des Semesters zugänglich machen. Auch eine Spalte mit Literatur, die zuvor gelesen werden muss, ist möglich und sinnvoll, damit die Studierenden wissen, wie sie sich optimal auf die Sitzung vorbereiten können. Im Folgenden wird der Verlaufsplan der ersten Sitzung skizziert (s. Tab. S. 142):

Die weiteren Sitzungen werden einem ähnlichen Plan folgen. Meist werden Sie einen Input zu den Inhalten liefern, mit dem dann gearbeitet wird. Wichtig ist, dass Sie methodische Abwechslung in die Veranstaltung bringen und nicht nur mit den Sozialformen variieren, sondern generell auch mit den Vermittlungsmethoden. Prototypisch verlaufen Seminare dieses Lehrkonzeptes so:

- Input des Fachinhaltes
- Reproduktionsaufgaben zum Fachinhalt
- Vertiefung des Fachinhaltes
- Reorganisations- und Transferaufgaben zum Fachinhalt
- Sicherung

Wenn es die Zeit erlaubt, ist es sinnvoll noch weitere Sitzungen vorzusehen, die rein der Übung gewidmet sind. So haben die Studierenden alle Lerninhalte bereits einmal durchgearbeitet, und werden durch schwierigere Aufgaben und eventuelle Probeklausuren auf die Prüfung vorbereitet.

Phase	Inhalt	Methode / Sozialform	Dauer
Einstieg	Seminarorganisation: Fehlzeiten, Anforderungen für das Seminar, Prüfung, Präsentation des Seminarplans, Austeilen eines Worksheets	Vortrag	ca. 5 min
Erarbeitung 1	Kurzer Test zum bisherigen Wissen	**Frontalunterricht:** Die Studierenden absolvieren ein kurzes Kahoot!-Quiz (siehe Kap. 3.6.3.2)	ca. 10 min
Zwischensicherung	Klären offener Fragen	**Vortrag**	ca. 5 min
Instruktion 1	Vorstellen der wichtigsten Terminologie: Phonem, Morphem, Lexem	**Vortrag**	ca. 10 min
Erarbeitung 2	Weiterführende/anspruchsvollere Auseinandersetzung mit der Thematik: Präsentation einer kritischen These zu dem, was bereits bearbeitet wurde	**Partnerarbeit mit dem Worksheet**	ca. 25 min
Abschließende Sicherung	Konsens schaffen für die nächste Sitzung	**Plenumsdiskussion**	ca. 15 min
Sollbruchstelle	Wenn die Zeit verstrichen ist, die Sitzung abschließen		
Erarbeitung 3	Verknüpfung mit den kommenden Sitzungen	**Vortrag**	bis 15 min

Verlaufsplan der ersten Sitzung: Direkte Instruktion

3.7.2 | Flipped Classroom: Anfängerseminar

Der Flipped Classroom dreht das Lernarrangement des traditionellen Seminars um (siehe auch Kap. 3.1.3.5). Im Normalfall, also beispielsweise bei der direkten Instruktion, wie oben beschrieben, bereiten sich die Studierenden mithilfe eines Textes auf die Sitzung vor, erhalten in der Sitzung weiteres Wissen und üben zuhause das Gelernte. Im Flipped Classroom eignen sich die Studierenden das Wissen bereits vor der Sitzung mithilfe von Videos, Texten, Podcasts etc. an, um in der Sitzung Raum für Rückfragen und vertiefende Übungen zu haben.

Der Vorteil hierbei ist, dass jeder in seinem Lerntempo voranschreiten kann und die Inhalte so oft bearbeiten kann, wie er oder sie möchte. Das setzt allerdings voraus, dass man bereits vor dem Seminar alle Inhalte digital zur Verfügung stellt, beispielsweise über YouTube.

Wie oben wird nun anhand der To-Do-Liste das Seminar skizziert:

Kompetenzen: Die Studierenden können sprachwissenschaftlich arbeiten.

Lernziele für das Seminar:

- Die Studierenden können mit der Grammatik des Deutschen umgehen.
- Die Studierenden können sprachliche Beispiele grammatisch analysieren.
- Die Studierenden können ihr grammatisches Wissen auf Zweifelsfälle übertragen.

Literaturauswahl und Implementierung in das Seminar: Die Literatur ist Standardliteratur zu dem Thema, die grundlegende grammatische Analysen thematisiert. Die Autoren sind im Fachbereich anerkannt und viel rezipiert. Die Studierenden lesen zu jeder Sitzung vorab einen Text zu dem aktuellen Thema.

Medieneinsatz: Bevor die Sitzung stattfindet, sehen sich die Studierenden ein Lernvideo an, um bereits Basiswissen mit in die Sitzung zu bringen. Das Video wird immer wieder angehalten, damit die Studierenden das Worksheets zur Sitzung bearbeiten können. Nach der Lektüre und dem Video absolvieren die Studierenden online einen sogenannten Mastery Test, der einfache Grundlagen abfragt. Wenn man diesen Test besteht, ist man bereit für die Sitzung.

In der Sitzung wird mit PowerPoint und dem zweiten Teil des Worksheets gearbeitet.

Die Sachanalyse entspricht genau der Sachanalyse oben.

Seminaraufbau und typische Sitzung: Auch der Seminarplan folgt dem obigen Beispiel. Damit aber klar wird, wie eine Sitzung im Flipped Classroom abläuft, hier der Verlauf einer typischen Sitzung:

Phase	Inhalt	Methode / Sozialform	Dauer
Vor der Sitzung	Lernvideo, Text, Mastery Test und erster Teil eines Worksheets	**Einzelarbeit zuhause**	individuell, ca. 30–90 min
Einstieg	Kurze Fragerunde zu dem Thema. Die Studierenden können mittels PINGO anonym Fragen zu Text und Lernvideo stellen, die die Lehrkraft dann beantwortet.	**Vortrag**	ca. 10 min
Erarbeitung 1	Kurzer Kahoot!-Test zum Thema, damit die Lehrkraft eventuelle Verständnisprobleme erkennt.	**Frontalunterricht:** Die Studierenden absolvieren ein kurzes Kahoot!-Quiz (siehe Kap. 3.6.3.2)	ca. 10 min
Zwischensicherung	Korrektur der zuhause erledigten Aufgaben	**Meldekette**	ca. 15 min
Erarbeitung 2	Bearbeitung weiterführender Aufgaben	**Gruppenarbeit**	ca. 20 min
Zwischensicherung	Korrektur der weiterführenden Aufgaben	**Meldekette**	ca. 5 min
Erarbeitung 3	Bearbeitung weiterführender Aufgaben	**Gruppenarbeit**	ca. 20 min
Zwischensicherung	Korrektur der weiterführenden Aufgaben	**Meldekette**	ca. 5 min
Abschlusssicherung	Beantwortung eventuell aufgekommener Fragen	**Vortrag**	bis 15 min

Verlaufsplan einer Sitzung im Flipped Classroom

Die Sitzungen im Flipped Classroom sind sehr übungslastig. Es gibt wenige Phasen, in denen Sie als Lehrkraft im Fokus stehen. Nur wenn bei Bedarf eine Erklärung gefordert wird, tragen Sie vor. Wichtig ist, dass Sie keinesfalls Inhalte wiederholen, die bereits in den Videos erläutert wurden. Wenn Sie dies tun, dann nur sehr kurz, da die Studierenden stets dazu angehalten sind, die Videos mehrfach anzusehen, wenn es zu Verständnisschwierigkeiten kommt. Prototypisch verlaufen die Sitzungen im Flipped Classroom auf folgende Weise:

- Fragen zum Fachinhalt
- Test zum Fachinhalt
- Überprüfung der erledigten Reproduktionsaufgaben
- Bearbeitung neuer Aufgaben (Reorganisation und Transfer)
- Sicherung der neuen Aufgaben
- Beantwortung eventueller Fragen zu den neuen Aufgaben

Wie auch in dem Seminar zuvor bieten sich im Flipped Classroom Übungssitzungen an, die das Gelernte weiter vertiefen und auf die Prüfung vorbereiten.

3.7.3 | Hybrides Seminar: für Fortgeschrittene

Das hybride Seminar eignet sich für Studierende, die bereits ein oder zwei Semester an der Universität sind, da es viel Eigenleistung verlangt. Als Beispiel folgt ein Seminar zur allgemeinen Sprachdidaktik als Beispiel aufgeführt. Anhand der To-Do-Liste wird die Planung für das Seminar skizziert (siehe Kap. 3.1):

Kompetenzen: Die Studierenden kennen die Grundlagen der Sprachdidaktik und können diese in der Praxis anwenden.

Lernziele für das Seminar:

- Die Studierenden kennen die Geschichte der Sprachdidaktik.
- Die Studierenden kennen Methoden der Wortschatzdidaktik.
- Die Studierenden kennen Methoden der Lesedidaktik.
- Die Studierenden kennen Methoden der Grammatikdidaktik.
- Die Studierenden kennen Methoden der Aufsatzdidaktik.

Lehrkonzept: Das hybride Seminar sieht vor, dass die Studierenden immer einen kleinen Teil des Seminars übernehmen und die Lehrkraft das Thema dann weiter vertieft (siehe Kap. 3.1.3.3).

Literaturauswahl und Implementierung in das Seminar: Als Literatur wird ein einzelnes Fachbuch gewählt, das in die Sprachdidaktik einführt. Die Studierenden haben digital Zugriff auf das Buch über einen Vertrag mit dem Verlag, der Buchkauf wird jedoch dennoch empfohlen.

Seminaraufbau und die erste Sitzung: Die Empfehlung lautet, die ersten drei Sitzungen lehrkraftzentriert zu gestalten und bereits vor dem Semester vorzubereiten. Sie vermitteln vor allem Grundlagen, die nötig sind, damit die Studierenden dem Rest des Seminares folgen können. Für dieses Beispielseminar wird nur die erste Sitzung skizziert, da ab der zweiten Sitzung fachwissenschaftliche Besonderheiten nötig sind und es nicht mehr möglich ist, die allgemeine Planung anzugeben.

Sitzung	Inhalt	Didaktisch-methodische Hinweise
1	Organisation; Einführung in die Thematik; Was ist eigentlich Deutschdidaktik?	Von Lehrkraft gehalten
2	Bildung und Didaktik	Von Lehrkraft gehalten
3	Wortschatz	Von Lehrkraft gehalten
4	Erzählen	Eine Expertengruppe übernimmt die erste Hälfte des Seminars
5	Rechtschreiben	Eine Expertengruppe übernimmt die erste Hälfte des Seminars
6	Grammatik I	Eine Expertengruppe übernimmt die erste Hälfte des Seminars
7	Grammatik II	Eine Expertengruppe übernimmt die erste Hälfte des Seminars
8	Aufsatz- und Schreibdidaktik I	Eine Expertengruppe übernimmt die erste Hälfte des Seminars
9	Aufsatz- und Schreibdidaktik II	Eine Expertengruppe übernimmt die erste Hälfte des Seminars
10	Vorbereitung auf die mündliche Prüfung Diese Sitzung bezieht sich auf die Durchführung von mündlichen Prüfungen. Vorschläge zur Vorbereitung für Lehrkraft und Studierende finden Sie in Kap. 4.2.5.	Von Lehrkraft gehalten
11	Mehrsprachigkeit	Eine Expertengruppe übernimmt die erste Hälfte des Seminars
12	Abschlusssitzung	Von Lehrkraft gehalten
13	Prüfungswoche	–

Seminarplan

Diesen Seminarplan müssen Sie noch mit konkreten Daten versehen und den Studierenden zu Beginn des Semesters zugänglich machen. Auch eine Spalte mit den genauen Seitenangaben zur Literatur, die zuvor gelesen werden muss, ist möglich und sinnvoll, damit die Studierenden wissen, wie sie sich optimal auf die Sitzung vorbereiten können. Im Folgenden wird der Verlaufsplan der ersten Sitzung skizziert:

Phase	Inhalt	Methode/Sozialform	Dauer
Einstieg	Seminarorganisation: Fehlzeiten, Anforderungen für das Seminar, Prüfung, Präsentation des Seminarplans	**Vortrag**	ca. 5 min
Erarbeitung 1	Einführung in das Thema	**Blitzlicht:** Die Studierenden sollen mit einem kurzen Satz ihre Erwartungen an das Seminar formulieren	ca. 5 min
Erarbeitung 2	(Kritische) Auseinandersetzung mit der Thematik: Die Studierenden erhalten einen Input zu dem Thema: Kurzer Artikel über den Deutschunterricht mit gestaffelten Aufgaben, um Vorerfahrungen abzugleichen	**Think-Pair-Share:** Think: Text lesen Pair: Aufgaben in der Gruppe bearbeiten Share: Ergebnisse im Plenum besprechen	ca. 30 min
Zwischensicherung	Gemeinsamen Konsens schaffen über die Thematik: Vergleich der Ergebnisse mit den Erkenntnissen aus Fachwissenschaft und Fachdidaktik	**Vortrag**	ca. 10 min
Erarbeitung 3	Weiterführende/anspruchsvollere Auseinandersetzung mit der Thematik: Präsentation einer kritischen These zu dem, was bereits bearbeitet wurde	**Partnerarbeit**	ca. 25 min
Abschließende Sicherung	Konsens schaffen für die nächste Sitzung	**Plenumsdiskussion**	ca. 15 min
Sollbruchstelle	Wenn die Zeit verstrichen ist, die Sitzung abschließen		
Erarbeitung 4	Verknüpfung mit den kommenden Sitzungen	**Vortrag**	bis 15 min

Verlaufsplan der ersten Sitzung

Der Medieneinsatz ist den Expertengruppen vollkommen freigestellt. Diese können sowohl mit Präsentationen arbeiten als auch analog mit Stiften und Tafel. Der Sitzungsteil, der von der Lehrkraft gestaltet wird, beginnt zunächst mit einer Bewertung der Expertengruppe, die sehr gut über PINGO erfolgen kann.

Die Sitzungen der Expertengruppen verlaufen etwas anders, weshalb auch die Planung einer solchen Seminarstunde vorgestellt werden soll.

Phase	Inhalt	Methode/Sozialform	Dauer
Einstieg	Die Lehrkraft leitet das Thema sehr kurz ein und begrüßt die Expertengruppe	**Vortrag**	ca. 5 min
Übernahme durch die Experten			
Erarbeitung 1	(Kritische) Auseinandersetzung mit der Thematik: Die Studierenden erhalten einen Input zu dem Thema: Kurzer Artikel über den Deutschunterricht mit gestaffelten Aufgaben dazu, um Vorerfahrungen abzugleichen	**Partnerarbeit**	ca. 15 min
Zwischen-sicherung	Gemeinsamen Konsens schaffen über die Thematik	**Think-Pair-Share:** Think: Text lesen Pair: Aufgaben in der Gruppe bearbeiten Share: Ergebnisse im Plenum besprechen	ca. 25 min
Übernahme durch die Lehrkraft			
Evaluation der Experten-gruppe	Die Studierenden geben anonym Rückmeldung oder stellen Fragen zur Sitzung über PINGO	**Einzelarbeit**	ca. 5 min
Auswertung der Evaluation	Die Lehrkraft bewertet die Expertengruppe und stellt einige Punkte vor, die ihr aufgefallen sind und die sie während der Expertensitzung notiert hat; offene Fragen werden beantwortet	**Vortrag**	ca. 15 min
Erarbeitung 2	Die Lehrkraft vertieft die Thematik bzw. greift Themen der Experten auf	**Partnerarbeit**	ca. 10 min
Sicherung	Die Gruppe fasst die Sitzung gemeinsam zusammen	**Plenumsdiskussion**	ca. 10 min

Verlaufsplan einer Sitzung mit Expertengruppe

Der Verlauf des ersten Teils lässt sich schwer abschätzen, da die Expertengruppen ganz unterschiedlich an die Vermittlung herangehen können. Prototypisch werden die Sitzungen aber folgendermaßen verlaufen:
- Erarbeitung der Fachinhalte durch die Expertengruppe
- Sicherung der Fachinhalte durch die Expertengruppe
- Ablösung durch die Lehrkraft
- Evaluation der Expertengruppe und Klärung offener Fragen
- Vertiefung der Fachinhalte durch die Lehrkraft
- Abschließende Sicherung durch die Lehrkraft

3.7.4 | Synopse der Beispielplanungen

Die Planungen können natürlich nur rudimentär dargestellt werden, da jeweils fachspezifisches Wissen nötig ist. Dennoch sollte die Form klar werden, in der Sie Ihre Planungen erstellen können und ebenso der grundsätzliche Verlauf der vorgestellten Seminartypen. Sie müssen sich bei Ihren Planungen keinesfalls an die hier genutzten grafischen Darstellungen halten. Arbeiten Sie so, wie es Ihnen am leichtesten fällt. Wichtig ist nur, dass Sie die wesentlichen Elemente abgedeckt haben.

4 Semesterplanung II: Nach dem Semester

In diesem Kapitel werden alle Themen abgehandelt, die nicht unmittelbar mit der Lehre im Semester zu tun haben. Dazu gehören neben verschiedenen Formen der Prüfung auch die Evaluation der eigenen Lehre und die Überarbeitung von Seminarplanungen für das nächste Semester.

4.1 | Evaluation

»Würde man die hochschul- und wissenschaftspolitische Diskussion der vergangenen Jahre daraufhin durchsehen, welche Begriffe besonders häufig auftauchen, dann belegte ›Evaluation‹ (bzw. Evaluierung) mit Sicherheit einen der Spitzenplätze. Versuchte man zu ergründen, was damit jeweils bezeichnet wird, stieße man zugleich auf eine nur schwer eingrenzbare Vielfalt von Begriffsverwendungen mit diversen dahinter stehenden Denk- und Handlungskonzepten, deren Gemeinsamkeit allenfalls als Leerformel ausdrückbar ist: Irgend etwas wird von irgend jemandem nach irgendwelchen Kriterien in irgendeiner Weise bewertet« (Kromrey 2001, S. 1).

Evaluationen werden sicherlich auch an Ihrer Hochschule durchgeführt. Ohne die Fähigkeiten des zugehörigen Methodenzentrums in Frage zu stellen, ist es stets besser für Sie und Ihre Lehre, wenn Sie eine selbst entworfene Evaluation durchführen, da Sie diese auf jeden Fall verstehen und auswerten können, was in einer hochschulgeleiteten Evaluation nicht der Fall sein muss. »Die Qualität von Lehre und Studium ist – mit Recht – ein Dauerthema in der hochschulpolitischen Diskussion« (Kromrey 1995, S. 105). Die entscheidende Frage ist aber, ob Lehrqualität überhaupt messbar ist?

Der naheliegende Gedanke ist sicherlich, den Studierenden einen Fragebogen zu geben, mit dem sie die Lehrveranstaltung bewerten können. Damit erfragen Sie aber meist nur, wie gut ihnen die Veranstaltung gefallen hat.

»Dass etwas ›gut ankommt‹, dass etwas auf hohe Akzeptanz stößt, sagt aber nicht unbedingt auch etwas über die Qualität dessen aus, was beurteilt werden soll, sondern es sagt in erster Linie etwas über den Urteilenden und seine Präferenzen aus« (ebd.).

Es kommt sehr auf den Charakter Ihrer Veranstaltung an, wie die Bewertung am Ende ausfällt. Wenn Sie eine Pflichtvorlesung halten, die von einer Klausur abgeschlossen wird, haben sie weit weniger Chancen, eine positive Rückmeldung zu Ihrer Lehre zu bekommen, als wenn es sich um ein freiwilliges oder Wahlseminar handelt. Extrinsisch motivierte Studierende urteilen empirisch bewiesen sehr viel schlechter über die besuchten Veranstaltungen als intrinsisch motivierte (vgl. ebd.).

Erkenntnis durch Evaluation: Ohne allzu genau auf die Probleme der statistischen Auswertung von Lehrveranstaltungen einzugehen, können Sie als Lehrkraft dennoch aus jeder sauber konstruierten und ausgewerteten Evaluation folgende Informationen entnehmen (vgl. ebd.):

- **Zielpublikum:** Für wen lehren Sie überhaupt? Oftmals haben Sie kein konkretes Bild vor Augen, welche Studierende eine Veranstaltung aus welchen Gründen besuchen. Sie erfahren in der Evaluation mehr Details als in der Veranstaltung.
- **Erwartungen:** Die Wünsche und Erwartungen Ihrer Studierenden können Sie zwar vor der Veranstaltung erfahren, aber in der Evaluation können sie gezielter ausgewertet werden.
- **Wie gut sind alle mitgekommen?** Der empfundene Schwierigkeitsgrad des Themas oder Stoffes kann erfragt werden. Hieraus können Schlüsse gezogen werden, ob unter Umständen Begleitseminare oder Vorkurse nötig wären.
- **Wie kommen Sie an?** Es besteht oftmals eine große Diskrepanz zwischen Selbst- und Fremdbild. Wirken Sie motiviert, interessiert, freundlich? Die Bewertungen können Ihnen helfen, eine größere Kongruenz zwischen Selbst- und Fremdbild herzustellen und sich selbst bewusster wahrzunehmen.
- **Heterogenität der Bewertungen:** Es gibt nicht ›die Studierenden‹, sondern nur eine Menge an Einzelmeinungen. Vielleicht sind bestimmte Lehrmethoden gut oder schlecht angekommen. Sicher wird oftmals ein und dieselbe Methode aufgrund persönlicher Präferenzen der Studierenden gut oder schlecht bewertet.

Wenn Sie nun eine Evaluation durchführen, können Sie dies auf verschiedene Weise tun. Wichtig dabei ist, dass Sie das als Möglichkeit der Verbesserung Ihrer Lehre ansehen und nicht als lästige Pflicht. Im Folgenden werden einige in der Praxis erprobte Möglichkeiten der Rückmeldung vorgestellt. Sie benötigen für keine der folgenden Evaluationsmöglichkeiten statistische Kenntnisse. Alle vorgestellten Mittel sollen vor allem zur Selbstreflexion beitragen und keine Zahlenwüsten generieren.

4.1.1 | Mini-Rückmeldung

Kleine Rückmeldeformen haben den Vorteil, dass sie unmittelbarer und genauer sind, als eine großangelegte Umfrage am Ende des Semesters. Zu diesem Zweck teilen Sie den Studierenden einfach folgenden Zettel zu Beginn der Veranstaltung aus:

Mini-Rückmeldung

Wenn Ihnen <u>während</u> des Seminarverlaufs etwas Anmerkenswertes auffällt, bitte <u>sofort</u> notieren (*Anmerkenswert* ist alles, was Sie stört, was Ihnen besonders gefällt, was Sie an Ideen für Veränderungen haben). Bitte immer nur <u>eine</u> Mitteilung pro Blatt.

Intensitätsskala: Bewertung:

0   1   2   3   4   5   + (oder) –

Eigentlich   Sehr
nicht so   bedeutsam
wichtig

Diese Form der Rückmeldung führen Sie in jeder Sitzung durch und erhalten einen »wertvolle[n] Seismograph[en]« (ebd.), der Ihnen ein Gefühl für die Stimmung in Ihrer Veranstaltung gibt.

4.1.2 | Rückmeldung zur Gruppenzusammensetzung

Zu Beginn der Veranstaltung ist es sinnvoll, verschiedene Faktoren zur Gruppe zu erheben, denn »Qualität von Dienstleistungen [ist] nicht absolut, sondern nur relativ definierbar« (ebd., S. 21). Sie müssen Ihre Gruppe zunächst kennenlernen, um Ihre Lehre anzupassen und zu verbessern. Wichtige Aspekte sind z. B. (ebd., S. 22; Reihenfolge geändert):

- **die materielle Lernumgebung:** Lernort, Ausstattung, zeitliche/räumliche Flexibilität, Teilnehmerzahl
- **das Lehr- bzw. Ausbildungsprogramm / der Studiengang:** zu vermittelnde ›Inhalte‹ – also Kenntnisse, Fertigkeiten und Fähigkeiten – und deren Stellenwert im Gesamtcurriculum)
- **die Lehrmittel:** Lehrpersonal, Medien, Aufgaben, Betreuung/Beratung
- **die Lerner:** übergeordnete Studienziele, Lernziele in der Veranstaltung, Teilnahmegründe, Interesse/Motivation, Vorkenntnisse, Lern-Erfahrungen, Lern- und Arbeitsstile, Stellenwert des Studierens gegenüber anderen Tätigkeiten und Verpflichtungen, Zeitbudget zum Lernen für diese Veranstaltung
- **die soziale Lernumgebung:** Einzel-/Gruppenlernen, Lern-›Klima‹, Stellenwert des Studiums im sonstigen Lebenskontext, Mitstudierende, Familie/Bekanntenkreis

Während Ihnen die materielle Lernumgebung bekannt ist, müssen Sie die restlichen Informationen zunächst erheben. »Nur ein kleiner Teil der genannten Dimensionen ist vom Lehrenden gestaltbar. Alle aber müssen für einen gelingenden Lernprozess bekannt sein und bei der Lehr-/Lernplanung berücksichtigt werden« (ebd.). Ohne dieses Wissen lehren Sie eine unbekannte Masse an Studierenden und wissen nicht, welche Bedürfnisse diese haben und wie Ihre Lehre verbessert werden kann.

4.1.3 | Klassische Rückmeldung

Die klassische Rückmeldung, meist in Form eines Fragebogens, der den Studierenden ausgeteilt oder digital zur Verfügung gestellt wird, ist nicht allzu ergiebig und wird Sie als Lehrperson nur bestätigen oder erschüttern. Sie kann aber dabei helfen, Selbst- und Fremdbild anzunähern und generell einen Stimmungseindruck geben. Hier wird ein sehr erprobter Fragebogen vorgestellt, der sich empirisch bewährt hat:

Beispiel **Fragebogen**

»Form und Struktur:
1. Der Stoff wurde angemessen veranschaulicht (z. B. durch Beispiele, Visualisierungen etc.).
2. Die Lehrveranstaltung war klar strukturiert.
3. Die Lernziele der Lehrveranstaltung waren klar definiert.
4. Es wurden zusätzliche, hilfreiche Ressourcen (Handapparat, Literatur, Internet-Anbindung etc.) zur Verfügung gestellt.

Merkmale des/der Dozenten/Dozentin:
5. Der Dozent/die Dozentin war offen für Kritik.
6. Der Dozent/die Dozentin regte zur kritischen Auseinandersetzung mit den behandelten Themen an.
7. Der Dozent/die Dozentin war im Umgang mit den Studierenden freundlich und aufgeschlossen.
8. Der Dozent/die Dozentin war hilfsbereit (z. B. bei Vorbereitung studentischer Beiträge).

Umfang und Relevanz:
9. Die Relevanz der angebotenen Lehrinhalte war hoch (z. B. für Prüfungen, Beruf, Disziplin etc.).
10. Der Stoff der Lehrveranstaltung wurde in einem angemessenen Tempo behandelt.
11. Die Stoffmenge in dieser Lehrveranstaltung war zu umfangreich.

Lernerfolg:
12. Die Inhalte in dieser Lehrveranstaltung waren, wo möglich, aktuell.
13. Meinen Lernzuwachs durch diese Lehrveranstaltung schätze ich hoch ein.
14. Die Lehrveranstaltung förderte mein Interesse an dem Thema« (Zumbach et al. 2007, S. 6).

Die Studierenden haben die Wahl zwischen fünf Bewertungsmöglichkeiten: ›1 = trifft gar nicht zu‹ bis ›5 = trifft voll zu‹. Lehrkräfte können nach der Befragung den Mittelwert eines jeden Items bilden, um zumindest ansatzweise einen Überblick über ihre Lehre zu erhalten. Jedes Item, das nach oben oder unten auffällig ist, sollte dabei genauer betrachtet werden.

Diese oder ähnliche Auswertungen erhalten Sie sicherlich auf Nachfrage bei Ihrem angeschlossenen Methodenzentrum.

Ein wichtiges Item sollte stets hinzugefügt werden, nämlich ein Freitextfeld mit Anmerkungen der Studierenden. So interessant die zahlenbasierte Auswertung eines Seminars auch sein mag, viel wichtiger sind persönliche Eindrücke von Ihrer Lehre.

4.1.4 | Technische und rechtliche Aspekte

Es gibt mehrere Möglichkeiten, wie Sie Ihre Veranstaltungen analog oder digital evaluieren können. Wichtig ist, dass das Instrument die Methode bestimmt und nicht umgekehrt. Während die Mini-Rückmeldungen ausgezeichnet in Papierform funktionieren, ist dies bei längeren Rückmeldungen schwieriger.

Sobald der Fragebogen umfangreicher wird oder Sie sehr viele Rückmeldungen erhalten werden, z. B. in einem sehr großen Seminar oder einer Vorlesung, sollten Sie auf technische Mittel umstellen. Es gibt sehr viele Tools online, um Fragebogen zu erstellen, am zugänglichsten ist dabei sicherlich Google mit den sogenannten Google Docs, spezieller die Google Formulare. Die Seite https://www.google.de/intl/de/forms/about/ führt Sie durch ein Tutorial, das erläutert, wie sie sehr leicht eine Umfrage erstellen können. Der Vorteil ist, dass Sie direkt eine Rückmeldung und eine einfache, deskriptive Analyse erhalten.

Sie müssen einen Link zur Umfrage generieren, der leider sehr lang und damit ungeeignet für ein Seminar ist. Hierfür nutzen Sie am besten die Seite https://tinyurl.com/, die Links stark verkürzt und brauchbar macht für die schnelle Eingabe in der Sitzung. Im Seminar geben Sie den Studierenden den Link und die Evaluation kann über ein mobiles Endgerät beginnen.

Rechtlich müssen Sie sich vor allem zum Datenschutz Gedanken machen. Sie sollten keinerlei personenbezogene Daten sammeln, die auf die Person rückschließen lassen. Das Google-Formular speichert nur die Uhrzeit der Evaluation automatisch, damit Sie die Seminare zuordnen können, andere Angaben werden nicht erhoben. Ihre Items sollten weder den Namen noch die Matrikelnummer erfassen. Andere Daten wie das Alter und das Geschlecht sind normalerweise eher unproblematisch (wenn eine Zuordnung zu einzelnen Personen nicht möglich ist). In jedem Fall sollten die Studierenden absolut freiwillig an der Evaluation teilnehmen und man sollte erläutern, dass ihnen auf keinen Fall ein Nachteil aus der Nichtteilnahme entsteht. Bei Zweifeln können Sie sich im Normalfall mit dem Datenschutzbeauftragen der Hochschule kurzschließen.

4.1.5 | Daten zu Handlungsanweisungen

Nach der Durchführung haben Sie eine große Masse an Datenmaterial. Wichtig ist, dass Sie daraus Handlungsanweisungen für Ihre zukünftige Lehre gewinnen. Sie sollten daher die Evaluation gewissenhaft studieren und mit Ihrer eigenen Planung und Ihren eigenen Eindrücken vergleichen. Am besten notieren Sie sich vor der Evaluation Punkte, die Sie selbst als kritisch gesehen haben. Diese gleichen Sie dann mit den Rückmeldungen ab. Oftmals deckt sich die Wahrnehmung, manchmal gibt es jedoch neue Einblicke.

Bedenken Sie aber, dass eine allgemeine positive Rückmeldung nicht selbstverständlich für gute Lehre spricht. So kann es sein, dass Sie sehr gut bewertet werden, weil Sie vielleicht geringe Anforderungen stellen und das Seminar ein interessantes Thema behandelt, während ein sehr gutes Konzept schlechter bewertet wird, weil es eine eher unbeliebte Thematik zum Gegenstand hat und strenger geprüft wird. Wie bereits oben festgestellt, ist die Verortung des Seminars im Studium ein wichtiger Punkt für die Bewertung. So schneiden Pflichtvorlesungen unter Umständen schlechter ab als Seminare, bei denen die Studierenden eine Auswahl zwischen verschiedenen Themen haben und sich für eines entscheiden können.

4.2 | Prüfungen

Es gibt verschiedene Arten von Prüfungen in der Hochschule, die Sie durchführen werden. Zunächst werden einige Grundlagen erläutert, die bei jeder Form der Leistungsmessung gelten, um dann zu den speziellen Anforderungen der einzelnen Arten von Prüfungen zu kommen.

4.2.1 | Gütekriterien jeder Leistungsmessung

Es ist bekannt, dass Prüfungen von verschiedenen Institutionen völlig verschiedene Noten ergeben können. »Die Urteile sind dabei teilweise so vernichtend, dass man den Eindruck gewinnt, Noten seien das Papier nicht wert, auf das sie geschrieben sind« (Glaboniat 2006, S. 33 über Schulnoten). Die Urteile über Noten seien kurz zusammengefasst:

Urteile über
Schulnoten
- »Schulnoten sind nicht vergleichbar und daher nach außen hin nichtssagend.
- Schulnoten werden als Berechtigungs- und Selektionsmittel missbraucht [...].
- Schulnoten werden als Disziplinierungsmittel missbraucht.
- Schulnoten schwächen schwache Schüler [...], fördern Schulangst und beeinträchtigen die Kreativität der Kinder.
- Schulnoten und schulische Leistungskontrollen sind unzuverlässig. Sie werden den klassischen Gütekriterien nicht gerecht, sind also weder hinreichend valide noch objektiv und reliabel [...]« (ebd.).

Diese Kritik wird nun schon seit Jahren vorgebracht und einiges davon ist auch für die Hochschule sehr relevant. So ist die Vergleichbarkeit von Studienleistungen ein sehr wichtiger Punkt in einer internationalen Studienlandschaft. Folgende Gütekriterien müssten eigentlich bei der Vergabe einer jeden Note eingehalten werden:

- »**Validität** oder inhaltliche Zuverlässigkeit: betrifft vor allem die Frage, ob wirklich das überprüft, gemessen bzw. beurteilt wird, was überprüft, gemessen und beurteilt werden soll« (ebd., S. 37). Hierfür müssen unter anderem Lernziele oder Kompetenzen zuvor klar festgelegt sein, denn nur wenn man genau weiß, was man prüft, kann man es bewerten.
- **Die Reliabilität** bezeichnet die Zuverlässigkeit eines Tests bei Wiederholung. Das heißt, dass »es bei einer Wiederholung der Testung unter gleichen Bedingungen und in denselben Gegenständen zum gleichen Ergebnis kommt« (ebd.). Hierunter fällt die sogenannte Auswertungsreliablität, also der »Übereinstimmungsgrad bei der Bewertung ein und derselben Leistung durch verschiedene BewerterInnen« (ebd.).
- **Objektivität:** Im Zentrum der Objektivität steht die Frage danach, ob für alle Studierenden »die gleichen Bedingungen [herrschen], zum Beispiel hatten alle [...] die gleichen Chancen, die gleiche Zeit, gleiche bzw. gleich schwierige Aufgaben zu erfüllen etc.?« (ebd.).

Diese Gütekriterien sind bei allen Prüfungsformen anzustreben. Sie alle einzuhalten ist schlicht unmöglich, was im Folgenden bei der genauen Betrachtung der einzelnen Prüfungsformen gezeigt wird.

4.2.2 | Benotung

»Um Leistungen von Studenten zu bewerten, haben wir Noten. Dieses Instrument soll messen, wie erfolgreich die Person war. Uns steht dabei folgende Skala zur Verfügung:
1 = ›sehr gut‹ = Eine hervorragende Leistung.
2 = ›gut‹ = Eine Leistung, die erheblich über den durchschnittlichen Anforderungen liegt.
3 = ›befriedigend‹ = Eine Leistung, die durchschnittlichen Anforderungen entspricht.
4 = ›ausreichend‹ = Eine Leistung, die trotz ihrer Mängel noch den Anforderungen genügt.
5 = ›nicht ausreichend‹ = Eine Leistung, die wegen erheblicher Mängel den Anforderungen nicht mehr genügt« (Dummann et al. 2007, S. 50).

Diese oder ähnliche Notenskalen werden in den meisten Hochschulen verwendet, teilweise mit Zwischenschritten (1,3; 1,7 etc.). Noten haben dabei eine sehr lange Tradition, da sie sehr viele Vorteile mit sich bringen:

1. »Eine Skala von fünf oder sechs Noten erlaubt die Beschreibung einer Normalverteilung in der Klasse.
2. Die Beschreibung ist kurz und eindeutig.
3. Das Notenschema ist ein öffentlicher Standard und wird nicht nur in der Schule verwendet.
4. Das Schema lässt sich auf ökonomische Weise einsetzen und kommunizieren.
5. Probleme der Ausdeutung sind gering« (Oelkers 2002, S. 2).

Auf den Begriff der Normalverteilung wird in diesem Kapitel noch eingegangen, aber die Kürze und Nachvollziehbarkeit von Noten liegt auf der Hand. Nichteingeweihte wissen stets etwas mit einem Notenwert anzufangen, und es handelt sich um einen öffentlichen und tradierten Standard, der in vielen Bereichen des Lebens genutzt wird. Dennoch wird seit den 1960er Jahren immer wieder darauf verwiesen, dass Noten ungeeignet sind, um Leistungen zu erfassen. Die Hauptargumente sind folgende:

1. »Verschiedene Lehrkräfte bewerten dieselbe Arbeit unterschiedlich.
2. Die Lehrkraft hat die Tendenz, dieselbe Arbeit zu verschiedenen Zeitpunkten unterschiedlich zu bewerten.
3. Es ist keineswegs klar, was mit einer Note zum Ausdruck gebracht wird.
4. Die gängige Benotungspraxis hat viele unerwünschte Nebeneffekte.
5. Noten sind zur Beurteilung bestimmter Sachverhalte ungeeignet.
6. Notenarithmetik ist mathematisch unzulässig« (Oelkers 2002, S. 8).

Punkt 1 stellt die Objektivität in Frage, die besagt, dass die Bewertung unabhängig vom Prüfer sein muss, Punkt 2 die Reliabilität, die die Unabhängigkeit der Leistungsmessung vom jeweiligen Zeitpunkt verlangt. Punkt 3 ist ein Grundproblem jeder Art der Benotung, das jeder Lehrende für sich selbst lösen muss. Punkt 4 ist eher schulspezifisch, spielt in der Hochschule aber auch eine Rolle. So kann es sein, dass die Studierenden durch Noten demotiviert werden. Punkt 5 ist absolut zutreffend in vielen Arten der Leistungsmessung. Vor allem Punkt 6 aber soll im Folgenden genauer betrachtet werden.

4.2.2.1 | Noten und Mathematik

Die Note 1 ist besser als die Note 3, da würden Sie sicher noch zustimmen. Aber ist der Abstand zwischen der Note 1 und der Note 2 der gleiche wie zwischen der Note 4 und der Note 5? Und ist die Note 2 doppelt so gut wie die Note 4?

Im hochschulischen Alltag werden viele Annahmen über Noten gemacht, die in der Praxis nicht zutreffen. Hierfür sei kurz geklärt, was für eine Art von Skala Noten überhaupt bilden (vgl. Mortensen 2016, S. 3):

Beispiel   **Skalenniveaus**

1. **Nominalskala:** Zahlen sind nur Namen, wie z. B. die Rückennummern von Fußballspielern.
2. **Ordinalskala:** Objekte werden in eine Reihenfolge gebracht. Die Abstände zwischen den Plätzen können aber sehr unterschiedlich sein, wie z. B. bei Energieklassen bei Haushaltsgeräten (A ++, A +, ...).
3. **Intervallskala:** Der Unterschied zwischen den Einzelwerten ist gleich, aber es gibt einen frei gewählten Nullpunkt, wie z. B. bei einem Thermometer.
4. **Verhältnisskala:** Es gibt zusätzlich einen fixen Nullpunkt, wie z. B. bei der Längenmessung in Metern.

Ideal wäre es nun, wenn die Anordnung von Schulnoten einer Verhältnis-skala entsprechen würde, mit ›Durchgefallen‹ als Nullpunkt. Aber da es weder so ist, dass ›Durchgefallen‹ »absolut keine[r] Kompetenz« (ebd.) entspricht, noch dass der Abstand zwischen einer 1 und einer 2 derselbe ist wie zwischen einer 3 und einer 4, kann man nur von einer Ordinal-skala ausgehen. Das verbietet im Prinzip schon die meisten Berechnun-gen. Dennoch werden diese oft durchgeführt.

So wird z. B. oft verlangt, dass Noten normalverteilt sind, dass sie also einer Gaußschen Kurve folgen, die so aussieht:

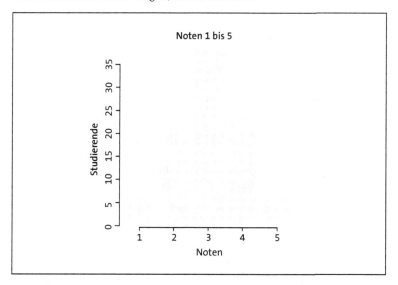

Normalverteilung (nach Mortensen 2016, S. 11)

Aus dieser Verteilung folgt, dass in jeder Leistungsmessung stets einige Teilnehmer durchfallen, einige Teilnehmer die Bestnote erhalten und ein großer Teil in der Mitte landet. Aber ist diese Annahme überhaupt zu-lässig? Die Normalverteilung nimmt an, dass das Leistungsniveau inner-halb der Gesellschaft grundsätzlich normal verteilt ist. Nun ist es aber weitgehend so, dass nicht jeder eine Hochschule besuchen kann; im Ge-genteil, es gibt verschiedene Auswahlkriterien, die dafür sorgen, dass Per-sonen in den akademischen Bereichen leistungsfähiger sind. Dadurch sind die Studierenden in einer Gesamterhebung bereits nicht mehr nor-malverteilt, was »das Modell der Normalverteilung grundsätzlich in Frage [stellt]« (Mortensen 2016, S. 11). Doch es gibt weitere Probleme.

Bevor Sie Ihre Noten geben, müssen Sie sich im Klaren darüber sein, was Sie überhaupt erheben wollen. Wenn es Ihnen darum geht, die bes-ten des Jahrgangs herauszufiltern, also eine intersubjektive Perspektive einzunehmen, dann können Sie davon ausgehen, dass die Ergebnisse normalverteilt sind, wenn die Teilnehmerzahl ausreichend groß ist. Wenn Sie also 300 Studierende haben, die eine Klausur schreiben, und Sie für ihre Bepunktung die Normalverteilung anlegen, werden Sie immer, un-abhängig von der tatsächlichen Leistung, bestimmte Durchfallquoten so-wie eine bestimmte Anzahl an Bestnoten haben.

Sie können stattdessen aber auch eine kriterienorientierte Bewertung durchführen, also vorher festlegen, was für Sie als bestanden und nicht bestanden gilt. Dies kann allerdings dazu führen, dass keiner die Klausur besteht, dass alle bestehen und dass auch jedes Ergebnis dazwischen möglich ist.

In der Literatur und in Ratgebern zur Lehre und zur Leistungsmessung wird oftmals zur Normalverteilung geraten. Während dies im Schulkontext sicherlich problematisch ist, haben Hochschulklausuren häufig eine sehr hohe Teilnehmeranzahl, die eine Normalverteilung vertretbar macht, auch wenn die Normalverteilung auf keinen Fall der Normalverteilung in der Gesamtgesellschaft entspricht (siehe oben). Auch sollten Sie sich im Klaren darüber sein, dass Sie so nur die Besten und Schlechtesten des Jahrgangs herausfiltern. Ein Vergleich über verschiedene Jahrgänge hinweg gestaltet sich schon schwieriger.

Neben diesen grundsätzlichen Bedenken gibt es bei der Benotung weitere Fehler, die man machen kann.

4.2.2.2 | Klassische Fehler bei der Benotung

Trotz des Bemühens, möglichst objektive Beurteilungen abzuliefern, unterliegen Lehrkräfte folgenden Fehlerquellen:

- »Halo-Effekt: Ein globaler Allgemeineindruck bestimmt die Wahrnehmung einzelner Merkmale
- Beharrlichkeitstendenz: Lehrkräfte rücken von einem bereits gefällten Urteil bei späteren Beurteilungen nicht ab
- Reihungseffekt: Unter dem Eindruck, ›es können doch nicht alle gleich schlecht sein‹ werden bessere Noten gegeben
- Kontrasteffekt: Nach einer Serie von sehr guten Leistungen wird eine mittelmäßige Leistung tendenziell als schlecht bewertet
- Beurteilungstendenzen: Milde oder Strenge, ›zentrale Tendenz‹ (Vermeidung von Extremwerten) und ›motivierende‹ versus ›selektive‹ Notengebung
- Wissen-um-die Folgen-Fehler: Mildere Beurteilung bei absehbar negativen Folgen für die Schüler, nicht umgekehrt« (Oelkers 2002, S. 5).

Zudem gibt es Folgefehler bei der Bewertung von Klausuren oder mündlichen Prüfungen. Die erste Leistung wird oft nach anderen Maßstäben bewertet als die letzte Leistung (vgl. ebd.). Diese Fehler sind kaum zu vermeiden, aber Lehrkräfte sollten sie sich bewusstmachen, um sie möglichst zu umgehen. Im Folgenden wird es um konkrete Hinweise zu schriftlichen und mündlichen Leistungsmessungen gehen.

4.2.3 | Passung der Prüfung

Die Prüfung muss zur Lehrveranstaltung passen. »Wesentlicher Hintergrund dieser Annahme ist, dass Studierende vor allem das lernen, was sie bei der Prüfung können müssen« (Astleitner et al. 2015, S. 6). In heutigen Veranstaltungen, die auf Modulen basieren, haben Sie meist keinen großen Einfluss auf die Prüfungsform, weshalb Sie Ihre Lehrveranstaltung

anpassen müssen. Nicht jede Prüfungsform ist für jede Veranstaltung geeignet und umgekehrt:

Kompetenzorientierte Lernergebnisse	Lehr-Lernmethoden	Prüfungsformen
Wissen (X erinnern können)	Instruieren, Demonstrieren, Drill, Overlearning, Mnemotechniken	Multiple-Choice-Test, Lückentext
Verstehen (X erklären können)	Sokratisches Fragen, Dialog, Visualisieren, gegenseitiges Unterrichten	Kurzaufsatz, Mindmaps, mündliche Befragung, Fragen mit offenen Antwortmöglichkeiten, teilweise Multiple-Choice
Anwendung (X nutzen können)	Einzelarbeit, Gruppenarbeit Feedback, Scaffolding, Coaching	Problemlöse-Aufgaben, Speed-Test, Beobachtung, Fragen mit offenen Antwortmöglichkeiten, teilweise Multiple-Choice
Analyse (X unterscheiden können)	Bedingungs-, Ziel-, Mittelanalyse, Forschendes Lernen	Research Paper, Gruppendiskussion
Synthese (X gestalten können)	Theorie-, Modellbildung, Projektmanagement, Teamarbeit	Forschungs- und/oder Praxisprojekt, Prognosen
Bewerten (X beurteilen können)	Evaluationsverfahren, Förderung kritischen Denkens	Review, Pro-Contra-Bericht, Expertenrating

Prüfungsformen
(Astleitner et al.
2015, S. 7)

Die meisten Lehrmethoden wurden in diesem Buch angesprochen und
sind nur als Beispiele zu verstehen. Wichtig ist vor allem, dass Sie sich
über die Prüfungsform im Klaren sind und die Studierenden transparent
darauf vorbereiten.

4.2.4 | Schriftliche Prüfungen

Schriftliche Prüfungen sind ein Standardmodus zur Erhebung von Leistungen der Studierenden, sie bestimmen in den meisten Fällen das Weiterkommen im Studium und haben Einfluss auf die Gesamtstudienleis-
tung. Es gibt dabei einige Qualitätsmerkmale, die eine gute schriftliche
Prüfung ausmachen (Froncek/Thielsch 2011, S. 3).

- **Transparenz:** Wie bereits in vorhergegangenen Kapiteln erwähnt, ist
  Transparenz immer ein Qualitätsmerkmal. Im Bereich der schriftlichen
  Prüfung müssen die Studierenden vorab wissen, welche Art von Aufgaben in der Prüfung vorkommen und das Leistungsniveau muss bekannt sein (vgl. ebd.). »Um diese Transparenz zu ermöglichen, sollten
  im Vorfeld einer schriftlichen Prüfung verschiedene Leistungen zur
  Vorbereitung erbracht werden« (ebd., S. 4), das können Probeklausuren, Tutorien oder einfach Aufgaben sein, die der Klausur ähneln. Eine
  Rückfragemöglichkeit zur Klausur in einer der letzten Veranstaltungen
  wird ebenfalls empfohlen (vgl. ebd.).
- **Variierendes Anspruchsniveau:** In einer guten Prüfung wird stets je-

des Aufgabenniveau abgefragt (siehe Kap. 2.5). Es muss Aufgaben geben, die einem niedrigen Niveau angehören, dem Grundniveau, und damit ein knappes Bestehen sichern. Es sollte aber ebenso Aufgaben geben, die höheren Niveaus entsprechen.

- **Struktur:** Eine Klausur sollte strukturiert aufgebaut sein, so dass Themenblöcke gebildet werden. Die ersten Aufgaben sollen tendenziell leichter sein, damit die Studierenden nicht in »Panik« (ebd., S. 5) verfallen. Eine klare optische Struktur ist anzustreben.
- **Eindeutigkeit:** Aufgaben sollten eindeutig gestellt werden, was eine klare Sprache verlangt und die genau richtige Menge an Informationen, die zur Lösung der Aufgabe nötig sind. Multiple-Choice (mehrere oder keine richtige Lösung möglich) und Single-Choice (genau eine richtige Lösung) müssen klar unterschieden werden (vgl. ebd.).
- **Inhaltliche Konsistenz:** »Der Inhalt der schriftlichen Prüfung soll zum gelehrten Inhalt aus den Veranstaltungen passen« (ebd.). Die Klausur muss natürlich qualitativ die Inhalte abbilden, von wenigen Transferaufgaben vielleicht abgesehen. Quantitativ sollten in der Klausur alle Lehrinhalte in dem Maße vorkommen, in dem sie gelehrt wurden (vgl. ebd.).
- **Bedingungsgleichheit:** Gerade bei Großklausuren werden oftmals mehrere Räume gleichzeitig genutzt, um die Prüfung zu absolvieren. Es muss hierbei sichergestellt werden, dass die Studierenden in jedem Raum dieselben Grundbedingungen haben. Das bezieht sich auf die Umstände wie Licht, Temperatur und Platz, aber vor allem auf die Lehr- und Hilfskräfte, die Aufsicht führen. Auch wenn Studierende es gut finden, »wenn der Dozent in der Prüfung gerne für Fragen zur Verfügung steht« (ebd., S. 6), dürfen diese Fragen keinesfalls inhaltlicher Art sein. Sonst werden in Raum A Fragen beantwortet, die in Raum B nicht beantwortet werden, was die Bedingungsgleichheit gefährdet und somit die Fairness der ganzen Klausur. Weiter bezieht sich die Bedingungsgleichheit auf die Korrektur, weshalb es ratsam ist, bei mehreren beteiligten Lehrkräften eine Korrekturhilfe und Musterlösung zu erstellen, die sicherstellt, dass alle Klausuren nach den gleichen Maßstäben bewertet werden.

4.2.4.1 | Aufgabengestaltung in Prüfungen

Sie haben in Kapitel 2.5 erfahren, wie man Aufgaben und Übungen gestaltet. Wenn Sie Aufgaben für eine Leistungsmessung benutzen wollen, sind die Ansprüche deutlich höher, da Sie eine Bewertung nach bestimmten Gütekriterien vornehmen müssen. Hierbei spielen zwei Begriffe eine wichtige Rolle: Aufgabenschwierigkeit und Trennschärfe.

»Die Schwierigkeit einer Frage gibt an, wie viel Prüfungsteilnehmer diese richtig beantwortet haben. Der Begriff der Schwierigkeit ist in diesem Zusammenhang ungünstig gewählt, da eine hohe Schwierigkeit eine leichte Frage, eine niedrige Schwierigkeit eine schwere Frage anzeigt. Die Schwierigkeiten der Fragen sollen in der Prüfung näherungsweise normal verteilt sein. Das heißt, eine Prüfung sollte viele mittelschwere und wenige schwere bzw. leichte Fragen enthalten« (Brauns/Schubert 2008, S. 95).

Aufgabenschwierigkeit: Bei einer Multiple-Choice-Aufgabe berechnet man den Quotienten aus den richtigen und falschen Antworten. Wenn z. B. 30 von 100 Studierenden die Frage richtig beantwortet haben, dann ist die Schwierigkeit 30 % (30:100). Die Schwierigkeit sollte dabei normalverteilt sein, es sollte also wenige sehr schwere und sehr leichte Aufgaben geben. Dabei ist es wichtig, dass keine Aufgabe unter 20 % oder über 80 % fällt, denn das würde bedeuten, dass die Aufgabe entweder zu schwer (20 %) oder zu leicht (80 %) war.

Bei einer Prüfung, die nicht per Multiple-Choice abläuft, kann man oft nicht genau sagen, ob die Antwort richtig oder falsch beantwortet wurde. Dann kann man die Berechnung etwas anders durchführen. Berechnen Sie z. B. den Punktdurchschnitt aller Studierenden und bilden Sie prozentual den Anteil an den möglichen Punkten. Wenn also eine Aufgabe 4 Punkte geben würde und die Studierenden haben im Schnitt 2,7 Punkte erreicht, können Sie von einer Schwierigkeit von 67,5 % (2,7:4) ausgehen.

»Die Trennschärfe gibt an, wie gut eine Frage zwischen leistungsstärkeren und leistungsschwächeren Prüfungsteilnehmern diskriminieren kann. Eine Frage erreicht die maximale Trennschärfe, wenn sie von keinem der leistungsschwächeren Prüfungsteilnehmer aber von allen leistungsstärkeren Prüfungsteilnehmern richtig beantwortet wird« (Brauns/Schubert 2008, S. 95).

Trennschärfe: Hierfür müssen Sie die Studierenden nach der Gesamtpunktzahl in drei Gruppen einteilen, das obere Drittel, das mittlere Drittel und das untere Drittel. Nun vergleichen Sie den Punktedurchschnitt jeder Aufgabe zwischen dem unteren und dem oberen Drittel. Dies machen Sie am besten wie bei der Schwierigkeit mit Prozenten zur möglichen Maximalpunktzahl.

	unteres Drittel	oberes Drittel	Trennschärfe
Aufgabe 1	40 %	90 %	gut
Aufgabe 2	80 %	60 %	schlecht
Aufgabe 3	20 %	20 %	schlecht, zudem ist die Aufgabe zu schwer (siehe oben)

Ein Beispiel für Trennschärfe

Aufgabe 1 unterscheidet sehr gut zwischen den Gruppen. Wenn jemand insgesamt gut ist, hat er auch keine Probleme mit Aufgabe 1. Zu Aufgabe 2 muss gesagt werden, dass sie wahrscheinlich durch Zufall gelöst werden konnte. Wenn die schwächeren Studierenden sie eher lösen als die stärkeren, dann überprüft die Aufgabe vielleicht eine Kompetenz, die gar nicht Teil des Seminars war. Aufgabe 3 hat ebenfalls keine gute Trennschärfe und ist zudem zu schwierig.

Diese Aspekte können Sie immer erst nach der Klausur erheben, vorher können Sie beide Werte nur einschätzen. Wenn Sie eine Klausur entwerfen, müssen Sie die Lernzielniveaus kennen und für sich festlegen, was Ihre Klausur prüfen soll. Wenn Sie wollen, dass die Klausur die Grundlagen sicherstellt, dann sollte es möglich sein, mit reinem Reproduktions- und etwas Reorganisationswissen zu bestehen. Vielleicht erwarten Sie aber nicht nur Reproduktionswissen, sondern stets auch Reorganisation. Eine einfache, empfehlenswerte Verteilung der Aufgaben könnte so aussehen:

Aufgabenniveau	Umfang	Schwierigkeit
Reproduktions-aufgaben	ca. 30–50 % der Gesamtpunkte	Leicht, also über 50 % der Studierenden sollten diese im Schnitt bestehen.
Reorganisations-aufgaben	ca. 30–40 % der Gesamtpunkte	Mittlere Schwierigkeit, ca. 30–50 % der Studierenden sollten diese bestehen.
Transferaufgaben	ca. 10–20 % der Gesamtpunkte	Hohe Schwierigkeit, ca. 20 % der Studierenden sollten diese bestehen.

Verteilung der
Aufgabenniveaus
in einer Klausur

Diese Gewichtung ist sicherlich nicht auf jede Klausur anwendbar, aber sie gibt eine Idee davon, wie die Aufgabenniveaus in einer schriftlichen Prüfung verteilt sein sollten. Im Grunde kommt es darauf an, was Sie von den Studierenden erwarten.

4.2.4.2 | Punkte zu Noten

Punkte in Noten umzuwandeln ist extrem schwierig, da Sie sich entscheiden müssen, welche Art von Noten Sie vertreten:

- **Kriteriumsorientiert:** Sie legen zuvor fest, welche Punkte welche Noten ergeben. Das kann dazu führen, dass alle durchfallen oder keiner.
- **Normorientiert:** Das Durchschnittsergebnis wird als Ausgangslage genommen. Sie bilden die Verteilung der Studierenden innerhalb des Jahrgangs ab.

Beispiel **Faire Notenvergabe**

Nehmen wir einmal an, in einer 100-Punkte-Klausur, an der 300 Studierende teilgenommen haben, ist die maximal erreichte Punktzahl 70. Nach Ihrem Notenschlüssel ist die beste Note nun eine 3. Sie sehen sich darin bestätigt, dass dieser Jahrgang deutlich schlechter ist als der Jahrgang zuvor und dass das Niveau an der Hochschule ohnehin schlechter wird. Aber haben die Studierenden mit 70 Punkten nicht eigentlich eine Bestleistung erreicht? Eine Kollegin könnte auch festlegen, dass 70 Punkte eine 1 wert seien, da es ja nachweislich die ›Bestnote‹ ist.
Was finden Sie fairer?

Mit einer rein kriterienorientierten Skala gibt es nicht immer eine 1. Der normorientierte Ansatz sagt aber, dass der Beste einer Gruppe die Bestnote erhalten sollte, was dazu führt, dass man bereits mit 70 Punkten die 1 erhält. Beide Möglichkeiten sind nachvollziehbar. Man kann hier auch von absoluter Bestehensgrenze (z. B. 50 % der erreichbaren Höchstpunktzahl) und relativer Bestehensgrenze (z. B. 50 % der maximal von Studierenden tatsächlich erreichten Punktzahl) sprechen.

Sie als Prüfer müssen entscheiden, was für die konkrete Prüfung sinnvoll ist. Eine rein normorientierte Prüfung könnte scheitern, wenn alle Studierenden nur die erste Aufgabe bearbeiten. Dies würde dazu führen, dass vielen eine 1 gegeben werden muss, mit z. B. nur 8 von 100 Punkten.

Auch wenn derartige Fälle selten vorkommen, sei zu einer normorientierten Bewertung mit kriterienorientierter Kontrolle geraten. Hierfür berechnen Sie den Punktdurchschnitt aller Studierenden und überlegen sich, welche Note dieser Punktdurchschnitt bekommen sollte. Durch Berechnungen erhalten Sie direkt alle weiteren Noten. Wenn man die Definitionen von Noten ansieht, dann ist die 3 eine »Leistung, die durchschnittlichen Anforderungen entspricht« (Dummann et al. 2007, S. 50), woraus folgt, dass alle Studierenden um den Punktdurchschnitt herum etwa die Note 3 erhalten sollten.

Die Berechnungen sind recht komplex. Es gibt allerdings sehr viele Online-Tools und eventuell Programme von Ihrer Hochschule, die Sie nutzen können. Dabei sollten Sie folgende Punkte unbedingt beachten:

- **Die Notensprünge sollten äquidistant sein:** Jeder Punkt ergibt gleich viele Notenschritte. Also wenn beispielsweise zwischen der Note 1 und 2 fünf Punkte Unterschied liegen, sollte dies auch zwischen 2 und 3 so sein. Die meisten Programme beachten diesen Grundsatz, der es ermöglicht, fast von einer Intervallskala zu sprechen.
- **Die höchste erreichte Punktzahl sollte eine Rolle spielen:** Wenn 120 Punkte in einer Klausur möglich sind und maximal 110 erreicht wurden, ist es sinnvoll, dass Studierende mit dieser Punktzahl die Bestnote erhalten.
- **Eine Bestehensgrenze von 50 %:** Mit der Hälfte der möglichen Punkte sollten die Studierenden eine ausreichende Leistung attestiert bekommen.

4.2.4.3 | Bestehensgrenze

Oftmals wird angenommen, dass man 50 % der Punkte erreichen muss, um eine Klausur zu bestehen, aber diese Annahme wird durch keinerlei Unterlagen gestützt. Es kann an Ihrer Hochschule Richtlinien dafür geben, aber der Normalfall ist es nicht. Oftmals kommt diese Zahl aus Multiple-Choice-Klausuren oder aus Schulerfahrungen, da dort meist (wieder ohne festgelegte Quelle) mit der Hälfte der Punkte eine 4 erreicht werden kann.

Dies vorausgeschickt ist eine Bestehensgrenze von 50 % dennoch empfehlenswert, da Sie eine höhere Grenze erklären müssen. Wenn Sie das normorientierte Verfahren vollständig verwenden, kann es durchaus dazu kommen, dass Sie eine Grenze mit z. B. 60 % der Gesamtpunkte erreichen, um der Gruppe gerecht zu werden. Aber Sie müssen bereit sein, dies zu erläutern, wohingegen Sie mit einer Grenze von 50 % selten Probleme zu erwarten haben. Wenn Sie sich aber weiter in die Thematik einarbeiten, steht dem nichts im Wege.

Wenn diese Aspekte beachtet werden, ist die Konzeption und Durchführung einer schriftlichen Prüfung unter fairen Bedingungen möglich und sollte die meisten Gütekriterien erfüllen. Sehr viel problematischer sind mündliche Prüfungen, da diese an einigen Ansprüchen an Prüfungen generell scheitern können.

4.2.4.4 | Vermeiden von Bewertungsfehlern

Die oben genannten Bewertungsfehler sind nicht einfach zu vermeiden und liegen in der Natur der Korrektur. Aber Sie können bestimmte Fehler, wie den Halo-Effekt und den Reihungsfehler vermeiden, wenn Sie die Klausuren möglichst anonym und voneinander losgelöst korrigieren. Es kommt auf jeden Fall zu Fehlern, wenn Sie Klausur für Klausur korrigieren, da Sie während der Korrektur langsam einen Gesamteindruck der Klausur erhalten und dieser Einfluss auf die Bewertung hat. Auch ist nicht gegeben, dass Sie jede Aufgabe genau gleich bewerten, da die zeitlichen Abstände zwischen der Beurteilung der Aufgaben sehr groß sind, wenn Sie immer wieder die ganze Klausur bewerten. Stattdessen sollten Sie Aufgabe für Aufgabe kontrollieren. Das bedeutet, dass Sie zunächst Aufgabe 1 aller Klausuren korrigieren, danach Aufgabe 2 etc. Dies hat mehrere Effekte:

Tipps für das
Korrigieren

- **Anonymität der Studierenden:** Wenn Sie die Klausuren aufgabenweise durchgehen, verlieren sie nach kurzer Zeit den Überblick über die Namen. Auch die Schrift der Studierenden prägt sich weniger ein, da ein schneller Wechsel von Klausur zu Klausur stattfindet. Natürlich werden sie besonders gute oder besonders schlechte Leistungen immer wieder antreffen und sich erinnern, aber Ihre Bewertung ist weitestgehend unbeeinflusst.
- **Gleiche Bewertungsmaßstäbe bei der Beurteilung:** Wenn Sie Aufgabe für Aufgabe kontrollieren, ist die Wahrscheinlichkeit höher, dass sie die Aufgaben nach denselben Maßstäben bewerten. Natürlich können immer noch Reihungsfehler auftreten, aber diese sind im Zweifel schnell behoben. Wenn Sie beispielsweise bemerken, dass Sie gegen Ende hin etwas milder geworden sind, dann korrigieren Sie einfach nach.
- **Kognitiv entlastend:** Es kann sein, dass Sie sehr viele Klausuren auf einmal korrigieren müssen und es ist angenehm, wenn man sich einige Stunden nur auf ganz bestimmte Merkmale konzentrieren muss. Wenn Sie Klausur für Klausur korrigieren, werden Sie sich bei jedem Korrekturvorgang auf alle Fragen einlassen müssen. Wenn Sie Aufgabe für Aufgabe arbeiten, benötigen Sie nur eine Musterlösung in Ihrem Kopf, von der Sie dann auch weniger abweichen.

Es ist empfehlenswert, beide Varianten auszuprobieren, um festzustellen was Ihnen persönlich eher liegt, aber die Vorteile einer aufgabenorientierten Korrektur scheinen zu überwiegen.

4.2.5 | Mündliche Prüfungen

Mündliche Prüfungen sind im Vergleich zu schriftlichen Prüfungen ein hochkomplexes Interaktionsfeld, das durch viele nicht-fachliche Faktoren bestimmt wird. Um mündliche Prüfungen angemessen durchzuführen, müssen »didaktische Konzepte zu mündlichen Prüfungen nicht erst mit der mündlichen Prüfung selbst beginnen, sondern [...] vorher« (Meer 1998, S. 183).

Man sollte die Studierenden bereits in der Veranstaltung auf das Prüfungsgespräch vorbereiten, wie es in allen in diesem Buch vorgestellten Lehrkonzepten angelegt ist. Diese Vorbereitung sollte zum Ablauf einer mündlichen Prüfung passen, die sich durchaus unterschiedlich gestalten kann.

- **Mündliche Prüfungen im BA-Bereich:** Was früher das Grundstudium war, ist heute der Bachelor, und Prüfungen in diesem Bereich sind tatsächlich klassische Prüfungsgespräche, die sich kaum von einer mündlichen Abiturprüfung unterscheiden.
- **Mündliche Prüfungen im MA-Bereich:** Im Gegensatz zu den BA-Prüfungen sind Masterstudierende durchaus dazu in der Lage, ein richtiges Expertengespräch zu führen, weshalb die mündlichen Prüfungen dahingehend angelegt sein sollten. Anstelle eines Fragenkataloges, den Sie abarbeiten, geht es um Eigeninitiative und um eine aktive Gesprächsführung seitens der Studierenden.

Neben diesen Besonderheiten spielen die Prüfer natürlich auch eine große Rolle:

»Die mündliche Prüfung ist ein weitestgehend dem Ermessen des Prüfers überlassenes und dementsprechend ein in nahezu allen Aspekten der Vorbereitung, Durchführung und Leistungsbeurteilung subjektiv einzigartiges Ereignis. Die jeweiligen Ansichten der Prüfer über den Sinn bzw. die Funktion mündlicher Prüfungen spielen hierbei die entscheidende Rolle« (Stary 2016, S. 3).

Prüfungsgespräche sind somit für Sie zwar ähnlich aufwändig wie für die Studierenden, Sie haben aber mehr Erfahrung und bei den Studierenden steht mehr auf dem Spiel. Machen Sie sich immer klar, dass die Situation für die Studierenden um einiges stressiger ist als für Sie, auch wenn Sie vielleicht den ganzen Tag prüfen. Folgende Handlungsempfehlungen gelten für ein erfolgreiches Prüfungsgespräch:

- »für eine angenehme Prüfungsatmosphäre sorgen, z. B. durch eine freundliche Begrüßung und einen durchgehend angenehmen Gesprächston,
- sensibel mit Prüfungsängsten umgehen und versuchen, diese abzubauen,
- bei einem geringen Schwierigkeitsgrad der Fragen anfangen und diesen im Lauf der Prüfung steigern,
- klar formulierte Fragen stellen und dem Prüfling ausreichend Bedenkzeit für die Beantwortung geben,
- bei Überforderung des Prüflings den Schwierigkeitsgrad absenken,
- darauf achten, selbst nicht zu viel zu reden,

Tipps für mündliche Prüfungen

- tolerant gegenüber kritischen Äußerungen des Prüflings sein,
- mit den gängigen Beurteilungsfehlern vertraut sein, um diese zu vermeiden« (BIBB, Die Mündliche Prüfung).

4.2.5.1 | Fehler bei der Bewertung mündlicher Prüfungen

Mündliche Prüfungen unterscheiden sich grundsätzlich von schriftlichen, da Leistungen ad hoc bewertet werden müssen. Während Sie sich bei einer schriftlichen Prüfung in mathematischen Berechnungen und Interpretationen verlieren können, um z. B. den Punktdurchschnitt zu nutzen und der Gruppe möglichst gerecht zu werden, sind Sie bei mündlichen Prüfungen gezwungen, sofort eine Note zu geben. Bei dem ersten Kandidaten sogar ohne jede Vergleichsmöglichkeit. Diese Spontaneität macht mündliche Prüfungen sehr anfällig gegenüber Verletzungen der Gütekriterien und es ist daher umso wichtiger, mögliche Fehlerquellen zu kennen.

Prüfungsfehler: Neben den oben genannten Fehlern, die in jeder Art von Bewertung auftreten, gibt es noch weitere Fehler, die exklusiv für mündliche Leistungsmessungen sind:

- »Der Primacy Effekt: Der Primacy Effekt kann dann entstehen, wenn eine Prüfung sehr gut beginnt, dann aber die Prüfungsleistung nachlässt. Subjektiv kann durch die zu Beginn recht gute Prüfung der Rest der Prüfung besser beurteilt werden, als diese objektiv eigentlich war.
- Der Recency-Effekt: Dieser folgt einem ähnlichen Prinzip wie der Primacy-Effekt, allerdings beeinflusst hier das Ende der Prüfung die Bewertung: Ist der abschließende Teil der mündlichen Prüfung etwa besser als der Anfang, so kann dies dazu führen, dass der erste Teil besser bewertet wird als er eigentlich objektiv war. [...]
- Tendenz zur Mitte: Neben dem Milde- und Strengefehler beschreibt dies die Bewertungstendenz zur Mitte, also zwischen gut und befriedigend. Problematisch ist hier, dass etwa hervorragende Leistungen zu schlecht und unterdurchschnittliche Leistungen zu gut bewertet werden. [...]
- Sympathie und Antipathie: Finden wir eine Person besonders sympathisch oder unsympathisch, kann dies ebenfalls dazu führen, dass die Objektivität bei der Leistungsbewertung beeinträchtigt wird« (Zumbach/Astleitner 2016, S. 227 f.).
- »Erwartungs-/Bestätigungs-Effekt: Prüflinge, die sich in der Prüfung so verhalten, dass der Prüfer die Prüfungsatmosphäre als angenehm erlebt. D. h. ruhige, selbstsichere Prüflinge werden besser bewertet.
- Positions-Effekt: d. h. die Notengebung folgt einem bestimmten Verlauf. Über einen größeren Zeitraum (wenn mehrere Stunden hintereinander geprüft wird) zeigen sich periodische Verläufe. Damit ist die Note z. T. abhängig vom Platz, den der Prüfling in der Abfolge der Prüfung einnimmt.
- Kontrast-Effekt: Die Leistung eines Prüflings wird im Vergleich zur Leistung des vorangegangenen oder mit geprüften Kandidaten bewertet. Tendenz: Einer schlechteren Bewertung folgt eher eine gute, vice versa.

- Ermüdungs-Effekt: Die meisten Prüfer neigen dazu, den Prüfling besser zu bewerten, wenn sie merken, dass sie müde werden.
- Prüfungsdauer eines Prüfers: Noten gegen Ende der Prüfungszeit sind besser; Noten zu Beginn der Prüfungszeit sind homogener (streuungsärmer).
- Dauer einer Prüfung: Prinzipiell: Je kürzer die Prüfung, desto niedriger der Objektivitäts-Koeffizient.
- Beurteilungs-Kriterien: verändern sich häufig von Prüfung zu Prüfung, im Verlauf einer Prüfung.
- Prüfer-/Beisitzer-Konstellation: z. B. in Kollegial-Prüfungen: Konflikte zwischen den Prüfern wirken sich auf den Verlauf der Prüfung und die Beurteilung der Prüfungsleistung negativ aus.
- Schwierigkeitsgrad der Fragen: z. B. unterschiedlich große Anteile an Wissens- oder Urteilsfragen zwischen den Prüflingen, Fragen zu den von den Prüflingen angegebenen Spezialgebieten zwischen den Prüflingen.
- Sprechflüssigkeit: hat häufig einen positiven Einfluss auf die Bewertung der Prüfungsleistung.
- ›Persönlichkeit‹ als Kriterium: Eine Befragung von Prüfern in der beruflichen Erwachsenenbildung ergab: 54 % bejahten die Frage, ob mündliche Prüfungen auch die Fähigkeit, ›unter Belastungen erfolgreich arbeiten zu können‹, messen; 85 % sehen die Notwendigkeit mündlicher Prüfungen darin begründet, sich ein ›besseres Bild von der Persönlichkeit des Prüflings machen zu können«« (Stary 2016, S. 12 f.).

Da diese Effekte zusätzlich zu den bereits erwähnten hinzukommen, muss man feststellen, dass mündliche Prüfungen »schwerer objektivierbar sind als schriftliche Prüfungen« (ebd.). Abhilfe schaffen können »Kriterienkataloge, standardisierte Fragen und kollegiales Feedback bzw. kommissionelle Prüfungen« (ebd.). Zu Ihren Aufgaben als Lehrkraft gehört es, dass Sie sich fachlich möglichst umfassend auf die Prüfungen vorbereiten und tatsächlich ein Experte auf dem Gebiet sind. Sofern es Ihr Institut zulässt, kann es helfen, wenn Sie in Prüfungen von erfahrenen Lehrkräften hospitieren, um sich ein Bild über die typischen Abläufe machen zu können.

4.2.5.2 | Ablauf von mündlichen Prüfungen

Auch wenn mündliche Prüfungen sehr unterschiedlich ablaufen, sollen im Folgenden Hinweise darauf gegeben werden, auf welche Art und Weise sie verlaufen können. Wie bei der Lehre ist der Prüfungseinstieg dabei sehr wichtig:

Beispiel **Möglichkeiten für den Einstieg in die Prüfung**

- »förmlich (daran anschließend sachlich):
  ›Mit wem wollen wir anfangen?‹
  ›Wie ist Ihr Name?‹
- sachlich:
  ›Meine erste Frage lautet ...‹
  ›Sie haben sich mit dem Thema ... beschäftigt. Können Sie mir erläutern ...?‹
- offen:
  ›Wie wollen wir anfangen?«
  »Was haben Sie im Fach ... so alles gemacht?‹
- spaßig (?):
  ›Welche Note wollen Sie haben?‹
  ›Fühlen Sie sich gesund und munter?‹« (Stary 2016, S. 6)

Die Einstiege müssen zu Ihrer Prüfungsform und Ihrer Person passen, konkrete Empfehlungen sind kaum möglich, da die verschiedenen Formen des Gesprächs von den Studierenden ganz unterschiedlich aufgenommen werden.

Der Einstieg sollte zudem zu Ihrer Prüfungsmethode passen (vgl. ebd., S. 15):

- **Frage-Antwort-Technik:** Die Prüfenden stellen Fragen, die Prüflinge antworten. Es findet kein Gespräch unter Experten statt, stattdessen ist das Machtverhältnis klar.
  Geeignet für: Überprüfung von Reproduktion und Reorganisation
  Ungeeignet für: Überprüfung von Transferwissen und für Problemlösungen
- **Denkanstöße:** Die Prüfenden geben den Prüflingen einen Input. Es entsteht ein Gespräch unter Experten.
  Geeignet für: Reorganisation und Transfer
  Ungeeignet für: Reproduktion
- **Kurzreferate:** Der Prüfling hält ein ca. 5-minütiges Referat.
  Geeignet für: Reorganisation, Überprüfen rhetorischer Fähigkeiten
  Ungeeignet für: Überprüfen von Reproduktion
- **Demonstrationen:** Gegenstände oder Beispiele werden als Input genutzt.
  Geeignet für: Reorganisation, Transfer und Problemlösen
  Ungeeignet für: Reproduktion

Diese Prüfungsformen können miteinander kombiniert werden, je nach Verlauf der Prüfung. Im Verlauf des Prüfungsgesprächs werden Sie sicherlich Fragen stellen, die, genau wie in der Lehre, gut und schlecht formuliert sein können. Folgende Frageformen sollten Sie vermeiden:

- »angekündigte leichte Fragen:
  ›Jetzt einmal eine leichte Frage, Frau X ...‹
  Kommentar: Diese Fragen erhöhen die Nervosität der Kandidatin.
- sogenannte einfache Fragen:

›Sagen Sie einmal, was ist denn überhaupt ein Computer?‹
Kommentar: Diese Frage vermag selbst Spezialisten völlig aus der Fassung zu bringen.

- rhetorische Fragen:
›Brauche ich diese Formel wirklich?‹
Kommentar: Diese Frage beantwortet nur der Prüfer mit einem klaren ›Nein‹. Den Prüfling verunsichert sie bisweilen, weil er sie für eine echte – nachdenkenswerte – Frage hält« (Stary 2016, S. 6).

Selbst wenn Sie derartige Fragen vermeiden, einen guten Einstieg wählen und sich insgesamt sehr gut auf die Prüfungen vorbereitet haben, kann es immer wieder zu »kritischen Situationen« (ebd.) kommen. Das sind Situationen, in denen die Studierenden nicht mehr auf Fragen antworten, weil sie sich plötzlich an nichts mehr erinnern, die Frage vielleicht falsch verstanden haben oder generell stark unter Prüfungsangst leiden (vgl. ebd.). Es gibt verschiedene Möglichkeiten, wie Sie in derartige Situationen unterstützend eingreifen können:

Unterstützung der Prüflinge

- »Antwortalternativen anbieten:
›Verhält es sich so oder so?‹
- Stichworte geben:
›Sagt Ihnen der Begriff X etwas?‹
- Nachfragen:
›Ist Ihnen die Frage unklar?‹
- Widerspruch formulieren:
›Da bin ich aber anderer Ansicht!‹
- Abschwächen:
›Das ist aber auch eine schwere Frage gewesen. Macht nichts, ist nicht schlimm, wenn Sie das nicht wissen.‹
- Mut machen:
›Wir tasten uns da einmal ganz vorsichtig ran. Das wissen Sie, Frau X!‹
- Aufpolieren:
›Lassen wir das Thema, Sie haben ganz richtig genannt … Sie drücken sich zwar ein bisschen unklar aus, meinen aber das Richtige.‹
- Abbiegen:
›Ich denke, wir lassen das und nehmen ein anderes Gebiet. Sollen wir ein anderes Gebiet nehmen?‹
- Frage wiederholen:
›Ich habe mich vermutlich etwas unklar ausgedrückt. Ich wiederhole die Frage noch einmal mit anderen Worten.‹
- Heranschleichen:
Prüfer: ›Haben Sie schon einmal was vom Wagnerschen Gesetz gehört?‹
Prüfling: ›Oh Gott!‹
Prüfer: ›Also das Wagnersche Gesetz besagt … Wie würden Sie dieses Gesetz auf die heutige Situation beziehen?‹

- Beispiele geben:
  ›Herr X, versetzen Sie sich einmal in folgende Situation ...‹
- Zeit zum Nachdenken geben:
  ›Lassen Sie sich Zeit, denken Sie ruhig darüber nach!‹« (Stary 2016, S. 8).

4.2.5.3 | Leistungsbewertung der mündlichen Prüfung

Es gibt viele Möglichkeiten, eine mündliche Prüfung nach testtheoretischen Gütekriterien zu bewerten. Nicht alle genannten Vorschläge müssen für Sie oder Ihre Prüfungen passen, hier dennoch eine Auswahl (vgl. ebd., S. 16 ff.):

- Kriterienkatalog vor der Prüfung erstellen.
- Prüfungsfragen nach Aufgabenniveau differenzieren.
- Formale und inhaltliche Forderungen müssen transparent sein.
- Prüfungen sollten alle Aufgabenniveaus abdecken.
- Visuelle Hilfen bei der Prüfung zulassen.
- Die Prüfung sollte möglichst eng an eine konkrete Veranstaltung gebunden sein.
- Vornoten des Prüflings nicht einsehen.
- Prüfung in Teilprüfungen zerlegen, die einzeln bewertet werden.
- Notendifferenzierung gering halten, im Idealfall nur zwischen ›bestanden‹ und ›nicht bestanden‹ unterscheiden.

Diese Vorschläge können durchaus bereits durch Ihren Prüfungsmodus abgedeckt sein, andernfalls können Sie Veränderungen anstreben. Behalten Sie jedoch stets im Hinterkopf, dass eine mündliche Prüfung eine extrem fehleranfällige Prüfungsform ist und den Gütekriterien, die an die Leistungsmessung gelegt werden, keinesfalls gerecht werden kann.

Dennoch schreiben viele Hochschulen die mündliche Prüfung vor, weshalb Sie ihr Möglichstes tun sollten, um die Leistungsbewertung so fair und transparent zu gestalten, wie es Ihnen eben möglich ist. Ein möglicher Prüfungsbogen sollte folgende drei Aspekte abdecken: Fachinhalt, Niveau der Frage und Bewertung der Antwort:

Fachinhalt	Reproduktion	Reorganisation	Transfer
Goethes Rolle in der Klassik	✓	O	X
Italienreise	✓	✓	✓
Sturm und Drang	✓	O	X
etc.			
✓ = beantwortet; O = nicht vollständig oder mit Hilfe beantwortet; X = nicht beantwortet			

Beispiel eines
Bewertungsrasters

In dem gezeigten Bewertungsraster wurde ein Thema vorgegeben und Fragen dazu gestellt. Je nachdem, bis zu welchem Niveau der Prüfling antworten konnte, setzen Sie einen Haken, ein O oder ein X. Die Gesamtschau ergibt dann die Note. Wie bereits im Kapitel zur Differenzierung beschrieben, sollte das Fundamentum (siehe Kap. 2.5.6), also die Reproduktion, für eine 4 ausreichen. Wenn zudem Reorganisationsleistungen erbracht werden, ist eine 2–3 möglich, und der Transfer erlaubt schließlich die Bestnote 1.

Sie werden verschiedene Bewertungsraster vorfinden, wichtig ist nur, dass das Niveau der Fragen abgebildet wird und nicht nur das grobe Thema. Das kann in drei Stufen, aber auch feiner erfolgen.

4.2.5.4 | Vorbereitung der Studierenden auf die mündliche Prüfung

Für die Teilnehmerinnen und Teilnehmer Ihrer Veranstaltung ist es oft die erste mündliche Prüfung seit dem Abitur, weshalb in allen hier vorgestellten Lehrkonzepten stets eine Vorbereitung auf die Prüfung vorgesehen ist. Etwa zwei Wochen vor der tatsächlichen Prüfung sollten Sie den Studierenden transparent mitteilen, was von ihnen erwartet und wie die Prüfung ablaufen wird.

Eine Prüfungssimulation ist in jedem Fall zu empfehlen, um die Studierenden an die Prüfungsform heranzuführen. Hierfür bieten sich zwei Phasen an. Zunächst einmal eine erste Phase, in der die Studierenden sich gegenseitig einer mündlichen Prüfung unterziehen. Die Kugellager-Methode (siehe Kap. 3.5.4.4) ist dafür bestens geeignet. Die Studierenden haben zehn Minuten Zeit, sich fünf Fragen und die zugehörigen Antworten zum Seminar zu notieren. Dann werden sie im Kugellager zu zweit gruppiert und stellen sich diese Fragen. Idealerweise sollten alle Studierenden zwei Mal selbst prüfen, also die Fragen stellen, und zwei Mal geprüft werden. Die Prüfungsleistung sollten sich die Studierenden gegenseitig mithilfe von Schulnoten mitteilen.

Diese erste Phase dauert ca. 30 Minuten und gibt erste Einblicke in die mündliche Prüfung. Die daran angeschlossene Reflexion soll offene Fragen klären und verschiedene Tipps zur Prüfung geben, die sich auch in vielen Ratgebern finden:

- **Mündliche Prüfungen sind Gespräche unter Experten:** Wie oben bereits erwähnt, ist die mündliche Prüfung nicht nur ein Frage-Antwort-Spiel. Studierende können stets versuchen, das Gespräch thematisch in eine andere Richtung zu führen.

- **Die Prüferinnen und Prüfer wollen nur das Beste:** Auch oder gerade wenn Ihnen die Studierenden das nicht glauben, vermitteln Sie diese Tatsache. Auch für Prüfende ist eine gelungene mündliche Prüfung immer angenehmer als eine misslungene.

- **Nur Themen ansprechen, bei denen man sich sicher ist:** Dieser Punkt ergibt sich aus den ersten beiden. Da die Prüfenden nur das Beste wollen, werden sie auf Stichworte der Studierenden reagieren, da sie vermuten, dass diese sich in den genannten Bereichen gut auskennen.

- **Laut denken:** Nichts ist störender in einer Prüfung als Stille. Wenn Studierende nicht weiterkommen, sollten sie nicht schweigen, sondern laut denken, die Frage paraphrasieren oder sichergehen, dass sie rich-

Tipps für die
Studierenden

tig verstanden wurde. Gleichzeitig gilt aber auch, dass es taktisch klug ist, sofort zuzugeben, wenn man etwas nicht weiß, da die Prüfung dann vielleicht in eine andere Richtung weitergehen kann.

Nach dieser Phase, in der die Studierenden sich gegenseitig prüfen konnten, sollten Sie eine konkrete Prüfungssituation simulieren. Hierfür bietet sich die Fishbowl-Methode an (siehe Kap. 3.5.4.5). Sie bestimmten zwei Prüfer und zwei Prüflinge, die im Grunde dasselbe Gespräch führen wie bereits in der ersten Phase der Sitzung. Dieses Mal können sich die Teams aber kurz absprechen und die außenstehenden Studierenden können eine mündliche Prüfung, im Idealfall sogar in ihrer tatsächlichen Länge, erleben und diese danach evaluieren.

Irritation: Um die Übung aufzulockern, können Sie den Prüflingen Zettel oder Hinweise über den Beamer zukommen lassen, die ein bestimmtes Verhalten forcieren, das in der Prüfung keinesfalls zielführend ist. Solche Hinweise könnten sein:

- Kommen Sie auf das letzte Thema zurück!
- Antworten Sie mit: »Das haben wir im Seminar nicht gemacht!«
- Sagen Sie nichts mehr!
- Antworten Sie sehr leise!
- Murmeln Sie vor sich hin!

Die Prüfer sollten diese Hinweise nicht sehen, das Publikum aber schon. In der Auswertung nach der Prüfung kann dann thematisiert werden, warum derartige Strategien keinesfalls förderlich für eine mündliche Prüfung sind. Dadurch, dass die Situationen jedoch simuliert wurden und mit ziemlicher Sicherheit für mindestens ein Schmunzeln sorgen, erreichen Sie ein affektives Lernen, so dass die Studierenden diese Techniken ziemlich sicher nicht nutzen werden.

4.2.6 | Schriftliche Arbeiten

Neben schriftlichen und mündlichen Prüfungen wird auch die Betreuung und Beurteilung von Hausarbeiten, Bachelor- und Masterarbeiten in Ihren Prüfungsbereich fallen. Grundsätzlich müssen die Studierenden bei der Erstellung einer schriftlichen Arbeit ihre Fähigkeit zur wissenschaftlichen Arbeitsweise unter Beweis stellen. Da dies in vielen Fällen jedoch die erste schriftliche, wissenschaftliche Arbeit für die Studierenden ist, müssen Sie als betreuende Lehrkraft bestimmte Aufgaben erfüllen:

- »Die fachliche (die einzelne Fachdisziplin betreffende) Betreuung
- Die methodische (die Vorgehensweisen beim wissenschaftlichen Arbeiten betreffende) Betreuung
- Die hochschuldidaktische Betreuung im Sinne von Beraten, Lenken, Führen, Motivieren, etc.
- Die Begutachtung und schriftliche Beurteilung der fertig gestellten Bachelorarbeit
- Eventuell das Führen des Prüfungsgesprächs über die Bachelorarbeit (Defensio) samt Beurteilung« (Samac et al. 2011, S. 132).

Die Studierenden müssen folgende Aufgaben übernehmen:
- »Die eigenständige Erstellung der Bachelorarbeit
- Die eigenverantwortliche Wahrnehmung der Betreuung im entsprechenden Ausmaß
- Eventuell das Ablegen eines Prüfungsgespräches über die Bachelorarbeit (Defensio) vor der beurteilenden Lehrperson bzw. vor einer Prüfungskommission« (Samac et al. 2011, S. 132).

Die Betreuung beginnt schon mit der ersten Anfrage, ob Sie bereit sind, die schriftliche Arbeit zu betreuen. Sie sollten sich klarmachen, dass der Erfolg einer solchen Arbeit zwar maßgeblich von den Studierenden abhängt, aber dass Sie ebenfalls einen großen Einfluss haben. Ihre »fachliche, methodische und hochschuldidaktische Betreuung hat zum Ziel, bei den Studierenden jene Kompetenzen zu fördern und zu entwickeln, die für ein erfolgreiches Verfassen der Bachelorarbeit notwendig sind«:
- »Die Grob- und Feinstruktur ihrer Bachelorarbeit entwickeln können
- Die Systematik des Zitierens und verschiedene Belegarten kennen
- Über Kenntnisse wissenschaftlicher Textproduktion verfügen
- Die Qualitätsstandards wissenschaftlicher Arbeiten in ihrem jeweils individuellen Anforderungsprofil reflektieren können
- Inhalte in ihrer Vernetztheit stringent und sprachlich korrekt darstellen können
- Ein differenziertes Problembewusstsein und Fachwissen im Hinblick auf wissenschaftliches Arbeiten entwickeln
- Sich einer vertieften Auseinandersetzung mit fachdisziplinär relevanten Themen stellen
- Ihr Wissen auf Basis eines komplexen Theorie-Praxisbezuges reflektieren
- Über Erfahrungen in der Planung und Durchführung projektorientierter Forschungskonzepte verfügen« (ebd.).

Einige dieser Kompetenzen haben die Studierenden im Idealfall bereits in ihrem Studium erlangt. Wenn es ein Seminar zu Arbeitstechniken oder zum wissenschaftlichen Arbeiten gibt, dann sind Sie etwas entlastet und können darauf verweisen.

Die anderen Kompetenzen gilt es in Vorbesprechungen zu eruieren und im Zweifel weiter zu fördern. Wichtig ist vor allem, dass Sie auf eine sinnvolle Forschungsfrage (vgl. ebd.) bestehen. In der Phase der Betreuung sollten Sie Sprechstunden anbieten oder digital erreichbar sein. Schriftliche Arbeiten sollen nicht von Ihnen sondern von den Studierenden erstellt werden und Sie haben nur beratende und fördernde Funktion. Empfehlen Sie Literatur, geben Sie Hinweise zu Struktur und Aufbau, aber vermeiden Sie es, zu großen Einfluss auf den konkreten Text zu nehmen.

Die Beurteilung schriftlicher Arbeiten erfolgt nach denselben Gütekriterien wie jede andere Beurteilung auch und sollte im besten Fall mithilfe eines Kriterienbogens transparent gemacht werden. Ein Kriterienbogen sollte verschiedene Aspekte beinhalten (vgl. Samac et al. 2011, S. 115 f.):
- **Fragestellung:** »Ist die Fragestellung klar formuliert?« (ebd., S. 137)

Wird das Thema entsprechend der zu vergebenen Leistungspunkte behandelt? Entspricht die Arbeit dem geforderten Umfang?

- **Umgang mit der Fragestellung:** Wird der wissenschaftliche Stand abgebildet oder werden nur »Trivialitäten« und »Selbstverständlichkeiten« (ebd.) betrachtet? Gibt es Widersprüche oder ist die Argumentation lückenlos (vgl. ebd.)?
- **Ergebnisse:** »Sind die Ergebnisse klar formuliert?« (ebd.). Passen sie zur Fragestellung und werden sie nachvollziehbar dargestellt?
- **Definitionen, Prämissen, Untersuchungsdesigns:** Sind die theoretischen Grundlagen richtig und wurde ein passendes Untersuchungsdesign gewählt? Sind eventuelle Unterschiede in der Literatur beachtet worden?
- **Stil und Sprachregeln:** Ist die Arbeit sprachlich korrekt und sind die Formulierungen logisch aufgebaut? Wird ein wissenschaftlicher Sprachstil verwendet (vgl. ebd., S. 138)?
- **Literaturbearbeitung und Zitierweise:** Wurde korrekt zitiert? Wurden Primärquellen, wo möglich, verwendet und »auf welchem Niveau ist eine kritische Auseinandersetzung mit der Literatur zu registrieren« (ebd.)?
- **Gliederung:** Ist die Gliederung »formal korrekt« und »in Bezug auf das Thema aussagekräftig« (ebd.)?
- **Eigenständigkeit:** Wie eigenständig ist die Arbeit, auf »welchem Niveau liegen [...] Eigenleistungen« (ebd.)?
- **Reinschrift:** Ist alles gut lesbar und korrekt nummeriert? Wurde die Seitenzahl eingehalten, existieren Korrekturränder?

Aus diesen Kriterien lässt sich ein einfacher Katalog erarbeiten, der die einzelnen Punkte bewertet:

	Bewertung (-, o, +)	Verbalbewertung / Beispiele
Fragestellung		
Umgang mit der Fragestellung		
Ergebnisse		
Definitionen, Prämissen, Untersuchungsdesigns		
Stil und Sprachregeln		
Literaturbearbeitung und Zitierweise		
Gliederung		
Eigenständigkeit		
Reinschrift		

Kriterienkatalog

In die Verbalbewertung sollten Sie Beispiele einfließen lassen, die auch mit Seitenzahlen versehen sind, damit eine eventuelle Nachbesprechung erleichtert wird. Wie bei jeder anderen Art der Bewertung müssen Sie auch hier transparent vorgehen und den Studierenden Ihre Bewertung nachvollziehbar machen.

5 Synopse

Nachdem Sie nun eine sehr knappe Zusammenfassung der Lehre an der Hochschule gelesen haben, wird hier noch einmal in aller Kürze aufgelistet, was Sie erledigen müssen, wenn Sie eine Lehrveranstaltung planen.

Vor dem Semester

1. Entscheidung für ein Lehrkonzept (und damit Wahl der genutzten Medien)
   - basierend auf den Vorerfahrungen der Studierenden
   - basierend auf der Art des Seminars
   - basierend auf Ihren Präferenzen
2. Auswählen der Literatur
   - ein ganzes Buch oder Einzeltexte
3. Erstellen einer didaktischen Analyse
4. Festlegen der Lernziele und Kompetenzen
   - basierend auf dem Modulhandbuch
5. Erstellen eines Seminarplans
6. Konkrete Planung der ersten drei Sitzungen
   - Erstellen von drei konkreten Verlaufsplänen
   - Auswahl konkreter Methoden
   - Erstellen konkreter Präsentationen (mit PowerPoint oder anderem Programm)
   - Integration von multimedialen Inhalten
   - Verknüpfung mit einer digitalen Lehr- und Lernplattform

Nach dem Semester

1. Planung und Durchführung einer Evaluation
2. Planung und Durchführung einer Leistungsmessung

Wenn Sie diese Schritte durchgeführt haben, dann steht einer gelungenen Lehrveranstaltung nichts mehr im Wege. Und seien Sie gerade in den ersten Semestern nicht zu streng mit sich. Ihre Planungen werden fehlerhaft, Ihre Methoden ein Durcheinander und Ihre ausgewählten Texte zu leicht oder zu schwierig sein. Neben der grauen Theorie, die Ihnen in diesem Buch vermittelt wurde, lernen Sie Ihr Handwerk vor allem in der Praxis.

6 Literatur

Aebli, Hans (1983): *Zwölf Grundformen des Lehrens: eine allgemeine Didaktik auf psychologischer Grundlage.* Stuttgart: Klett-Cotta.

Astleitner, Hermann et al. (2015): 12 Tipps für eine kompetenzorientierte Lehre. http://universitaet-salzburg.ac.at/fileadmin/multimedia/Qualitaetsmanagement/documents/Handbuecher/12_Tipps_f%C3%BCr_eine_kompetenzorientierte_Lehre.pdf (21.9.2017).

Becker, George (2012): *Unterricht planen. Handlungsorientierte Didaktik Teil I.* Weinheim: Beltz.

Beckmann, Jürgen (1984): *Die Konzeption der Theorie der Kognitiven Dissonanz von Festinger (1957).* Heidelberg: Springer.

Bennett, Sue/Maton, Karl/Kervin, Lisa (2008): The ›digital natives‹ debate: A critical review of the evidence. In: *British Journal of Educational Technology* 39 (5), S. 775–786.

Berendt, Brigitte (2016): Hochschuldidaktischer Methoden-Fundus: Basiswissen. In: Brigitte Berendt et al. (Hg.): *Neues Handbuch Hochschullehre.* Berlin: DUZ.

Berner, Winfried (2017): Professionalität: Sich an anspruchsvolle Standards halten. http://www.umsetzungsberatung.de/lexikon/professionalitaet.php (22.9.2017).

BIBB: Die Mündliche Prüfung. https://www.prueferportal.org/html/944.php#jump947 (22.9.2017).

Blömeke, Sigrid et al. (2006): Analyse der Qualität von Aufgaben aus didaktischer und fachlicher Sicht. Ein allgemeines Modell und seine exemplarische Umsetzung im Unterrichtsfach Mathematik. In: *Unterrichtswissenschaft* 34 (4), S. 330–357.

Bloom, Benjamin (1972): *Taxonomie von Lernzielen im kognitiven Bereich.* Weinheim: Beltz.

Brauns, Katrin/Schubert, Sebastian (2008): Qualitätssicherung von Multiple-Choice-Prüfungen. In: Sigrid Dany/Birgit Szczyrba/Johannes Wildt (Hg.): *Prüfungen auf die Agenda! Hochschuldidaktische Perspektiven auf Reformen im Prüfungswesen.* Bielefeld: WBV, S. 92–102.

Dummann, Kathrin et al. (2007): *Einsteigerhandbuch Hochschullehre. Aus der Praxis für die Praxis.* Trier: WVT.

Ebbinghaus, Hermann (1885): *Über das Gedächtnis: Untersuchungen zur experimentellen Psychologie.* Berlin: Duncker & Humblot.

Edelmann, Walter (2003): Intrinsische und extrinsische Motivation. In: *Grundschule* 4 (35), S. 30–32.

Eichhorn, Christoph (2008): *Classroom-Management. Wie Lehrer, Eltern und Schüler guten Unterricht gestalten.* Stuttgart: Klett-Cotta.

Eichhorn, Christoph (2014): *Die Klassenregeln. Guter Unterricht mit Classroom-Management.* Stuttgart: Klett-Cotta.

Eichinger, Ludwig/Kallmeyer, Werner (2004): *Standardvariation. Wie viel Variation verträgt die deutsche Sprache?* Berlin: DeGruyter.

Fänsel, Frank et al. (2016): *Sportpsychologie.* Heidelberg: Springer.

Faulhaber, Martin/Kroath, Franz (2012): Expertendiskussion, Praxisdemonstration und Murmelphasen-Strategien für eine praxisnahe Vorlesung mit Einbezug aktueller wissenschaftlicher Literatur? Online-Publikation zur Fallstudie Zertifikat Lehrkompetenz. https://www.uibk.ac.at/rektorenteam/lehre/die-lehre-seite/schaufenster/publikationen/faulhaber-martin.pdf (22.9.2017).

Fromm, Martin (2014): *Einführung in didaktisches Denken.* Münster: Waxmann.

Froncek, Benjamin/Thielsch, Meinald (2011): Merkmale guter schriftlicher Prüfungen. In: Michael Krämer/Siegfried Preiser/Kerstin Brusdeylins (Hg.): *Psy-*

chologiedidaktik und Evaluation, Bd. VIII. Göttingen: Vandenhoeck & Ruprecht, S. 365–372.

Glaboniat, Manuela (2006): Das Papier nicht wert ... In: *ide* 30 (4), S. 32–51.

Grell, Jochen/Grell, Monika (2007): *Unterrichtsrezepte*. Weinheim: Beltz.

Gröschner, Alexander (2007): Körpersprache im Unterricht. Perspektiven einer kommunikationsorientierten Bildungsforschung mithilfe von Unterrichtsvideos. In: *Bildungsforschung* 4 (2), S. 1–21.

Groth, Christian (2016): Der Sprung ins kalte Wasser. Praktische Tipps für Anfänger – Erfahrungsbericht eines »Neulings«. In: Brigitte Berendt et al. (Hg.): *Neues Handbuch Hochschullehre*. Berlin: DUZ. https://www.nhhl-bibliothek.de/de/handbuch.

Grzega, Joachim (2003): LdL in universitären Kursen. http://www.ldl.material/berichte/uni/uni.html (22.9.2017).

Handke, Jürgen (2014): *Patient Hochschullehre. Vorschläge für eine zeitgemäße Lehre im 21. Jahrhundert*. Marburg: Tectum.

Handke, Jürgen (2015): *Handbuch Hochschullehre Digital. Leitfaden für eine moderne und mediengerechte Lehre*. Marburg: Tectum.

Handke, Jürgen/Schäfer, Anne (2012): *E-Learning, E-Teaching und E-Assessment der Hochschullehre: Eine Anleitung*. München: Oldenbourg.

Hanke, Petra (2005): *Öffnung des Unterrichts in der Grundschule. Lehr-Lernkulturen und orthographische Lernprozesse in der Grundschule*. Münster: Waxmann.

Heidemann, Rudolf (2006): *Körpersprache vor der Klasse. Ein praxisnahes Trainingsprogramm zum Lehrerverhalten*. Heidelberg: Quelle & Meyer.

Helsper, Ellen/Eynon, Rebecca (2010): Digital natives: where is the evidence? In: *British Educational Research Journal* 36 (3), S. 503–520.

Heringer, Hans (2014): *Interkulturelle Kommunikation*. Stuttgart: UTB.

Jank, Werner/Meyer, Hilbert (2011): *Didaktische Modelle*. Frankfurt a. M.: Cornelsen Scriptor.

Kainzbauer, Hildegard (2012): Körpersprache und »Status« im Unterricht. In: *DaFiU* 17 (25), S. 11–15.

Klafki, Wolfgang (1958): Didaktische Analyse als Kern der Unterrichtsvorbereitung. In: *Die deutsche Schule* 50 (10), S. 450–471.

Klafki, Wolfgang (1970): *Funk-Kolleg Erziehungswissenschaft*, Bd. 1. *Eine Vorlesungsreihe d. Philipps Univ. Marburg*. Frankfurt a. M.: Fischer.

Klein, Kerstin (2013): *Unterrichtsmethoden klipp und klar. Klasse 5–10*. Hamburg: AOL.

Klippert, Heinz (2002): *Kommunikations-Training. Übungsbausteine für den Unterricht*. Weinheim: Beltz.

Kopf, Martina/Leipold, Jana/Seidl, Tobias (2010): *Kompetenzen in Lehrveranstaltungen und Prüfungen. Handreichung für Lehrende*. Mainz: Zentrum für Qualitätssicherung und Entwicklung.

Kostrzewa, Frank (2009): »Teacher Talk« – die Unterrichtssprache der Lehrenden. Effektive und weniger effektive Methoden im Vergleich. In: *Deutsch als Zweitsprache* (4), S. 29–33.

Kramer, Martin (2008): *Schule ist Theater: Theatrale Methoden als Grundlage des Unterrichtens*. Baltmannsweiler: Schneider Hohengehren.

Kromrey, Helmut (1995): Evaluation der Lehre durch Umfrageforschung? Methodische Fallstricke bei der Messung von Lehrqualität durch Befragung von Vorlesungsteilnehmern. In: Peter Ph. Mohlers (Hg.): *Universität und Lehre. Ihre Evaluation als Herausforderung an die Empirische Forschung*. Münster: Waxmann, S. 105–128.

Kromrey, Helmut (2001): Evaluation von Lehre und Studium–Anforderungen an Methodik und Design. In: Christiane Spiel (Hg.): *Evaluation universitärer Lehre – Zwischen Qualitätsmanagement und Selbstzweck*. Münster: Waxmann, S. 21–60.

Lehner, Martin (2009): Viel Stoff – wenig Zeit. In: *Wege aus der Vollständigkeits-falle 2* .

Lindemann, Hans-Jürgen (2015): Kompetenzorientierung. http://www.dblernen. de/kompetenz/Ldn_Kompetenzorientierung_vers14_10–11–2015.pdf (25.9.2017).

Mager, Robert/Monzen, Helga/Rademacker, Hermann (1971): *Lernziele und pro-grammierter Unterricht*. Weinheim: Beltz.

Maier, Uwe et al. (2010): Ein allgemeindidaktisches Kategoriensystem zur Analyse des kognitiven Potenzials von Aufgaben. In: *Beiträge zur Lehrerbildung* 28 (1), S. 84–96.

Mandl, Heinz/Reinmann, Gabi (2006): Unterrichten und Lernumgebungen gestal-ten. In: Andreas Krapp/Bernd Weidenmann (Hg.): *Pädagogische Psychologie. Ein Lehrbuch.* Weinheim: Beltz, S. 613–657.

Marks, Frank (2016): Motivierung von Studierenden im seminaristischen Unter-richt. In: Brigitte Berendt et al. (Hg.): *Neues Handbuch Hochschullehre.* Berlin: DUZ. https://www.nhhl-bibliothek.de/de/handbuch.

Matschnig, Monika (2012): *Körpersprache im Beruf. Wie Sie andere überzeugen und begeistern.* München: Gräfe und Unzer.

Meer, Dorothee (1998): *Der Prüfer ist nicht der König. Mündliche Abschlussprü-fungen in der Hochschule.* Tübingen: Niemeyer.

Menikheim, Axel (2000): Aspekte lernfördernder Klassenraumgestaltung. http:// www.menikheim.de/klassenraumgestaltung.pdf (25.9.2017).

Messing, Barbara (2007): *Das Studium: Vom Start zum Ziel: Lei(d)tfaden für Stu-dierende.* Heidelberg: Springer.

Messner, Harald (2012): *Nichts ist spannender als Verkaufen: So steigern Sie Ihren Verkaufserfolg! Geballtes Wissen aus 30 Jahren Erfahrung.* Wien: Linde.

Meyer, Hilbert (2003): Zehn Merkmale guten Unterrichts. In: *Pädagogik* 10 (2003), S. 36–43.

Meyer, Hilbert (2007): *Leitfaden Unterrichtsvorbereitung.* Berlin: Cornelsen.

Milman, Natalie (2012): The flipped classroom strategy: What is it and how can it best be used? In: *Distance Learning* 9 (3), S. 85.

Mortensen, Uwe (2016): Verteilte Schulnoten sind normal – aber nicht notwendig normalverteilt. http://uwe-mortensen.de/MythosNormalVerteilungC.pdf (25.9.2017).

Nolting, Hans-Peter/Paulus, Peter (2011): *Psychologie lernen.* Weinheim: Beltz.

Nuhn, Hans-Eberhard (2000): Die Sozialformen des Unterrichts. In: *Pädagogik* 52 (2), S. 10–13.

Oelkers, Jürgen (2002): Leistungen und Noten: Probleme der Schülerbeurteilung. https://edudoc.ch/record/29498/files/14.pdf (25.9.2017).

Peterßen, Wilhelm (2000): *Handbuch Unterrichtsplanung. Grundfragen, Modelle, Stufen, Dimensionen.* München: Oldenbourg.

Plasa, Hermann (2010): *Präsentieren mit PowerPoint 2007: weniger ist mehr – Technik, Didaktik, Tipps & Tricks.* Norderstedt: Books on Demand GmbH.

Reich, Kersten (2012): Methodenpool. http://methodenpool.uni-koeln.de/ uebersicht.html (25.9.2017).

Rheinberg, Falko/Bromme, Rainer (2001): Lehrende in Schulen. In: Andreas Krapp/Bernd Weidenmann (Hg.): *Pädagogische Psychologie. Ein Lehrbuch.* Weinheim: PVU, S. 295–331.

Riedl, Alfred (2004): *Grundlagen der Didaktik.* Stuttgart: Franz Steiner.

Riedl, Alfred (2008): Innere Differenzierung – Herausforderung für modernen Unterricht. In: USTU-UPI (Hg.): *Wirtschaft und Linguistik: Wege einer Wech-selwirkung. Eine Sammlung von Materialien einer internationalen wissen-schaftlich-praktischen Konferenz von Studierenden und Doktoranden. Föderale Ausbildungsagentur, Staatliche Technische Uraler Universität.* Jekaterinburg: USTU-UPI, S. 122–128.

Rohr, Fabiane/Fischer, Helge (2014): Mehr als Spielerei! Gamedesign-Elemente in der digitalen Lehre. https://www.researchgate.net/publication/284498445_ MEHR_ALS_SPIELEREI_GAMEDESIGN-_ELEMENTE_IN_DER_DIGITALEN_ LEHRE (25.9.2017).

Rossié, Michael (2016): *Frei sprechen. In Radio, Fernsehen und vor Publikum. Ein Training für Moderatoren und Redner.* Heidelberg: Springer.

Rufer-Drews, Lydia (2016): Rhetorik im Hochschulunterricht. Rhetorische Tipps zu Vortrag und Gespräch. In: Brigitte Berendt et al. (Hg.): *Neues Handbuch Hochschullehre.* Berlin: DUZ. https://www.nhhl-bibliothek.de/de/handbuch.

Salner-Gridling, Ingrid (2009): *Querfeldein: individuell lernen – differenziert lehren.* Wien: Österreichisches Zentrum für Persönlichkeitsbildung und soziales Lernen.

Samac, Klaus/Prenner, Monika/Schwetz, Herbert (2011): *Die Bachelorarbeit an Universität und Fachhochschule: ein Lehr-und Lernbuch zur Gestaltung wissenschaftlicher Arbeiten.* Wien: Facultas.

Schelle, Carla/Rabenstein, Kerstin/Reh, Sabine (2010): *Unterricht als Interaktion. Ein Fallbuch für die Lehrerbildung.* Bad Heilbrunn: Klinkhardt.

Schelten, Andreas (2009): Lehrerpersönlichkeit – ein schwer fassbarer Begriff. In: *Die berufsbildende Schule* 61 (2), S. 39–40.

Schönwandt, Walter (1999): Grundriss einer Planungstheorie der »dritten Generation«. In: *DISP* 35 (136/137), S. 25–35.

Schorch, Günther (2003): »Die Schüler dort abholen, wo sie stehen ...«. In: *Lernchancen* 5 (31), S. 14–19.

Schulz von Thun, Friedemann (2010): *Miteinander reden 1. Störungen und Klärungen. Allgemeine Psychologie der Kommunikation.* Reinbek bei Hamburg: Rowohlt.

Schwarz, Katrina (2013): Why Teachers Should Be Trained Like Actors. MindShift. https://ww2.kqed.org/mindshift/2013/07/01/teaching-as-acting-a-performance-profession/ (25.9.2017).

Seel, Norbert/Hanke, Ulrike (2015): *Erziehungswissenschaft. Lehrbuch für Bachelor-, Master- und Lehramtsstudierende.* Heidelberg: Springer.

Standop, Jutta/Jürgens, Eiko (2015): *Unterricht planen, gestalten und evaluieren.* Bad Heilbrunn: Klinkhardt.

Stary, Joachim (2016): »Doch nicht durch Worte nur allein ...«. Die mündliche Prüfung. In: Brigitte Berendt et al. (Hg.): *Neues Handbuch Hochschullehre.* Berlin: DUZ. https://www.nhhl-bibliothek.de/de/handbuch.

Stead, David (2005): A review of the one-minute paper. In: *Active Learning in Higher Education* 6 (2), S. 118–131.

Stöcklin, Nando/Steinbach, Nico/Spannagel, Christian (2014): Computerunterstützte Gamification von Unterrichtseinheiten: Erste Erfahrungen mit Quest-Tanja. http://ceur-ws.org/Vol-1227/paper54.pdf.

Terhart, Ewald (2006): Was wissen wir über gute Lehrer. In: *Pädagogik* 58 (5), S. 42–47.

Velica, Ioana (2010): Lernziele und deren Bedeutung im Unterricht. In: *Neue Didaktik* (2), S. 10–24.

Vygotsky, Lev (1980): *Mind in Society: The Development of Higher Psychological Processes.* Harvard: Harvard University Press.

Wang, Shiang-Kwei et al. (2014): An investigation of middle school science teachers and students use of technology inside and outside of classrooms: considering whether digital natives are more technology savvy than their teachers. In: *Educational Technology, Research and Development* 62 (6), S. 637.

Watzlawick, Paul/Beavin, Janet/Jackson, Don (2011): *Menschliche Kommunikation: Formen, Störungen, Paradoxien.* Bern: Hogrefe.

Weinert, Franz (2001): Vergleichende Leistungsmessung in Schulen – Eine umstrittene Selbstverständlichkeit. In: Franz E. Weinert (Hg.): *Leistungsmessungen in Schulen.* Weinheim: Beltz, S. 17–31.

Wessner, Martin/Pfister, Hans-Rüdiger/Miao, Yongwu (2000): Umgebungen für computerunterstütztes kooperatives Lernen in der Schule. In: *informatica didactica* 1 (1), S. 86–93.

Winteler, Adi (2004): *Professionell lehren und lernen. Ein Praxisbuch.* Darmstadt: Wissenschaftliche Buchgesellschaft.

Wisniewski, Benedikt (2016): *Psychologie für die Lehrerbildung.* Bad Heilbrunn: Klinkhardt.

Wollenweber, Kai (2014): *Disziplinprobleme im Schulalltag lösen: 66 Maßnahmen zur Bewältigung von Unterrichtsstörungen.* Merching: Forum Verlag Herkert GmbH.

Wörner, Alexander (2016): Ungeliebt aber unverzichtbar. Arbeit mit Gruppen in der Hochschullehre. In: Brigitte Berendt et al. (Hg.): *Neues Handbuch Hochschullehre.* Berlin: DUZ. https://www.nhhl-bibliothek.de/de/handbuch.

Zumbach, Jörg et al. (2007): Entwicklung einer Kurzskala zur Lehrevaluation. In: Michael Krämer/Siegfried Preiser/Kerstin Brusdeylins (Hg.): *Psychodidaktik und Evaluation*, Bd. VI. Göttingen: Vandenhoeck & Ruprecht, S. 317–325.

Zumbach, Jörg/Astleitner, Hermann (2016): *Effektives Lehren an der Hochschule. Ein Handbuch zur Hochschuldidaktik.* Stuttgart: Kohlhammer.

Printed in the United States
By Bookmasters